# 우리도 순풍에 돛을 달자

사회학박사 이수동의 수능대비 시사칼럼

# 우리도 순풍에 돛을 달자

초판 1쇄 인쇄일 2016년 3월 21일
초판 1쇄 발행일 2016년 3월 25일

지은이 이수동
펴낸이 양옥매
디자인 황순하
교정 조준경

펴낸곳 도서출판 책과나무
출판등록 제2012-000376
주소 서울특별시 마포구 월드컵북로 44길 37 천지빌딩 3층
대표전화 02.372.1537  팩스 02.372.1538
이메일 booknamu2007@naver.com
홈페이지 www.booknamu.com
ISBN 979-11-5776-170-8(03330)

이 도서의 국립중앙도서관 출판시도서목록(CIP)은 서지정보유통지원 시스템
홈페이지(http://seoji.nl.go.kr)와 국가자료공동목록시스템
(http://www.nl.go.kr/kolisnet)에서 이용하실 수 있습니다.
(CIP제어번호 : CIP2016007116)

# 우리도 순풍에
# 돛을 달자

사회학박사 이수동의 수능대비 시사칼럼

이수동 지음

## 소통의 미학

우리 인간은 소통하는 동물이다. 말과 글, 때로는 몸으로 보고 듣고 느끼고 이해한 것을 서로 주고받으며 소통한다. 일상적으로 소통을 하며 살지만 소통이 쉽지 않다. 소통이 되지 않아 오해하고 싸우기도 하는 등 갈등을 극화시킨다. 소통은 소통하고자 하는 이해와 관용으로부터 가능하다. 설득과 양보도 필요하다.

소통이 되지 않는 경우는 이해의 부족에서 올 수 있다. 일상에서의 이해는 상호작용과정 속에서 보통 즉각적으로 이루어진다. 경우에 따라서는 지식과 지혜를 필요로 하기도 한다. 그러나 개인의 경험이나 가치관 또는 지적 수준의 정도에 따라 다르게 이해하고 잘못 이해할 수도 있다. 어떠한 경우든 소통을 하기 위해서는 서로 이해하고자 노력을 함으로써 합의를 이끌어 낼 수 있다. 특히 상호 대립되는 이해관계가 걸린 사안은 각자가 이해하고자 하는 노력의 전제로 가능해진다. 그런데도 우리는 소통 부재 또는 불통이라는 극단의 갈등을 일으키는 우를 범한다.

불통과 소통 부재는 이해부족으로 이해를 못 한 것이 아니라, 이해하지 않으려는 심리와 태도로써 아집과 고집, 그리고 편견의 결과이다. 단지 개인의 이기나 집단 또는 조직의 이기가 지나치게 강하게 작용하기 때문이다.

이해를 못 하는 것과 이해하지 않으려는 태도는 다르다. 이해를 못 하는 것은 어떠한 방법으로든 서로 이해하려는 노력으로 가능하다. 이해하지 않으려고 하는 태도는 이기적 태도로 아집과 고집이며 딴전을 부리는 것과 같다. 어떤 현상이나 상대방의 의중에 대해 이해를 했으면서도, 자신의 이해관계에 반한다는 이유로 무조건 부정하거나 반대하거나 자기주장만을 펼치는 심리적 태도가 불통을 초래한다. 결국은 감정적 행동을 유발하기도 한다.

우리가 더불어 살아가기를 원한다면 어떠한 사안도 이해 못 하는 경우는 없다. 역지사지의 이성적 태도와 상호 설득의 노력이 소통의 미학이다. 또한, 소통의 미학을 위한 길은 이기심과 아집을 내려놓고 이해와 관용에 기초한 소통의 철학을 연마해야 한다. 사회관계는 소통으로 아름다워진다.

특히 우리 사회의 고질적 현상인 불통과 갈등은 관용과 소통의 철학이 부재하고, 소통의 미학을 이해하지 못한 데서 빚어진 결과이다. 이제 이해와 소통의 미학을 되새김하는 가운데 소통의 철학과 정신을 승화시켜야 한다.

이 책은 필자가 최근 몇 년간 한국사회의 정치 사회적 현실과 이슈화된 문제들에 관하여 언론매체 등에 발표한 칼럼들을 영역별로 모아 만들어졌다. 이 글이 한국사회의 불통과 소통의 부재, 그리고 갈등이 어디에서 연유하는가를 자각하고 해법을 찾아가는 지침서가 되기를 바라며, 소통의 철학과 미학이 꽃피기를 간절히 기대한다. 나아가 시사와 논술을 공부하는 수험생들에게 좋은 길잡이가 될 것이라 믿는다.

2016년 연두에 사회학박사 이수동

# 01 정치사회

chapter

# 02 사회
chapter

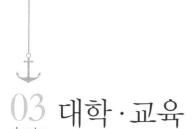

# 1
## - chapter -

정치사회

그들은 대체 누구를, 그리고 무엇을 위해 저렇게 싸우며 국회를 아수라장으로
만들고 있는가? 국민을 위해서? 국민 누구도 아수라장국회를 바라지 않는다.

## '모진 놈 옆에 있다가 벼락 맞는' 세상

　　　　사람은 말을 하며 산다. 말에 의해서 그 사람의 인격과 사회적 위상이 드러난다. 우리는 먼저 생각하고 말을 하고 행동한다. 말과 행동이 일치하기를 기대한다. 말은 있고 행동이 따르지 못할 때는 그 사람을 신뢰하지 않는다. 또한, 말로써 우리는 행복하기도 하고 슬퍼하기도 하고 화내기도 한다. 그래서 우리는 말을 신중히 해야 한다고 교육받아왔다.

　그러나 우리는 의도하지 않은 실언이나 잘못을 저지르기도 한다. 실수라는 것은 인간이기 때문에 저지를 수 있는 잘못이다. 이 실수가 때로는 타인에게 작든 크든 피해를 입힐 수 있다. 그 실수가 단지 의도하지 않은 것이라면, 그 실수를 스스로 인정하고 최소한의 책임감을 느낀다면, 어느 정도 정상을 참작하여 이해하고자 한다. 그러나 어떠한 경우이든 자신의 이익을 위하여 타인에게 물질적이든 정신적이든 손해를 끼치는 말은 하지 않아야 한다.

누군가가 고의적으로 거짓말을 하고도 고의성을 회피하기 위하여 실수로 가장하려고 하거나, 오히려 그 책임을 타인에게 전가시키고자 한다면 그 사람은 누구도 좋아하지 않는다. 의도적으로 진실을 왜곡하거나 거짓말을 하는 나쁜 사람의 말은 상대방을 실망하게 하고 분노하게도 한다. 더군다나 그 나쁜 사람이 전직 대통령이라고 한다면 누가 믿겠는가?

　우리는 언제나 진실하게 살아야 한다는 보편적 가치 기준을 가지고 있고, 일상적으로 하는 말은 보편적으로 진실에 입각하고 있다고 믿는다. 사회적으로 영향력 있는 지위에 있는 사람들의 말은 더욱 그렇게 믿는다. 특히 정치인들의 말은 진실이어야 한다. 한 나라 대통령의 말은 더욱 진실이어야 한다.

　그런데 노 전 대통령의 말은 너무도 진실하지 못했다는 것이 드러났다. 그분은 재임 시에도 사전에 조율되거나 정제되지 않은 말로 많은 사람들이 놀라기도 했다. 때로는 꾸밈없다거나 솔직함으로 평가한 적도 있다. 반어법, 역설법, 농담을 통한 그분의 말은 무엇이 진실인지조차 판단하기를 어렵게 하기도 했다. 결국은 일국의 대통령으로서 신중하지 못한 말을 하고 있다는 것을 스스로 자인하기도 했다.

　말로 인한 어떠한 실수나 위기도 또한 임기응변으로 넘어가기도 했다. 그래서인지 그분은 말 잘하는 사람으로 정평이 났다. 누구에게도 말로서는 절대 지지 않는 달변가로 알려졌다. 그러니 그분이 말을 잘하는 것은 논리적 말로 사건의 승패를 가리는 변호사라는 직업에 연유하는지도 모르겠다.

그러나 그 잘하는 말은 적당히 위기를 모면하며 선량한 사람을 속이고 치부나 하는 술수는 아니어야 한다. 무엇보다도 집권 초기에 한국사회 부패정치의 고리를 끊겠다는 강한 의지를 표했다. 새로운 정치, 개혁과 변화의 정치를 하겠다고 했다. 또한 도덕성으로 정치의 성패를 걸겠다고 했다. 부패와 비리에 연루된 그 누구도 패가망신한다는 확고한 의지를 밝혔다. 그러한 부패와 결별하겠다는 새로운 정치의 표방에 힘입어 2004년 총선에서는 국민으로부터 많은 표를 받기도 했다.

그러한 대통령이 스스로 부패 사실을 털어놓았다. 결국 겉으로는 깨끗함을 외치고, 그것을 믿는 국민을 속이고, 민주주의를 팔고 도덕책을 팔아 치부하였다. 대통령의 형이, 부인이, 아들이, 조카사위가, 측근들이 함께 대형 부패패밀리 열차를 만들고 있었다는 사실에 우리는 경악을 금치 못한다. 지금 우리는 허탈감에 빠져 있고, 우롱당한 배신감에 분노를 금치 못한다.

그분은 아직도 정제되지 않은 말을 거침없이 하고 있다. 그래도 부끄럽지도 않은 모양이다. 오히려 당당해 보인다. 아직도 말 잘하는 자랑이나 하고 있다. 오늘도 "모진 놈 옆에 있다가 벼락 맞았다"는 말로 말 자랑을 했다. 이것이 바로 전직 대통령이 스스로를 '모진 놈'으

로 칭하며 하는 말이라고 누가 믿겠는가? 그분의 장점인 솔직함으로
진실을 밝히고, 아직도 그분을 사랑하고 지지하는 사람들의 마음을
헤아려 주셨으면 하는 바람이다.

- 2008/04/20 -

## 아수라장 국회

날씨는 춥고 세계적 경제위기로 살기는 여전히 어렵지만, 하여도 새해를 맞은 국민은 덕담을 통해 새로운 각오로 희망을 이야기하고 있다. 그런데도 우리의 국회는 권위주의 시대의 오물더미 속에서 허우적거리고 있다. 우리의 정치 1번지 여의도 국회에서는 위기극복의 노력보다는 패거리 싸움으로 만신창이가 되어 국민에게 실망만 안겨주고 있다. 특히 지난 12월 18일부터 시작된 '아수라장 싸움'은 그 신성한 대한민국 국회를 스스로 모독하고 있다.

한 나라의 정치문화는 바로 국회에서 형성된다. 국민을 대변하는 국회의원들의 정책과 정치적 결정이 최종적으로 이루어지는 곳이 국회이다. 한 나라의 위상은 바로 국회에서 세워진다. 그런데 한국의 국회가 아수라장이다. 참으로 수치스러운 일이다.

외교통상위원회의 FTA 비준안 강행처리와 관련해서 여당에서는 회의실 출입문을 잠그고 회의실의 집기를 쌓아 바리케이드를 쳤다. 야당에서는 밖에서 망치와 톱으로 부수고, 유리를 깨뜨리고 법석을 떨었다. 문이 부서지자 한편은 소방호스로, 다른 한 편은 소화기를 쏘아댔다. 그 이튿날 행정안전위원회의 회의장에서도 파행은 계속되었다. 이날은 야당이 여당의 입실을 거부하였다. 야당은 전날 여당의 행위를 반민주적이고 반역사적 행동으로 매도했다. 그러면서 야당의 한 의원이 한 말이 걸작이다. 그는 "우리는 어제 한나라당에서 배운 거야!"라고 하면서 책임만 전가시키기에 급급했다. 참으로 좋은 것을 배웠다.

그러고는 서로 국회운영의 파행과 폭력에 대하여 책임을 묻겠다고 서로 검찰에 고발하고, 서로 네 탓으로 공방만 일삼았다. 물론 이러한 사태는 우리나라에서는 처음 있는 일은 아니다. 이미 지난 17대 국회에서도 BBK 특검법, 사립학교법 강행처리 등에서 빚어졌다. 또한 오래전에는 국회에 똥물을 퍼붓는 일도 있었다.

그렇지만 뉴스를 통해 이것을 접한 국민의 눈에는 마치 뒷골목 깡패들의 패거리 싸움으로밖에 보이지 않았다. 저들이 과연 우리가 그렇게도 어렵게 선출한 대한민국의 국회의원인지 의심할 수밖에 없었다. 그 아수라장을 바라보는 국민은 허탈한 심정이다. 참으로 슬픈 일이 아닐 수 없다. 이것이 우리의 정치 현실이고 일련의 슬픈 코미디를 보는 것 같아 참담한 심정이다. 이러한 장면을 한두 번 보아온 것이 아니기에 많은 국민들에게는 이미 내성이 생겼는지도 모른다.

그렇지 않으면 아예 그들로부터 기대를 포기하고 무관심할 수밖에 없는 지경에 도달했는지도 모른다.

그렇다면 그들은 대체 누구를, 그리고 무엇을 위해 저렇게 싸우며 국회를 아수라장으로 만들고 있는가? 국민을 위해서? 국민 누구도 아수라장국회를 바라지 않는다. 말로는 늘 대화와 타협을 통한 선진 정치를 하겠다고 호언하지 않았던가? 그런데 대화도 없고 타협도 없고 이성을 잃은 패거리 폭력만 난무했다.

그들은 민주정치, 정당정치의 본질을 모르고 있다. 민주와 정당정치 하에서는 다수당이 집권하여 그들의 정치이념과 신념에 입각하여 정치를 펼친다. 물론 소수당인 야당의 의견을 존중해야 한다. 다수당의 정당정치라고 하여 국민의 뜻을 반하는 횡포나 권력남용은 있을 수 없다. 이에는 국민의 의견을 수렴하는 다양한 유형의 제도적 장치가 있다. 다수당인 여당의 주도적 정치가 잘못되어가고 있다면, 4년 후에 교체하면 된다. 따라서 야당은 다수결 주의의 원칙에 입각한 정치를 존중해야 한다. 어떠한 경우든 물리적 힘이 개입되어서는 안 된다. 과거 권위주의 시대, 합리적 정치 결정이 불가능했을 때는 민주주의를 지키기 위하여 최후의 수단인 몸으로 저항했던 때와는 다르다.

아직도 국회 본회의장 앞은 전쟁터를 방불케 한다. 지금부터라도 민주정치를 향한 열정과 책임성 그리고 통찰력을 새롭게 하고, 정치

가 이제는 패거리 이익이나 권력과 부와 명예를 누리기 위한 수단이
아니라, 진정으로 국민과 국가를 생각하는 정치가 되었으면 한다.

- 2009/01/05 -

## 민주주의를
## 위한 희생의 역사

미국의 45대 부통령을 지낸 앨 고어가 '이성의 위기'에서 미국 민주주의의 위기를 논하고 있다. 이에 잠깐 미국의 민주주의를 생각해 보자. 지금까지도 우리는 미국을 민주주의의 상징으로 생각하고 있다. 프랑스의 정치가 토크빌(A. Tocqueville)은 1832년 미국을 여행한 후 쓴 '미국 민주주의'라는 책에서, 그 당시 미국사회의 민주주의를 극찬하고 있다.

특히 법률에 근거한 평등한 정치와 정치참여의 자유 등은 유럽의 귀족주의 정치와 비교했을 때 월등히 앞선 민주사회로 가고 있음을 확인했다. 이후 미국 민주주의의 새로운 지평을 열어간 링컨 대통령은, 그 유명한 게티즈버그연설에서 국민의, 국민에 의한, 국민을 위한 정부가 진정한 민주주의를 실현할 것임을 강조하였다.

그렇다고 미국의 민주주의가 이상적으로 실현되고 있다는 말은 결코 아니다. 미국이라는 나라도 실로 많은 문제들을 안고 있다. 무엇보다도 민주주의의 최고의 근간이며 제1의 수칙이라 할 수 있는 인간의 존엄성이 보장되지 못하고 있다. 그중에서도 인종차별은 아직도 심각한 수준이다. 비록 1876년 이래 흑인의 투표권이 주어지고, 흑인 노예 해방으로 남북전쟁까지 치르기도 했지만, 1960년대에는 흑인민권운동의 확산으로 결국 마르틴 루터 목사의 암살까지 겪게 된다. 2009년에는 버락 오바마가 흑인 출신 대통령이 되었지만, 그렇다고 흑인의 인간적, 사회적 위치가 크게 변한 것도 아니다.

실제 민주주의는 아리스토텔레스까지 거슬러 올라간다면 2500년이 넘는 역사를 가지고 있지만, 이 지구상 어디에서도 우리가 생각하는 수준의 민주주의가 실현된 곳은 없다. 아마 오늘날 우리가 경험하고 있는 미국의 민주주의조차도 초보단계에 불과할 뿐이다. 100을 기준으로 한다면 약 40 정도에 도달한 수준이라 할 수 있다.

우리는 공산주의나 사회주의를 하나의 이상 또는 유토피아로 생각해 왔었다. 칼 야스퍼스의 개념에 의하면 대학이 설정한 이념을 쉽게 실현할 수 없는 것처럼, 진정한 의미의 민주주의는 우리가 영원히 도달할 수 없을지도 모르는 하나의 이상일 수밖에 없다. 자본주의도 마찬가지다. 그 어떤 시스템이나 제도도 완벽할 수 없다. 즉 시스템이나 제도로부터 우리가 기대하고 있는 정신적인 조건을 갖춘다면 그것이 바로 유토피아적이 된다. 그렇지만 그 단계까지 갈 수 없다는 것을 우리는 경험적으로 잘 알고 있다. 이것은 불완전한 인간의 조건 때문에 그렇다. 그러나 우리는 그 이상을 향하여 점진적으로 나아간다.

그렇다면 우리 한국의 민주주의 수준은 어느 정도 될까? 아마 100의 기준에서 20도 채 안 되는 수준에 머물러 있을 것 같다. 그러나 이 기본적인 20의 민주주의를 위해서 우리는 학생운동을 통해 많은 피와 땀을 흘렸다. 건국 후 자유당 정부의 독재와 반민주적 정치 파행에 저항한 4·19혁명은 많은 학생들의 희생을 초래했다. 또다시 5.16 군사쿠데타로 집권한 제3공화국도 정당성이 결여된 정치권력을 유지하기 위하여 결국은 물리적 힘과 반민주적 정치 파행을 통해 정권을 연장할 수밖에 없었다.

70년대에 들면서 권력유지의 한계를 인식한 정부는 더욱 강력한 유신 체제로 전환하게 된다. 학생들은 반유신민주화운동을 전개했지만, 물리적 압박을 정당화한 새로운 정치시스템의 가동으로 어떠한 저항도 무력해지는 가운데 민주주의는 사산되어갔다. 70년대 중후반 긴급조치 9호까지 실행되면서 한국은 암흑시대라고 지칭된 바 있다.

결론적으로 건국 이래 1987년 6.29선언이 이루어지기까지 약 30년간 끊임없는 민주화운동이 전개되었고, 이 운동을 주도한 젊은이들의 희생으로 문민정부를 탄생시킨 후 오늘에 이르고 있다. 피와 땀의 이 값진 희생을 우리 모두 잊지 않고, 헛되지 않게 하기 위해서는 쟁취한 민주주의가 부패하지 않도록 소금의 역할을 다 해야 할 것이다.

― 2009/02/09 ―

## 미국 민주주의
## 위기의 교훈

　미국의 부통령을 지낸 앨 고어는 최근 그의 저술 '이성의 위기'에서 이 이성의 위기가 바로 민주주의의 위기로 이어지고 있음을 경고하고, 미국민주주의 부활을 제언을 하고 있다. 그가 논하는 것이 비록 미국 민주주의의 위기이기는 하지만 결국은 이 세계 모든 나라의 민주주의를 새롭게 가꾸어 나가는 큰 교훈이 될 것이라 확신한다.

　그에 의하면 이 위기의 극복은 민주주의가 필요로 하는 정보제공과 공론을 통한 소통, 그리고 통제 및 견제가 합리적으로 이루어짐으로써 정치적 또는 사회적 행위의 책임성을 증대시키는 데 있다고 강조한다. 무엇보다도 소통의 과정이 물리적 힘에 의해서 차단되어 올바른 결정을 내리지 못하는 현실에서 앨 고어는 미국의 민주주의가 위기에 처했다고 진단한다. 그 위기는 단적으로 지난 2005년 이라크전쟁에서 인식할 수 있다고 본다. 당시 미국은 전쟁과 평화의 갈림길에 처해 있었다. 이에는 철저하고도 격렬한 논쟁이 있어야 했지만, 결국 미국 상원의원 회의장은 텅 비어 있었고 상원은 침묵했다.

지금으로부터 130년 전(1838년) 링컨은 미국의 미래를 지키기 위한 정신적 요체로써 이성과 도덕성, 그리고 준법정신을 강조했다. 그 중에서도 오늘날 민주주의의 핵심이라 할 수 있는 이성이 힘을 발휘하지 못하고 있음을 지적하고 있다. 이성의 힘의 약화는 돈과 매스미디어의 힘이 상대적으로 커져가고 있기 때문으로 보고 있다. 특히 신문이 정보와 여론을 장악하고 있던 글자공화국의 시대에서 1963년 텔레비전의 등장과 텔레비전제국이 열리게 되면서 더욱 심각해지고 있다.

실제 미국의 민주주의실험은 18세기 후반부터 시작되었다. 18세기 후반 인쇄의 시대가 열리면서 이성의 시대를 낳았다. 이로써 민주주의 시대를 꽃피우게 되었다. 이 인쇄의 시대는 과거의 부와 권력을 중재하는 힘의 원천인 시민지식인을 증대시켰다.

그러나 이러한 힘이 권력과 계급, 교의의 속박에서 벗어나지 못한 유럽에서는 발휘되지 못했다. 이처럼 다른 곳에서는 실패한 민주주의 혁명이 미국에서 성공을 거둘 수 있었던 것은 자치정부 구성, 견제와 균형장치, 국민들의 합리적 판단, 그리고 법치 정신이라는 건국시조들의 유산이 있었기 때문이다. 이것이 이성의 지배이며, 이 이성의 지배는 법의 지배를 뒷받침하고 강화하는 역할을 한다. 이로써 미국은 더 이상 절대군주와 왕의 힘을 신봉하지 않았으며, 야만적 물리력을 이성의 힘으로 대처하고 정보와 의견을 교환하는 토론을 통해 좋은 정보를 갖춘 시민들(well-informed citizenry)을 가지게 되었다.

이처럼 미국의 민주주의를 지켜온 이성의 지배가 새로운 정치적 환경으로 위협을 받고 있다는 사실이 바로 민주주의 위기의 문제로 인식된다. 정치와 특수한 이해관계가 돈의 위력에 지배되고 있으며, 이러한 위력에 의해 여론이 인위적으로 조작되고 있다. 일반시민들의 여망과 이해관계는 반영되지 못하고 결국은 대중의 무관심과 저조한 참여로 여론은 더욱 쉽게 조작된다.

또한 과도한 당파성이 파당 이기주의를 낳고, 이성을 상실한 극단의 대립으로 소모적 정쟁만이 지속되는 가운데 민주주의의 위기가 고조되고, 시민들도 순수한 개인주의가 아니라 이기주의에 속박당하고 있다. 이러한 위기를 극복하기 위해서는 근본적으로 정보의 일방통행을 이성의 힘으로 극복해야 한다.

특히 텔레비전은 과거의 이념의 시장과는 달리 정보의 접근 가능성은 열어놓았지만, 한 방향으로 접근 가능할 뿐이고, 상호작용이나 대화는 이루어지지 않는다. 즉 일반대중들은 이념의 교환이 없는 일방통행식 정보제공에 지배당하고 있다. 정보의 기업화 및 독점화, 정부의 획일적 보도자료 등으로 언론의 자유가 실질적으로 보장되지 못하고 있다. 지금 이 시각에도 미디어의 장악을 위한 법

안상정으로 당파적 정쟁만을 일삼는 우리에게, 앨 고어의 진단은
우리가 꼭 갖추어야 할 위기극복의 인식이다.


- 2009/03/02 -

한국교육
오바마의 교육발전모델?

　지난해 말부터 시작된 세계금융 및 경제위기는 끝없는 터널처럼 나아가야 할 앞이 보이지 않는다. 세계 각국에서 나름대로의 정책과 해법을 내놓고 있기는 하지만, 그 모두가 단기적이고 임시방편식에 불과하다.

　우리도 마찬가지다. 미래지향적 대안은 없고 속수무책인 것처럼 보인다. 이제 미국마저도 위기극복을 위한 대안의 한계를 노정하고 있다. 이러한 가운데 얼마 전 미국의 오바마 대통령은 한국인의 교육열정을 언급하며 마치 한국이 미국교육발전의 모델이 되어야 할 것처럼 말한 적이 있다. 미국의 학교교육시간이 한국에 비해 거의 한 달이나 적다고 진단하고, 그래서는 21세기 경쟁에 이길 수 없다고 토로했다. 우리보다 짧은 교육시간은 유럽도 마찬가지다. 이에 대해 오바마 대통령도 단순히 우리 한국에서 유행하는 '엄친아, 엄친딸'의 지나가는 이야기로 던진 말인지는 모르지만, 한국의 교육 현실을 잘 모르는 순진함(?)을 보여준 것 같다.

다른 한편으론 남을 따라만 가던 한국의 세계적 위상이, 미국이 부러워할 정도로 바뀐 것 같아 흐뭇하기도 하다. 어쨌든 이 지구상에서 실로 한국의 교육열정을 따라올 나라는 없다. 이런 점에서 보면 한국은 분명히 교육선진국임에 틀림없다. 그렇지만 우리들 중 그 누구도 한국교육의 현실에 대해 만족하는 사람이 없다. 이것은 곧 확고한 교육이념이나 교육가치의식의 부재 때문이다.

미국이 진정으로 우리 교육을 모델로 삼을 수 있도록 하기 위해서는, 이제 우리의 교육의식이 혁명적으로 바뀌어야 한다. 아이들을 밤늦게까지 학원으로 전전시키는 것을 자랑삼아 늘어놓으면서 경제가 어렵다니 살기가 어렵다는 말을 하지 말든가, 정부보조금으로 살아가는 사람이 자녀들을 유치원이나 학원에 못 보낸다는 푸념이나 걱정을 하지 말아야 한다. 극단적 예가 될지 모르지만 노래방 도우미를 해서라도 아이 학원은 보내야 한다는 생각은 버려야 한다. 이러한 생각은 교육의 의미와 가치를 망각한 주종전도의 망국적 발상이다. 왜냐하면, 교육은 학교교육이나 학원교육뿐만 아니라 가정교육이 더 중요하기 때문이다. 오늘날 현대사회가 국가교육기관을 통한 사회화 교육을 아무리 중요시한다고 하더라도 자녀교육의 시작은 가정이다. 가정이 바로 서 있어야 하고, 거기에는 부모가 핵심적 영향을 행사하는 메커니즘이 있어야 한다.

보통의 사람이면 누구나 학원에 다니지 않더라도 정규학교 교육만으로 얼마든지 잘 살 수 있는 길이 있다는 것을 알아야 한다. 세상은 어차피 공평하지 않다. 그 이유는 각자 능력이나 재능이 다르기 때문이다. 따라서 각자 능력에 맞는 삶을 살아간다. 아무리 수많은 학원을 다닌다 해도 모두가 다 만능이 될 수는 없다. 만능의 재주를 가진 사람은 어차피 소수에 불과하며 예외적일 뿐이다.

따라서 우리는 평범한 한 사람으로서 헌법에 보장된 행복을 누리는 것이 최고의 가치 있는 삶이다. 범상을 뛰어넘는 사람도 단지 그 나름의 행복을 누릴 뿐이다. 그렇다고 지나치게 현실에 안주하라는 것은 아니다. 항상 주어진 여건에서 최선을 다하는 가운데 더 나은 삶을 향하여 변화와 창조를 추구하라는 것이다. 경우에 따라서는 개인적으로 무모한 도전을 할 수도 있다. 그때는 도전에 실패하더라도 좌절하지 않고, 사회나 환경을 탓하지 말고, 새로운 변화를 시도해야 한다.

정부의 교육정책입안자도 논리적 모순이나 자가당착에 빠져서는 안 된다. 예를 들어 정부에서는 늘 사교육비 절감을 위한 공교육의 정상화를 주창하고 있다. 현재 한국의 사교육 기관이 얼마나 많은가? 사교육에 종사하며 살아가는 사람들에 대한 대안 없이 사교육비 절감을 논하는 것은 모순이며, 그들의 삶을 위협하는 것이다. 따라서 공교육과 사교육이 조화를 이룰 수 있는 정책을 창출하든가 아니면 사교육 기관의 종사자들에 대한 확실한 대안을 마련하는 가운데 과감히 사교육 문제를 해결하든가 둘 중의 하나 이여야 한다.

- 2009/03/23 -

# 칼 야스퍼스의
# 실천적 정신혁명론

1807년에 끝난 보불전쟁은 프랑스와 독일 간 유럽패권 쟁탈전이었다. 독일이 나폴레옹에게 패함으로써 약 9세기 동안 명분으로나마 이어오던 신성로마제국이 해체되었다. 그러자 독일의 빌헬름 황제와 당시 교육의 수장이었던 훔볼트(W. Von Humboldt)는 국가재건을 위한 새로운 국민정신을 재무장하고자 했다. "나폴레옹 전쟁에 의한 프로이센의 패배 뒤에, 국가는 물질적 힘에 의해 상실한 것을 정신적 힘에 의해 획득하여야 한다."

이러한 슬로건 아래 독일의 영광을 되찾기 위한 정신교육의 상징으로 베를린대학을 창설(1810)하였다. 베를린대학의 초대총장이 된 이상주의철학자 피히테(J.-G. Fichte)는 '독일국민에게 고함'이란 저술을 통해 독일국민의 정신 재무장과 통합을 역설했다. 그 결과 1871년 독일은 재통일을 하게 되었다.

이후 독일은 양차 세계대전을 일으켰지만 히틀러의 세계평화를 유린한 전체주의적 나치범죄국가 통치로 결국은 패전하였다. 독일은 망국의 위기에서 동서독으로 분단된 채 출발하였다.

이에 독일의 철학자 야스퍼스(K. Jaspers)는 '독일공화국 어디로 가고 있는가?'(1966)라는 저술에, 전후 독일이 과거를 극복하고 미래방향을 설정하고자 개최한 대담을 싣고 있다. 이 대담에서 독일의 시사주간지 슈피겔의 편집자인 아욱스타인은 야스퍼스에게 다음과 같은 문제를 제기했다.

"나폴레옹도 자바를 정복하면서, 그들의 정복의 길을 막는 수많은 사람들을 포로로 잡아 비인간적으로 학살했다. 그럼에도 나폴레옹은 영웅으로 불리고, 이와는 반대로 히틀러는 인류의 적으로 매도되고 있다."

이에 야스퍼스는 이 두 사람에 대해서는 매우 중요한 본질적 차이를 인식해야 한다고 강조했다. 나폴레옹의 행위는 인류의 보편적 역사에 속한다. 역사적으로 많은 민족과 국가는 범죄를 저질러 왔다. 그러나 국가 자체가 조직화된 범죄국가는 아니었다. 그러나 히틀러의 나치 국가는 조직화된 범죄국가였다. 이것은 한 국가가 범죄를 저지르는 것과 국가가 법에 기초해서 조직적이고 체계적으로 특정 민족의 학살을 정당화하는 것은 본질적으로 다르다.

야스퍼스는 이러한 과거를 가지고 있는 독일이 앞으로 하나의 국가로 존속하려고 한다면 '정신혁명(Geistige Revolution)'을 그 전제조건으로 한다고 역설했다. 정신 저변에서부터 도덕적, 정치적 의식의 혁명이 일어나야 한다는 것이다. 즉 히틀러 이후 독일은 이 정신혁명이 독일의 존립을 위한 절대적 조건이 되어야 한다.

이에 대한 본질적 질문인 "지금의 이 국가를 원하느냐 원하지 않느냐?"에 대해, 이 국가를 원하지 않는다면, 히틀러의 역사를 재현하기 위해 또다시 혁명을 일으키고 국가반역을 행해야 한다. 이 공화국을 원한다면 우리 각자 무엇인가 변화를 시도해야 하고, 이 국가를 더 발전시키기 위해 정신혁명을 일으켜야 한다. 즉 민주주의에 대한 확고한 신념의 정신혁명을 일으켜야 한다.

그 한 예로써 당시 독일의 뤼케(H. Luebke) 연방대통령은 상정된 한 연방법관이 나치에 관련된 사실을 이유로 법관 임명에 대한 최종서명을 거부했다. 이외에도 정신혁명의 단초로 일컬어지는 수많은 사례들이 있지만, 그 중에서도 1970년대 브란트(W. Brandt) 수상이 폴란드인들 앞에서 무릎을 꿇고 독일의 과거를 사죄한 행동은 과거를 뉘우치고 인간의 존엄성을 지키며, 민주주의로 나아가고자 하는 독일의 새로운 정신을 만천하에 천명한 기념비적인 사건이라 하였다.

이 정신혁명은 결코 축사언어나 일시적 투쟁구호로 끝나서는 안 된다. 민주주의에 대한 신념과 가치, 그리고 함께 살아가는 인간적 사회를 위하여 각자의 내적 양심적 정신혁명으로 이어져야 한다. 아직도 부정과 부패에 연루되어 구속과 수감이 뉴스를 장식하는 현실에서 우리는 모두 이 야스퍼스의 정신혁명론을 한번 깊이 생각해 보기를 바란다. 특히 학문과 교육, 그리고 정치와 행정 및 경제에 종사하는 사람들의 의식개혁이 우선되어야 한다.

- 2009/03/30 -

## 무상복지와 도덕적 해이

우리는 구정이 지나고 또 한 번의 새해를 맞았다. 올해는 양극화의 해결과 복지사회 구현을 위한 합리적 대안과 정책들이 나오기를 기대해 본다. 오는 4·27선거에도 또 지난 6.2지방선거에서처럼 사회복지가 큰 이슈로 유권자를 혼란스럽게 할 것 같다. 우리는 벌써 아집과 독선, 그리고 당파적 복지개념의 양산에 방향을 찾기가 힘들다. 그럼에도 이번 기회에 우리 모두 한국적 복지사회의 실현을 위한 확고한 견해를 가졌으면 한다.

자본주의 사회에서의 복지는 경제활동에 참여하는 국민들의 세금에 기반한다. 정치와 행정은 한 국가의 경제적 효율성을 최대화하는 제도적 장치와 경제활동의 자유를 보장하고, 적정의 세금을 부과하고 누수 없이 납부될 수 있도록 해야 한다. 그리고 그 사회의 경제발전 정도에 따라 복지재정이 할애되어야 한다.

무상으로 복지혜택을 누릴 수 있는 복지국가를 누가 싫어하겠는가? 무상의료, 무상교육, 무상보육, 무상급식, 무상교복 등 무상복지 시리즈는 소위 천국으로 가는 길이다. 이러한 복지가 실현될 날을 기대하지만, 이로 인한 도덕적 해이를 우리 스스로 차단할 양심선언을 먼저 해야 한다.

우리나라가 비록 선진국이라고 하지만 정치적으로나 경제적으로 아직 전면적 무상복지를 실현하기에는 역부족이다. 더욱이 정치권에서는 상생을 위한, 그리고 국민을 위한 합의와 양보의 합리적 정신이 부족하다. 이러한 후진적 정치의식과 경직되고 권력 지향적 관료주의하에서는 전면적 무상복지는 때 이른 환상일 뿐이다. 왜냐하면, 정치권에서 주장하는 복지논쟁은 단지 표를 얻기 위한 전략에 불과하고, 신뢰가 결핍된 주의주장과 진정성을 담보하지 못하며 한국사회의 구조적 문제를 전혀 파악하지 못하는 인기영합적이고, 소위 포퓰리즘에 의한 권력 지향성에만 혈안이 되어 있기 때문이다. 복지국가로 가기 위한 재정적 여건도 고려되지 않고 있다.

이처럼 현실을 도외시한 채 오직 무상복지만을 외치는 것이 마치 복지국가가 되는 것처럼 오도되어서는 안 된다. 정치적 안정과 경제정의가 실현되지 못하고 선진문화의식이 형성되지 못한 조건에서는 오히려 도덕적 해이를 확산시킬 소이가 더 크다.

도덕적 해이 현상은 이미 곳곳에서 나타나고 있다. 예를 들어 사회

봉사기관이나 단체의 무료급식소가 곳곳에서 시행되고 있다. 이 사업은 국민의 혈세와 후원금에 의하여 진정으로 어려운 가정이나 사람을 대상으로 하지만 꼭 그렇지만은 않은 사람이 있다고 한다. 단적으로 밥하기 귀찮아서, 집에서보다 더 밥맛이 있어서 등등의 상식을 초월하는 후문이 나돌고 있다.

또한 경제위기를 극복하고 고용창출을 위한 정부시책으로 실시하고 있는 공공근로 현장의 많은 보고와 여담에 의하면 이미 도덕적 해이는 그 도를 넘었다. 사업의 효율성도 문제이지만 가정경제 수준에 따른 필요의 대상이 선별되지 않아, 경제적 수준에서 결코 대상이 될 수 없는 사람들이 참여하기도 하며, 그것을 마치 영웅담처럼 이야기하는 사람들의 말을 필자가 직접 들은 적이 있다. 심지어는 고급승용차를 타고 오는 사람도 있다고 하니, 이것이 우리 한국복지정책과 국민의 의식 수준이다. 여기에도 힘과 연줄이 작용하고, 심지어는 소위 '똑똑한 사람'의 몫이 된다. 이를 관리·감독하는 주무관청은 행정력 부족의 탓으로만 돌리고 있을 뿐이다.

얼마 전에는 월 30만 원을 수급하는 기초생활보장자가 10억이 넘는 토지를 매입하다 문제가 된 사실이 보도되었다. 그뿐만 아니라 의료복지, 보험복지가 확대되면서 병원에는 소위 '나이롱환자'와 보험사기가 판을 치고 있는 게 현실이다.

서구의 많은 복지선진국들도 이러한 도덕적 해이로 인한 문제를 보고하기도 한다. 그러나 우리나라는 몇몇 빙산의 일각에 지나지 않을 예에서도 그 도를 넘는 심각성을 보여준다. 이제 진정으로 복지사회로 나가는 국민의식을 형성하기 위한 양심선언을 하는 원년이 되기를 기원해 본다.

- 2011/02/15 -

국제적 수치의 한국

대한민국의 세계적 위상은 10년을 넘게 거슬러 올라간다. 세계적 위상을 가늠하는 올림픽, 월드컵, 앞으로는 평창동계올림픽 유치 등으로 더욱 박차를 가하고 있다. 세계 13위의 경제 대국으로 2010년 11월에는 서울에서 G20 정상회의까지 개최했다.

그럼에도 사회 전반의 구석구석에서 이 위상을 갉아먹는 세균들이 득실거리고 있다. 특히 정치에서는 대통령마저 동남권 신공항 선거 공약을 물거품으로 날려 보냈다. 그러면서도 재보선 선거에서는 부정과 부패로 공직 후보에서 낙마한 사람을 후보로 내놓고 온갖 공약을 남발하며 국민을 우롱하고 있다.

국회의원들은 정치자금법 개정으로 그들의 부정과 부패의 강도를 높이려 하고, 선거법 개정으로는 당선무효형의 100만 원 이상의 벌금형을 300만 원 이상으로 상향 조정하여 부정선거를 정당화하기에 급급함이 역력히 드러나고 있다. 석패율(惜敗率) 제도로 의석수를 늘릴 기획이나 하고 있다.

다음 선거에는 현역의원은 안 찍겠다고 답한 사람이 50% 이상을 차지한다(동아일보 3월 31일). 특히 젊은 엘리트계층인 대학재학 이상에서는 57.4%가 현역의원을 지지하지 않겠다고 답했다. 이러한 결과는 현 정치인들에 대한 강한 불신을 잘 드러내고 있다.

지난 3월 25일의 '2011년도 고위공직자 정기 재산변동사항 공개'를 보면 3조에서부터 수십억, 수억 원이 증가했다. 일반 국민에게는 생각조차 할 수 없는 정도의 재산증식이다. 공직자는 월급을 받는 공무원이다. 공직월급으로는 그렇게 재산이 늘어난다는 것은 불가능하다. 대부분은 부동산, 주식, 회원권 등으로 재산을 증식했다.

물론 정상적 과정으로 축재한다면 자본주의사회에서 그 누구도 탓할 수 없다. 문제는 권력과 직위를 남용한 결과가 아닌가라는 의구심을 가질 수밖에 없다는 데 있다. 결코 존경받지 못하는 한국 부자들의 추악한 이면을 단적으로 드러내는 모습이다.

최근 동아일보에서 연재한 '정치가 한국병이다'중 3월 29일 자에서는 대만국회가 '의회난동 세계챔피언'(2009년)이라는 타이틀을 부여받았다고 전했다. 대만국회는 이러한 전투방법을 한국서 배웠다고 한다. 결국 한국국회의 활극적 폭력이 대만국회로 수출되었다. 국회폭력은 한국이 '원조'라고 하는 취재결과를 보면서 부끄러움을 금할 길이 없다.

국회 본회의장 의원출석현황을 보면 더 황당하다. 지난 3월 2일 14시 국회 대정부질문 본회의장의 참석의원은 39명, 이 수는 의사정족수 60명에 21명이나 모자라는 출석률이다. 따라서 15분 뒤에 시작되었다. 오후 3시 72명, 오후 4시경 39명, 계속 자리를 지킨 의원은 고작 13명뿐이었다고 한다. 이것이 재적 의원 296명의 국회 본회의장의 현주소다.

또한, 진짜 국제적 수치를 드러낸 것은 한·EU FTA 협정문의 번역오류가 207군데나 된다는 어이없는 사건이다. 비준동의안으로 국회까지 제출된 문건이 번역의 오류로 판명되었다. 이 수치를 어떻게 감당할 건가?

더욱이 이명박 정부에 들어 영어교육 강도는 더욱 높아졌고, 많은 대학들이 영어로 강의한다는 자부심으로 엘리트 학생들을 양성하는 영어교육 천국의 시대에 살고 있다. 그럼에도 우리는 그 중요한 외교문서 하나 제대로 이해하지 못하고 있다는 사실이다.

세계화 시대에 진입한 지 수십 년을 넘으면서 지금까지 수많은 외교나 통상 문건들이 있었을 것이다. 그것들은 과연 제대로 번역이 되었는지 의심스러워 하지 않을 수 없는 심정이다. 과연 한미 FTA 협

정문 등 여타의 수많은 외교문건은 바르게 되었는지 다시금 점검을
해 보아야 할 것이다.

– 2011/04/11 –

## 민주당의
## 민주관과 진보관

민주의 이름을 걸고 민주주의를 유린한 역사를 우리는 잘 알고 있다. 과거의 소련을 비롯한 공산 국가들의 지배자들도 민주주의가 필요했다. 인민들에게 민주의 의지를 보여줄 때 그들을 따른다는 진리를 잘 알고 있었다. 비록 현실정치는 민주적이지 않을지라도 말이다.

실례로 구동독과 북한의 국호를 비교해 보면 잘 알 수 있다. 구동독의 국호는 독일 민주주의공화국(DDR: Deutsche Demokratische Republik)이었다. 북한의 공식명칭은 조선민주주의인민공화국(DPRK: Democratic People's Republic Korea)이다.

이처럼 공산독재국가체제는 '민주주의'라는 개념을 국호에 의도적으로 명기하고 있다. 특히 민주주의에 대한 경험이 없고, 민주주의에 대한 올바른 정보가 없는 북한은 김일성과 김정일의 통치방식이 바로 민주주의인 것으로 착각할 수밖에 없다.

민주주의는 인간의 존엄성, 자유, 그리고 사회 제도적 평등을 핵심가치로 삼는다. 그렇다면 구동독과 북한의 실상은 비록 민주주의를 표방하고 있지만 민주주의적이라고 할 수 없다. 진보라는 개념도 사회적 모순을 변화와 개혁을 통해 인간의 정신, 문명, 역사 등을 더 나은 단계로 이행시켜가는 사고양식이다. 현실적으로 진보주의는 민주주의의 신장과 발전이라는 가치를 최우선으로 삼는다.

우리의 사전에서 보면 한국에서의 '진보'는 사회의 개혁과 변혁을 지향하는 세력, 즉 민주노동당과 민주당 등을 뭉뚱그려 부르는 호칭으로 알려져 있다. 뉴라이트 등 우파 중 반공주의자들 및 진보라는 용어를 자칭하는 정치세력조차도 '진보'라는 호칭을 '친북적인 공산주의'를 지칭하는 것처럼 사용하며, 일부 민주당 계열의 정치인들도 친북적 좌파라고 부른다. 여타의 나라에서도 진보라고 칭하는 정치적 단체들도 사회주의나 공산주의에 의지하는 좌파정치단체들로 이루어져 있다. 이러한 경향은 공산주의가 본래의 서양 진보주의 운동의 주된 역할을 했던 개념에서 파생된 것이 아니다.

이처럼 우리 한국의 정당이나 단체들이 민주주의와 진보라는 이름을 걸고 친북적이라는 것은 명백한 논리적 모순이다. 60년이 넘게 인권을 유린하고 주민의 굶주림을 방치하고 있는 3대 세습독재를 묵인하고, 북한인권법을 반대하는 것은 어떠한 논리로든 민주적일 수도 없고 진보적일 수도 없다. 야당대표의 중동 시민혁명과 북한에 대한 미온적 논리는 간과할 수 없는 문제이다.

특히 노동자와 서민을 대변한다는 D당은 2000년대 초 1990년대 주사파 학생운동의 이념이었던 NLPDR을 배경으로 출발했다. 이 개념은 영문이니셜 그대로 민족해방 인민민주주의혁명론이다. 남한을 미 제국주의의 식민지로부터 해방시키고 북한의 주체사상을 바탕으로 하는 통일혁명론이다. 이후 2008년에는 D당으로부터 진보성향이 결별하여 나오면서 NL파(자주파)와 PD파(평등파)로 분당되었다.

최근 국회 법제사법위원회의 북한인권법안이 민주당의 반대로 무산되었다. 북한인권법안은 북한의 인권개선과 북한 인민의 삶의 질을 향상시키는 것을 목적하고 있다. 이 법안의 통과가 북한체제에 과연 어느 정도 영향을 미칠 것인지는 가늠하기 어렵지만 여하튼 북한체제의 민주적 전환을 촉구하는 중요한 의미가 있다.

그럼에도 민주당의 원내대표는 '내가 종북주의자라는 비난을 받아도 할 수 없다'고 말한 것은 더 이상 민주주의를 표방하는 당으로써의 정체성을 포기하는 심각한 문제이다.

- 2011/05/02 -

## 고위공직자
## 인사청문회의 궤변

　몇 날이 지나면 또 우리나라 최고의 장관후보 인사청문회가 열린다. 필자는 청문회가 열릴 때마다 무슨 염라대왕이라도 되는 것처럼 호통치는 국회의원들과 곤혹스럽게 쩔쩔매는 고위공직자들의 초라한 모습들이 먼저 떠오른다.

　지금까지 수많은 고위공직자 인사청문회를 보아오면서 어느 한 사람도 문제없이 통과된 적이 없다. 하나같이 뇌물수수, 투기, 위장전입, 세금문제 등으로 국민을 우롱했다. 결국 고위공직에 재직했다는 사실은 부정과 부패를 피해갈 수 없었다는 것을 의미한다. 그들에게는 국민에게 봉사한다(We serve)는 공직자의 사명감은 온데간데없고, 그들에게 주어진 권위와 직권의 막강한 권력으로 오직 3탐(돈, 명예, 권력)의 노예가 되었는가 싶다.

　우리의 공직사회에는 과연 정의롭고 깨끗한 사람은 없는가? 안타깝게도 그러한 사람은 별로 없다는 결론에 이를 수밖에 없다. 어느 나라를 막론하고 공직자들은 물려받은 재산이 아니면 결코 부자가 될 수 있는 자리가 아니다. 그럼에도 한국의 고위공직자들은 모두 대단한 부자들이다. 그러한 부가 형성되는 과정은 대부분 부정부패와 연결되어 있다는 사실이다. 이것이 우리 사회의 능력이고 성공하는 비결이다. 이것은 일상적으로 보도되고 있는 부정과 비리가 여실히 증명해 주고 있다.

뇌물과 승진, 정보공유와 투기, 자리 돌려가며 나누어 갖기, 서로 챙겨주기 등을 통해서 학연, 지연, 혈연의 정적 관계를 유지하고, 정치 및 경제의 부와 권력에 밀착되어 기생하는 특성을 가지고 있는 것 같다. 따라서 공직의 고위급이 될수록 부정과 부패는 오히려 비례한다고 볼 수밖에 없다.

물론 고위공직 후보자를 추천하는 측에서는 나름대로 후보로서 문제가 없는 사람을 찾겠지만, 그것이 여의치 않기 때문에 차선책으로 그나마 덜 구린 사람을 추천할 수밖에 없다는 결론에 도달한다. 추천을 받은 본인에게는 문제가 없는가? 그들 스스로에게는 윤리나 도덕은 학교 교과서에나 존재하는 것이라, 이미 잊어버린 지 오래인 것 같다. 그것을 생각한다면 자신을 부끄러워해야 하고, 돈과 명예와 권력은 일찌감치 포기했어야만 했다.

그러니 그 추천을 본인 스스로 거부할 이유가 없다. 본인에 대해서는 이미 다 알고 추천을 했을 테니까. 설사 본인의 과거 전력을 모르고 추천되었다 해도 부끄러워할 이유가 없다. 청문회에 나온 사람치고 깨끗한 사람이 누가 있었던가?

요행으로 잠깐의 부끄러움과 굴욕을 적당히 참고 넘어가면 엄청난 권력과 부와 명예가 주어지는 데 말이다. 설사 낙마한다 해도 문제될 것은 없다. 그 정도만 충성하면 어디든 큼직한 자리 하나는 보장되니까. 그들에게 돌을 던질 사람은 아무도 없다고 생각한다. 국무총리에 낙마하고도 국회의원 후보로 추천받고 국회의원이 될 수 있는 세상이 아닌가.

그들에게 돌을 던지는 자는 민생고에 허덕이는 힘없는 서민들이다. 아무리 던져보아야 그들에게 미치지도 않는다. 소주 한잔 놓고 목이 쉬도록 험한 말 해가며 꾸짖어 봐도 자기 입만 더러워질 뿐이다. 제발 말로만 정의로운 사회, 공정한 사회 외치지 말고 이번에는 정말로 '참 나쁜 사람'은 걸러주기 바란다.

그렇지 않으면 나쁜 사람을 나쁜 짓 계속하라고 정당화시켜주는 꼴밖에 더 되겠는가? 우리의 덮어주는 의리가 공정한 사회의 미덕이 될 수는 없다. 칼날 같은 이성으로 공정한 사회를 만들어 가자.

- 2011/05/23 -

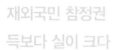

재외국민 참정권
득보다 실이 크다

　재외국민 참정권이 내년 4월이면 처음으로 행사된다. 재외국민의 참정권은 애국심을 드높이고 국위를 선양하는 민간 외교적 역할을 수행하는 계기가 될 수 있다. 그러나 이 제도는 한국의 경제대국 수준만큼이나 정치대국으로써의 의식 수준이 따라준다면 성공적일 수 있다. 우리의 정치의식수준은 아직도 삼류에 머물고 있는 상태에서 이제 외국에까지 부정과 부패의 정치 모습을 홍보하는 것이 되지 않을까 심히 우려스럽다.

　지난 2월 재외국민선거권이 결정되었을 때 무엇보다도 불법, 부정 또는 선거법 위반을 어떻게 막을 것이며 교민사회의 갈등과 분열을 먼저 떠올리고 걱정했다. 지난 5월 미국 시카고에서 있었던 미주총련 회장선거에서 벌써 한국 금권선거의 망신을 자랑했다.

　언론보도에 따르면 많은 현지 분들이 이 제도를 긍정적으로 바라보며 환영하기보다는 오히려 우려를 표하고 있다. 참으로 안타까운 일이다. 왜냐하면 우리 국민은 합리적 권리행사보다는 집단과 지역이기주의적 성향이 어느 나라 국민보다도 강한 민족성을 갖고 있음을 부정할 수 없기 때문이다.

한국인이 많이 거주하는 미국의 대도시에서는 벌써 당이나 계파 간의 조직이나 단체가 만들어지고, 지역한인회장들은 정치 사다리를 구축하고자 삼류정치 바람을 일으키고 있다. 이러한 현상은 시간이 갈수록 순수한 애국심의 정치발전을 넘어, 한국의 3연에 의한 정실주의 정치문화가 만연해질 것으로 예상된다.

진정으로 한국의 정치발전을 기원하는 정치참여가 아니라, 이 기회가 개인이나 집단의 권력 지향성을 부추기는 계기가 될 것으로 우려된다. 그리고 한인사회의 통합이 아니라 이것으로 오히려 한인사회의 분열을 조장하지나 않을까 두려운 점을 왠지 떨쳐버릴 수가 없다.

외국의 거의 대부분 도시에서는 유학생회, 한인회 등이 조직되어 있다. 큰 도시에서는 심지어 종파모임과 향우회까지 만들어지고 있다. 특히 대도시 한인회의 회장은 상당한 이권까지 주어지는 경우가 허다하다. 필자도 독일유학 시 모 도시 한인회장 선거에 부정이 있었다 하여 법정공방까지 일으키고, 그 지역일간지에 보도되는 것을 경험했다. 정말 부끄러운 일이 아닐 수 없었다.

대선이나 총선의 선거권이 주어지게 되면 해외의 한인회를 비롯한 각종 단체나 조직의 수장은 선거 때마다 막강한 영향력을 발휘할 것으로 예상된다. 그러면 그들의 단체장 선거는 지금과는 다른 더욱더 치열하게, 경쟁이 아닌 투쟁으로 전개될 것이다. 부정과 부패도 서슴없이 자행될 것이다.

이렇게 되면 재외공관은 본연의 임무를 떠나 선거업무로 바빠질 것이 뻔하다. 또한 선거법 위반이 발생했을 시 아무리 제도적 장치를 보완한다 하더라도, 본국에서처럼 해결하기는 쉽지 않을 것이다. 더욱이 오랜 기간을 요하는 선거법 위반 재판의 경우 엄청난 사회적 경비를 허비해야 할 것이다.

단기간 해외에서 체류하는 국민이 아닌, 영주권을 가지고 있는 많은 사람들은 한국의 정치, 경제, 사회적 현실이나 이슈에 대해 관심을 가지고 있는 사람들은 그렇게 많지 않다. 이러한 사람들에게 단기간 홍보나 후보자정보 지면만으로 올바른 선택을 기대하는 것도 쉽지 않다. 최근 서울에서 열린 토론회에서는 "2012년 재외선거는 대혼란의 장이 아니라 재외동포의 위상이 도약하는 기회가 돼야 한다"고 하지만, 누가 보장하겠는가? 캐나다의 한 이민자가 올린 장문의 반박문을 읽어보기 바란다.

　　　　　　　　　　　　　　　　　　　　　－ 2011/06/20 －

## 부패의 간을 키우는 사회
## 프랑스 시민혁명의 기요틴이 필요

　최근 국민권익위원회가 6개 공공기관을 대상으로 법인카드 사용실태를 조사한 결과를 발표했다. 그에 따르면 1년 6개월간에 법인카드 부당사용금액이 10억 원에 이른다고 한다. 우리가 낸 세금을 그렇게 날렸다. 그래도 기관명은 밝힐 수 없다고 한다. 왜?

　국민의 세금을 분탕질한 기관의 당사자들은 저잣거리에서 국민 앞에 내세워 효시(梟示)해야 한다. 그들을 감싸는 정부도 마찬가지다. 그렇지 못하다면 공정이니 정의는 말하지 말아야 한다. 온갖 미사여구로 국민을 현혹시키고 우롱하는 정부는 각성해야 한다.

　공직비리에 대한 대대적 감찰을 통해 드러난 부정부패의 백태를 보면 어이가 없다. 기업에서 대관(對官)업무 담당자들의 증언에 따르면 공무원의 부정부패는 말 그대로 백태(百態)다. 돈이나 향응, 공적인 출장에 용돈 요구, 내부행사의 지원 등이 노골적으로 일어난다. 건설 관련한 대기업인사는 '사흘 걸러 한 번은 접대 자리에 나가게 된다. 중앙부처, 산하기관, 지자체, 심사기관 등 관리대상이 많다'고 한다. 한 기업의 사업신청이 지연되는 중에 말단공무원이 '다음 주에 처가 식구들과 휴가를 가는데 당신이 투자한 리조트의 딜럭스 룸 3개가 있으면 좋겠다'고 말해 부랴부랴 직원들이 예약한 방을 빼앗아 상납하자 일이 겨우 진척이 되었다고 한다.

이런 와중에 지난 6월 17일 장·차관 국정 토론회에서 이명박 대통령은 공직사회의 문제점을 지적하면서 불편한 심기를 드러냈다고 한다. 특히 청와대 관계자들의 전언에 따르면 '여간해서는 공개석상에서 화를 안 내는 대통령이 두 차례나 이런 모습을 보인 것에는 공직사회를 향한 제발 거듭나달라는 강한 메시지가 깔려 있다'고 했다.

이는 화를 내고 안 내고의 문제가 아니다. 이 대목으로 대통령의 선한 모습을 말하고자 하는가? 국정을 책임진 사람은 화를 내지 않고도 문제를 풀어나가는 카리스마와 능력을 발휘해야 한다. 공직사회의 부정부패가 하루 이틀의 문제가 아닌 이상 강한 의지가 없으면 불가능하다. 이 의지는 지도자로서의 강한 책임의식과 사명감으로 정의를 위해 과감한 결단을 내릴 수 있어야 함을 의미한다.

불법과 부정이 타성화된 한국의 공직사회를 변화시키려면 지도자의 혁명적 결단력이 필요하다. 이에는 분명 그 사람의 직위를 걸어야 한다. 대통령과 장관이 바로 그 사람이다. 대통령직과 장관직을 걸고 과감히 처단해야 한다.

 공공기관의 법인카드 불법사용을 보고도 기관을 밝히지 못하는 정부가 무슨 공정을 말할 자격이 있는가? 정부는 공정한 사회를 말로만 운운했지 행동으로 옮겨야 할 때만 되면 솜방망이로 넘어가고 부정과 부패의 간을 오히려 키우기만 했다. 이러한 처사는 국민을 우롱하고 더욱 화나게 할 뿐이다.

 국정 토론회에서 대통령은 '나도 기업할 때 을의 입장에서 뒷바라지해 준 일이 있다'며 국정 전반적 영역을 거론하며 잘못된 관행의 고리를 끊어야 한다고 질타했다. 그 관행의 고리를 누가 끊어야 한단 말인가? 대통령 자신부터 그 관행의 고리를 끊는 데 앞장서야 하고, 그가 가장 강력한 힘을 가지고 있는 당사자이다. 말만 있고 실천은 없는 그러한 지도자는 더 이상 필요치 않다.

 질타만 하고 제재가 따르지 않는다면 그 잘못된 관행을 묵인해 주는 결과밖에 안 된다. 말과 솜방망이는 오히려 부정과 부패의 간을 키울 뿐이다. 대통령과 기관장의 직위를 건 혁명적 결단과 처단이 지속적으로 이루어질 때 비로소 정의로운 사회가 될 수 있다. 왕과 왕비도 처단할 수 있는 프랑스 시민혁명의 기요틴이 필요한 시점이다.

－ 2011/06/27 －

## 4.27 재 · 보선과 공직자의
## 진정한 의식개혁

　정치나 행정 또는 각종의 선출직 공직에 출마한다는 것은 개인적으로나 사회적으로 영광스런 일이다. 개인적으로는 능력과 역량을 갖춘 엘리트로서 사회적으로 존경의 대상이자 선망의 대상이다. 그러한 사람들의 힘의 결집에 의해서 공정하고 정의로운 사회에 살기를 우리 국민은 기대한다.

　그러나 그들은 늘 우리를 실망시킨다. 지금까지 고위공직자의 많은 인사청문회에서 보았듯이 어느 한 사람도 도덕적으로 하자 없는 사람은 없었다. 정말 안타까운 일이다. 물론 그러한 사람을 추천하고 선출한 국민들 스스로에게도 책임이 있겠지만, 더 큰 책임은 바로 그들에게 있다. 공직과정이 깨끗하지 못하고, 선출과정에서 표방했던 아름다운 약속들을 지키지 않고, 오히려 그들의 사적 욕구를 충족시키기에 급급하기 때문이다.

정치적으로는 파당이나 패거리를 만들어 그들의 권력을 강화하고자 하는 것이 우선적 목표가 되었다. 수많은 공약들은 그들의 치부를 은폐하기 위한 화려한 옷에 불과하다. 그뿐만 아니라 권력과 직위는 아직도 소위 '본전 챙기기'에 권력을 남용한다. 아니 본전만 챙긴다면 양반이겠다.

지위와 권력을 가진다는 것을 크게 한몫 챙기는 절호의 기회로 생각하는 것 같다. 오직 그것을 위해서 진급하고 출마를 한 사람들이다. 그렇다면 결국 그들에게는 애초에 어떠한 진정성도 아예 없었다고 보아야 할 것이다. 그들의 주의 주장은 오직 당선이 되기 위한 위선에 불과하고, 나아가 수단과 방법을 가리지 않는다.

우리나라가 해마다 두 번이나 치르는 공직자 재 · 보궐선거는 자연적 궐석에 의한 것이 아니라 거의 대부분이 재선거이다. 재선거는 선거법 위반이나 부정과 부패에 연루되어 당선무효가 되어 치르게 되는 선거이다. 이러한 현실은 불필요하게 국민의 혈세를 낭비하고 지방재정을 어렵게 만든다. 울산의 다가오는 4 · 27선거도 바로 이러한 경우이다.

지난 2004년 제17대 국회의원선거 이후 2009년 4월 재 · 보궐선거까지 5년 동안 북구에서는 총 4번의 선거가 있었다. 정기선거 두 번, 그리고 재 · 보궐선거 두 번으로 약 1년 반마다 대형선거를 4번 치른 셈이다.

2008년 4월에 개최된 18대 총선 후 당선자 299명 중 무려 35명이 선거법 위반 등으로 재판에 계류되었다. 한나라당 17명, 친박계 3명, 민주당 7명 등 모든 정당과 무소속도 4명이나 되었다. 이 수는 전체 국회의원 중 11.7%를 차지한다. 이 중 거의 모두가 실형, 당선무효형, 100만 원 이하 벌금형을 받았다.

2008년에는 총선과 지방선거가 동시에 실시되었기 때문에 지방선거당선자의 선거법 위반까지 합친다면 재·보궐선거는 엄청난 수를 기록한다. 이후 2009년 4월 29일 1년 만에 개최된 선거에는 국회의원이 5명, 기초단체장 1명, 광역의원 3명, 기초의원 5명, 교육감 2명이 다시 선출되어야만 했다.

한국사회의 공직 선거가 이렇게 부정과 부패로 얼룩진 상황을 우리의 일상에서는 인지하지 못하는 특권계층들의 일일 뿐이다. 그러나 우리 평범한 국민들은 결코 그들로부터 자유로울 수 없다. 바로 그들에 의해서 제도가 만들어지고 권력이 행사되기 때문이다.

무엇보다도 근본적 해결을 위해서는 선거법 위반이나 부정과 부패에 연루된 공직자는 과감하게 퇴출하는 제도적 장치와 자정노력이 필요하다. 공직진입을 제한하는 현행의 5년이나 10년이 아니라 전 생애로 확대해야 한다. 특히 정치활동의 재개를 위한 사면복권이 주어져서는 안 된다. 한번 퇴출은 영원한 퇴출이어야 한다.

– 2011/04/04 –

## 역사의식의 위기를 극복해야

프랑스의 정치학자이며 역사학자인 토크빌(A. de Tocqueville)은 '오직 역사만이 현재를 이해할 수 있게 한다'고 하였다. 우리가 현재를 살고 있으면서도 현재를 알지 못하고 미래지향적이 되지 못하는 것은 올바른 역사인식의 결핍 때문이다. 우리에게는 무엇보다도 우파와 좌파의 이념적 대립이 역사인식을 더욱 혼란스럽게 한다.

지난 5월 20일 출범한 한국현대사학회는 단순히 역사학자들만이 아닌 다양한 학문 분야의 전문가들이 독재와 권위주의체제 아래에서 왜곡된 역사관을 객관적 시각으로 바로잡아갈 것을 천명했다. 참으로 다행스런 일이다.

특히 1980년대 이후 좌편향 민중사관이 팽배해지고 2000년대부터 북한체제와 주체사상 또는 공산주의를 무비판적으로 옹호하는 시각이 교과서에까지 수록되는 위기를 극복해야 한다는 강한 의지를 보여주고 있다.

대한민국의 분단역사는 그 자체로 불행한 일이지만 오히려 반공주의를 기저로 독재정권의 이념적 도구로 활용되었다. 공산화의 위기를 확산시키고 독재정권을 강화하며, 독재에 저항하는 세력은 공산주의로 매도하고 억압의 명분으로 삼았다.

현대사의 질곡과 위기는 (군부)독재정권의 권위주의체제에 맞서 사회운동과 학생운동으로 민주화 변혁을 추구해 왔다. 한국사회의 민주화운동에도 불가피하게 비민주적 방법과 폭력이 동원되고, 공산주의 또는 북한의 주체사상을 역이용하는 질곡의 역사를 보여주었다.

결국은 좌·우파의 이념적 굴레를 벗어나지 못하는 역사적 우를 범해 왔다. 사회적 모순을 변화시키고 민주화로 나아가고자 하는 모든 운동과 집단을 과거 권위주의체제 하에서는 정권에 의해 좌파로 낙인찍히고 억압의 대상이 되었다. 그러다 1980년대 이후부터는 민주화라는 변혁의 차원을 넘어 스스로 공산주의 또는 주체사상의 좌파이념의 노예가 되어버린 안타까운 현실에 직면하고 있다.

연세대 김명섭 교수는 '진보진영이 북한 정권의 성격을 잘못 파악하는 (현실의) 인식적 기원은 북한 현대사에 대한 오인과 무관하지 않다. 이는 북한 세습독재와 정치범수용소의 참상을 비판하지 못하는 퇴보로 이어졌다'고 강변했다. 그렇다! 1980년대 이후 생성된

NLPDR의 이념적 배경이 주체사상이었고, 이것이 2000년대 들어 진보성향 정당의 이념적 기저가 되었다는 사실은 매우 유감스러운 일이다.

좌파나 진보는 민주주의 사회일수록 부패하기 쉬운 권력을 견제하고, 모순과 부정과 비리를 척결하는 힘으로 거듭나야 한다. 오늘에 있어서는 마르크스혁명론이나 식민지해방론이 좌파나 진보의 이념적 배경이 될 수 없다. 더구나 이북을 순수하게 인도주의적 입장에서 지원하고 소통하는 차원이 아닌, 세습체제를 옹호하거나 북한의 인권문제를 변화시키고자 적극적으로 대응하지 못한다면 진정한 진보를 말할 자격이 없다.

5월 20일 자 동아일보 사설의 '마르크스 혁명론 가르치는 김상곤 교육'은 교육감으로서 참으로 시대착오적 발상일 뿐이다. 현대사회 교육의 변화는 결코 '마르크스 혁명과 계급철폐'의 개념으로 달성할 수 없다.

이처럼 많은 정치, 교육의 지도자들이 잘못된 역사인식에 빠져 있다는 것은 사회를 혼란스럽게 할 뿐이다. 이들에게 올바른 역사인식의 영약은 없을까?

－ 2011/05/30 －

## 주민투표와
## 투표거부운동의 모순

 서울시의 무상급식정책에 관한 주민투표가 끝났다. 집계결과 주민 투표의 개함 조건인 33.3%를 달성하지 못해 결국은 무산되었다. 시장직을 내건 오세훈 시장은 결국 물러났고, 또 엄청난 돈을 들여 서울시장 보궐선거를 해야 한다.

 투표의 의미는 투표의 결과에 있다. 투표가 있으면 개표를 통해 그 결과에 따라 정책 방향이 결정되어야 한다. 우리의 주민투표는 투표만 하고 개표를 통한 결과에 상관없이 승패가 결정된 이상한 제도가 되었다. 투표함을 열어볼 필요도 없는 이런 투표는 대체 무엇을 의미하는가? 이것은 주민투표가 가지고 있는 제도상의 문제로써 반드시 재고되어야 한다.

 주민투표를 도입하게 된 경위는 지방자치제가 실시된 이후 지방정부의 책임성을 강화하는 것이 목적이었다. 지역의 중요한 정책을 결정함에 있어 지역주민들이 적극적으로 참여하여 지방정부의 정치적 횡포를 견제하는 제도로서의 순수한 의미가 담겨 있다. 이러한 순수한 의미가 합리적이고 민주적이지 못한 투표의 절차와 방법으로 인해 원래의 취지를 벗어나는 결과를 초래하고 있다. 결국은 많은 주민들의 의도와 달리 결과가 나타날 수 있는 모순성을 내포하고 있다는 것이다.

이 제도는 1994년 지방자치법 개정을 통해 실시하기로 했으나 절차와 방식에 합의가 도출되지 못했다. 결국은 절차법인 주민투표법이 제정되지 못하고 표류하는 가운데 국회가 제정해야 할 법률을 제정하지 않는 명백한 입법부작위 상태가 되었다.

2004년 당시 참여정부의 지방분권에 대한 강한 정책적 의지와 국회의 입법부작위 상태를 막아야 한다는 정치적 부담으로 성급하게 주민투표법을 제정하였다. 그렇지만 지방정부와 중앙정치권 모두 소극적인 상태에서 발의요건과 투표절차 등에 의견이 분분했다.

주민투표의 가장 중요한 문제는 투표율 33.3%에 있었다. 재선이나 보궐선거, 그리고 대부분의 지역선거에서의 투표율이 높지 않다는 것은 어느 나라나 지역을 막론하고 일반적이다. 그러다 보니 정책적 결정의 정당성을 이끌어 내는 것은 주민참여율을 높이는 것이다. 그렇지만 이것이 이론적 입장을 반영하지 못하는 문제가 바로 복병이라는 것을 간과하였다.

투표를 실시하는 목적은 투표의 결과에 따라 정책을 결정하는 것이다. 그런데 주민투표는 투표의 결과가 아니라 투표율 자체가 결과를 결정하는 모순을 내포하고 있다는 점이다. 더욱이 주민투표는 추상성이 높은 전국적 투표가 아니라 경우에 따라서는 소규모의 지역적 특성을 가지고 있다. 따라서 주민의 투표행위(투표참여와 불참)가 공개투표와 똑같은 특성을 가지고 있어, 민주선거의 비밀투표원칙에 반하는 제도로 보일 수밖에 없다.

이러한 투표는 지역주민들 간의 이해관계를 확연히 드러내고 갈등을 일으킨다. 주민들 간의 통합이 아니라 분열을 조장하는 결과를 초래한다. 특히 주민투표 대상의 정책이어야 정치적 이해관계가 대립된 사안이라면 지역주민의 갈등이 적나라하게 드러나고 첨예하게 대립한다.

그러다 보니 투표의 목적인 정책의 중요한 의미는 부가되지 않고 투표목적을 지지하는 쪽과 반대하는 쪽은 투표참여와 투표불참을 승패의 전략으로 삼는 정치적 갈등으로 비화된다. 한편에서는 민주정치의 꽃인 투표를 '나쁜 투표'로 몰아세우고 투표거부운동을 전개했다. 투표는 주민이나 국민의 적극적 참여를 근본으로 하는데 투표불참을 선동하는 모순의 제도로 전락하고 말았다.

서울시민에 의해 선출된 유능한 시장을 투표율 미달로 추락시키는 주민투표의 제도적 모순은 재고되어야 한다.

                                              - 2011/08/28 -

세금 좀먹는
선거의 끝은 없을까

서울시의 한여름은 장대비가 쏟아지는 가운데 부패한 진보들의 아우성으로 산이 무너지고 건물이 파묻히고 사람이 죽고 질퍽거리는 아수라장이었다. 앞으로 우리가 치러야 할 큼직한 선거들을 통해 이제 진정한 민주시민으로서의 정치의식이 형성되기를 간절히 기대해 본다. 그야말로 21세기의 새로운 한국 정치의 지평이 열리기를 소망해 본다, 부질없는 생각일지도 모르지만.

후보 단일화라는 명목으로 금품제공을 약속하고 2억 원이라는 거액의 돈을 건넨 사람이 바로 진보를 자칭하는 대한민국 서울시의 교육감이었다. 부끄럽기 짝이 없다. 사이비 진보의 교육감이 억지 복지정책으로 무상급식 판을 차리려 국민을 현혹시키고 결국은 서울시장을 끌어내리고 대선의 앞길을 막았다.

이것은 너 죽고 나 죽자는, 정치의식 실종의 극명한 사례이다. 서울시민들은 우리의 진보가 이 정도밖에 안 된다는 것을 이제 깨달았으면 한다. 그렇다고 보수라고 하는 현 정부가 잘한다고 말하고 싶지는 않다. 그들 스스로도 서로 눈치나 보며 자기 밥그릇이나 챙기는 기회주의적 무리들일 뿐이다.

어찌 되었건 이 정도 됐으면 이제 우리 모두 좀 부끄러워하고 각성할 때가 되지 않았겠나 싶다. 그래도 안심이 안 되는 것은 정말 노파심이란 말인가. 10월 재·보선에는 한국 최고의 선거격전지인 서울시에서 최고의 수장인 서울시장선거가 있고, 또 서울 교육감선거도 동시에 치러질지 모른다. 이 선거는 바로 내년의 총선과 대선의 가늠자가 될 공산이 크다.

벌써 정치인들의 사활을 건 후보각축전이 벌어지고 선거전쟁이 전개될 전망이다. 앞으로의 정치판이 어떻게 돌아갈 것인가는 이런 상황에서 한국인이라면 누구나 한번은 소문난 역술인이 될 수 있다. 역술인이 아니더라도 누구나 한국의 정치패턴에 관한 그림을 자세히 그릴 수 있고, 상상할 수 있을 것 같다. 대략 후보난립, 경선 과열, 비방과 인신공격, 반목질시, 부정과 부패, 공약 남발. 허위와 과장의 이미지 과시 등 선거판의 부정적 수단과 방법이 총동원되는 각축전이 먼저 떠오른다.

가장 큰 문제는 후보의 난립이다. 유력한 정당마다 한두 명의 유력한 후보를 통해 후보와 정당정책에 대한 집중적 검증을 할 수 있어야 한다. 이는 불필요한 재원 낭비를 막고 효율적인 정책홍보와 시민의 선택을 위한 혼란을 방지할 수 있다. 많은 후보들의 경쟁은 당의 홍보와 이미지부각이라는 장점도 있겠지만, 불필요한 경쟁과열로 스스로 치부를 드러내고 반목과 질시로 분열을 조장한 일이 한두 번이 아녔다는 역사적 사실을 상기해야 한다.

그러나 한국만큼 선거에 후보가 많은 나라는 없다. 그만큼 인재가 많다는 의미보다는 한국인의 지나친 공명심과 잘나 보이고자 하는 실속 없는 외양 지향적 '거품 인격'이 판을 친다고 보인다.

서울시장후보는 이미 수십 명이 각축의 소용돌이에 빠져가고 있다. 교육감선거에도 결코 예외가 될 수 없을 것이다. 모두가 한 치의 예외도 없이 용꿈을 꾸었다고 떵떵거린다. 후보의 난립은 서울시의 재정을 더욱 어렵게 하고 올바르고 진지한 검증을 하는 데 걸림돌이 될 뿐이다. 그리고 유권자를 혼란스럽게 한다.

권력의 향기에 빠진 한 개인이나 집단의 이기심과 영웅심으로 치국(治國)할 수는 없다. 도덕성도 없고 책임감도 없으며 민주적 역사관도 없는 무리들의 정치 열전은 가까스로 쌓아온 G20의 위상을 위협하지 않을까 우려스럽다. 재·보선, 총선, 대선은 난세의 군웅할거장(群雄割據場)이 아니다. 불필요하게 세금을 좀먹는 선거가 이번으로 끝나면 얼마나 좋을까. 이번 선거가 공직 선거 출마자들에게 한 번쯤 자신을 되돌아보는 계기가 되었으면 한다.

– 2011/09/05 –

## 안철수 혜성의
## 정치적 의미

어느 날 갑자기 혜성(彗星)같이 나타나 치세(治世)의 폭풍을 일으킨 안철수 교수의 5일 천하는 아직도 신기루처럼 남아 있다. 혜성이라고 하기에는 너무도 큰 여운을 남기고 있고, 언제 또 새로운 폭발을 일으킬지 모르는 활화산 같은 잠재성이 정치권 주위를 맴돌고 있다. 정치인도 아니고 젊은 CEO로서, 그리고 학자로서의 안철수를 갑자기 정치권이 주목하고 있다. 서울시장 후보로서, 그리고 대한민국 대통령 후보로서 거론되고 급기야는 기존의 후보들을 일거에 제압한 혜성이다. 나아가 대선후보로서 오랜 세월 동안 부동의 1위를 고수하던 집권당의 정치인을 앞서는 여론의 이변을 일으켰다. 참으로 신기한 현상이다.

그럼에도 그는 서울시장 후보의 자리를 너무도 가벼이 내주었고, 대통령은 가당치도 않다고 일언지하에 거절했다. 너무도 자연스럽게 교수로서 본연의 자리를 지키겠다고 했다. 그래서 서울시민이나 국민 모두에게는 더욱 충격적이었다. 실로 역사상 처음으로 느낀 신선한 충격이었다. 이러한 자세가 분명 정치적 쇼는 아니라고 믿고 싶다. 그가 만약에 정치인이라면, 우리는 정치적 쇼로 치부했을지도 모른다. 이것은 물론 앞으로 전개될 상황을 지켜보아야 하겠지만 말이다.

이 현상을 언론은 '안풍', '안철수신드롬'으로 부각시키고 있다. 그의 인기를 등에 업고 의기양양한 모 서울시장 후보나, 그 힘을 놓칠 수 없다는 계산으로 '투 트랙'의 후보경선을 운운하는 야당이나, 위기에 몰렸다고 주눅이 들어 그 당당하던 대선후보와 집권당이 연일 앓는 소리를 해대는 모습들이 참으로 가관이다.

앞으로 서울시장을 선출해야 할 서울시민이나, 총선과 대선을 치러야 할 우리 국민들은 왜 이러한 현상이 나타났는지를 깊이 생각해야 한다. 안철수 현상은, 이미 많은 분석들이 나온 것처럼, 한국 정치의 도덕성과 윤리성의 실종을 대변하는 경종이며, 무능한 양당을 부정하는 의미이다. 다시 말해 꼭 그분이 서울시장이 되고 대통령이 되어야 한다는 의미는 결코 아니라고 본다.

안철수 교수에 대한 높은 지지율은 그가 아직 정치와 떨어져 있고, 정치적 이해관계를 논하지 않은 순수성에 대한 반응이다. 지금까지 그가 우리에게 보여준 과학자로서, CEO로서, 그리고 그의 뛰어난 능력과 가식 없는 참신한 이미지에 기인한다. 식상한 기존의 정치인과는 비교가 되지 않기 때문이다.

그가 보여준 또 하나의 힘에는 우리의 정치 현실에 대해 많은 말을 하지 않는 무언의 신비가 작용하고 있다. 그는 아직 자신의 정치적 소신을 언급한 적이 없다. 만약 그도 실망하고 있는 정치적 현실에 대해 어떤 형태로든 언급을 하게 되면, 다양한 해석의 소재가 될 것이다. 그렇게 되면 당연히 그에 반하는 논리도 양산되게 마련이다. 따라서 누구도 정확하게 그의 정치적 성향을 말하지 못한다. 그의 이력을 본다면 보수일지 모른다. 단지 서울시장 후보와 관련해서 본다면, 어느 정도 야당적 성향이라고 볼 수 있을지 모르지만, 그것만으로 그의 성향을 판단하기엔 충분하지 못하다.

그러니 그는 아직 정치적으로 검증되지 아니한 혜성에 불과하다. 서울시장이든, 국회의원이든, 대통령이든 그것을 원한다면 반드시 정치적 검증과정을 거치게 되어 있다. 지금의 안철수신드롬은 우리 정치인의 의식혁명을 위한 경종과 자성의 계기가 되었으면 한다. 어쩌면 이전투구의 정치판에 휩쓸려 유능한 CEO도 학자도 다 잃게 되지나 않을까 우려스럽다. 아니면 한국 정치의 새로운 지평을 열어 주었으면 한다.

- 2011/09/19 -

## 한반도 통일의 과제

　2011년 초부터 발발한 중동의 민주화 혁명은 '빈곤과 인권유린의 독재체제로부터 해방'이라는 간절한 염원에 있다. 북한은 중동의 독재국가들에서도 상상 못 할 세습독재의 폭정이 자행되고 있는 것으로 알려지고 있다. 한반도가 통일되어야 할 여러 가지 대내외적 필요성이 있겠지만, 그중 무엇보다도 북한 주민이 인간다운 삶을 살아갈 수 있도록 하는 북한사회의 민주화에 있다 하겠다.

　북한의 가장 큰 문제는 폐쇄사회, 경제적 빈곤, 핵, 인권유린이다. 이 중 앞의 세 가지는 북한체제유지를 가능하게 하는 불가분의 조건적 연관성을 가지고 있다. 북한의 닫힌 사회는 1인 세습독재체제를 강화한다.

　북한의 정치와 경제는 세습독재의 권력을 유지하는 것이 목적이지 주민을 잘살게 하는 정책은 존재하지 않는다. 경제적 빈곤과 인권유린은 당연한 귀결이다. 적정선의 경제적 빈곤을 유지하는 것으로 인민의 의식을 무력화시키고, 생명을 위협함으로써 체제종속을 강제한다. 굶주림과 폭압을 참고 견디며 당의 노선에 복종하는 것만이 충성이며 사는 길이다. 북한의 소수 노멘클라투라(구소련의 당 관료계급)를 제외한 인민은 인간다운 삶이 아니라 존재하는 것이 최상의 삶이다.

북한의 핵 개발은 북한체제를 유지하기 위한 대외적 협상 카드로 기능한다. 핵 위협은 미국을 비롯한 어떠한 국가도 자유로울 수 없는 최상의 무기이기 때문이다. 이러한 현실에서도 외부세계와의 정보를 접한 소수의 주민들은 생사를 담보하는 탈북을 시도하게 된다. 또한 소수는 감히 탈북의 용기를 내지도 못한 채 신음하고 있다.

한반도가 어떠한 체제로 통일되어야 할 것인가에 대한 북한과 남한의 입장이 다르다. 남한이 북한체제로의 통일을 바라지 않는 것과 마찬가지로 북한은 남한체제로의 통일을 바라지 않는다. 이러한 입장을 벗어나지 않는다면 현실적으로 통일의 접점은 이루어낼 수가 없다.

현실적으로 통일을 향한 양국의 대화와 교류가 어느 정도 진정성에 입각하고 있는가를 자문해야 한다. 북한은 세습체제유지를 위한 그리고 경제적 위기를 극복하기 위한 그들의 현실적 필요성에 따라 수단과 방법을 가리지 않는 매우 유동적 통일정책과 방법을 구사한다.

북한의 핵 위협은 체제유지를 위한 무기이며, 6자회담을 주도하는 수단이다. 그것이 북한의 대외협상 전략이다. 북한의 경제위기가 핵

위협의 단초가 될지도 모른다는 국제사회의 인식은 북한을 고립시키지 못하고 경제원조를 하는 이유 중의 하나일 것이다.

북한원조에 관한 한 우리는 '인도주의'라는 개념으로 일관하지만, 우리의 인도주의가 북한에서 얼마나 인도주의적으로 실용되고 있는지는 아무도 모른다. 오히려 북한의 '비인도적 체제'를 유지시키는 결과를 초래하는 것이나 아닌지 의구심을 갖게 하는 것이 한두 가지가 아니다. 북한은 우리의 인도주의를 오히려 악용하는지도 모른다. 이처럼 북한의 통일 의지에는 진정성이 담보되지 못하고 있다.

우리의 통일에 대한 진정성도 의심되는 현실이다. '종북주의자라고 해도 좋다'라는 야당지도자의 발언이나 아직도 NLPDR 노선에 입각한 정당과 시민단체의 강경한 입장은 남남갈등을 확산시키고 국론통일을 저해하고 있다. 북한의 3대 세습체제를 비판하고 민주사회로의 변화를 위한 노력보다는 오히려 방관하고 두둔하는 것을 진보로 자처하며 통일 담론을 호도하고 있다.

통일에 관한 한 여야가 대립하지 않고 국민적 통합이 이루어져야 한다. 통일을 향한 국론통일이 우선 과제임을 정치권이나 국민 모두가 확고하게 인식해야 한다. 무엇보다도 통일정책에 대한 담론이 투쟁과 권력을 쟁취하기 위한 수단이 되어서는 안 된다.

− 2011/10/10 −

## 커져가는 아방궁

한 5년 전에는 아방궁 이야기로 세간을 떠들썩하게 하더니, 이제는 한 단계 업그레이드된 내곡궁 이야기로 다시 설전을 벌이고 있다. 국가 최고의 지도자인 대통령이 은퇴하면 그 공로를 기리며 그분이 살아갈 집과 생활 그리고 삶을 보장하고 경호를 해 드리는 것이 우리의 국민 된 도리로 마땅하다.

그런데 왜 그리들 난리를 떠는가? 한 국가의 대통령을 지낸 분이라면 개인의 부귀영화와 호화로운 삶보다는 국가를 생각하는 것이 먼저라 사료된다. 국민의 세금으로 책정되는 호화로운 내곡궁을 사양하고 사저로 돌아갈 수도 있다. 그러면 국민들은 얼마나 아름다운 이름으로 그분을 우러러보겠는가?

문제가 되는 것은 아방궁이 지어질 때 당시 야당이었던 현 집권당이 그렇게도 비판을 했던 사실을 잊었는가는 모르겠다. 역시 집권당이 되고 보니 아방궁을 충분히 이해하고도 남는가 보다. 거기다 좀 더 나은 궁을 짓고 싶은 마음도 생기는 모양이다. 청와궁을 떠나면 다시 상왕으로서 새로운 왕궁에서 살고 싶은가 보다. 아니면 측근들의 충성심에서 추진되는 궁건(宮建) 계획일 수도 있겠다. 앞으로도 함께하고 싶은 그 측근들은 호화로운 궁이 지어지면 그들도 덩달아 호화로운 생활을 할 수 있으니까.

무엇보다도 현 사저는 경호문제로 인해 적합하지 못하다 하니, 새로운 거처를 마련하기는 해야 한다. 그렇다고 그 어마어마한 땅값을 지불하면서 꼭 그곳에 가야만 하는 것인가? 경호부지가 집보다 더 커여야만 하는가?

전직 대통령의 사저 구매비로 김영삼 대통령은 9억 원, 김대중 대통령은 7억8천만 원, 노무현 대통령은 2억5천만 원이었다고 한다. 이 정도의 액수도 그때마다 논쟁거리가 되었다. 그런데 이번에는 70여억 원을 책정하여 42억8천만 원으로 국회를 통과하였다고 하니 할 말이 없어진다. 그러자 당에서는 재검토하겠다니 일단은 지켜볼 일이긴 하다. 더구나 현 집권당 서울시장 후보는 전직 대통령 사저 건축과 관련하여 직접적으로 문제를 제기했던 분이다. 그분은 이제 내곡궁 추진을 바라보며 무슨 말을 할까. 토론회에서 내놓은 궁색한 답변에 우리의 낯이 간지러워진다.

또한 돈을 떠나서 왜 국민이 보편적으로 이해할 수 있는 정상적 과정으로 처리하지 못하고. 꼭 의혹을 불러일으키는 방식을 택하는가? 아들 명의로 부지를 매입하고 나중에 다시 대통령 명의로 변경하고 자 했다고 한다. 왜 불필요하게 세금을 더 내면서까지 번거로운 이중적 절차를 택한 것인가? 누가 보더라도 어떠한 의도가 담겨 있다고 오해할 수밖에 없다.

서구 대부분의 나라에서는 대통령이나 총리 퇴임 후 과거 살던 사저로 돌아가는 것을 당연하게 생각한다. 결코 호화로운 궁궐을 요구하지도 않는다. 요구한다고 들어주지도 않겠지만. 이에 비하면 우리 국민은 전직 대통령에 대해 매우 관대한 것처럼 보인다.

그러나 이러한 현상은 결코 우리 국민이 관대해서가 아니라, 정치권의 농간으로 이루어진다는 것이다. 대통령을 비롯한 정치인이나 관료 모두가 진정으로 나라를 생각하는 마음이 있는가? 그들에게 주어진 권력은 이 나라와 국민을 잘살게 하려는 수단이 아니라, 자신과 소속집단들의 부귀영화를 누리기 위한 수단으로밖에 생각 안 하기 때문이다.

여기에 누가 감히 침을 뱉겠는가? 올바른 정치를 위해서라면 언론매체와 여러 기관을 통한해서 자유로운 비판의 길은 열려 있지만 그러한 비판도 그들이 들어줘야 한다. 그들도 변화를 외치지만 그들이 바라는 변화와 우리 국민이 바라는 변화는 같지 않다. 그들의 변화는 그들의 이해관계를 강화하는 변화이지 국민을 위한 변화는 아니다. 아, 커져가는 이 아방궁의 나라를 어찌할꼬.

- 2011/10/17 -

## 종북(從北)이 아니라
## 변북(變北)이어야

　남북이 분단된 이래 남북한은 다른 어느 분단국보다 적대적 관계로
이어져 오고 있다. 우리는 북한의 침략으로 참혹한 전쟁을 겪었고,
휴전 이후 북한은 간첩단으로 끊임없이 남한사회의 교란을 시도했으
며, 근년에는 천안함 사건과 연평도 도발을 감행하였다.

　그러나 한반도의 평화를 유지하고 북한 주민의 경제적 고통을 경감
시키기 위해 인도적 지원을 하고, 통일을 지향하는 노력으로 정치적
또는 외교적으로 부단한 노력을 하고 있다. 개성공단과 금강산관광
사업, 특히 6자회담을 통하여 전향적 변화를 시도하고 있지만 말만
무성하고, 핵을 등에 업은 북한의 실리적 전략 외엔 변함이 없다.

　현재로썬 이 모든 사업과 프로그램이 위기에 봉착했다. 위기를
극복하기 위해 나름대로의 정치, 군사적 대화를 통한 노력을 기울
이고 있지만 역시 말만 무성하고 기대하는 결과는 없다. 북한은 오

히려 3대 세습을 강화하고 내부의 분열을 막기 위하여 가혹한 통치를 지속하고 있다.

이러한 상황에서도 북한을 찬양하는 종북주의가 발호하고 있다. 대한항공 기장 김 모 씨(44)가 '직장은 이 꿈(북한의 사상을 확산시키는 것)을 이루기 위한 재정적 지원자 이상도 이하도 아니다'라고 하며, '위대한 수령 김일성 동지 노작', '빨치산의 아들'을 찬양하는 것은 가히 충격적이다. 이것을 그의 말대로 과연 '취미 삼아 한 일'로 넘어갈 수 있겠는가?

2008년부터 올해까지 경찰집계에 따르면 종북 관련자가 약 360명이나 된다. 그들 대부분이 사회경제적 지위가 안정된 중상위 계층의 사람들이다. 직업적으로는 직업운동가(138명)를 제외하면 교사(31명)가 가장 많고, 군인, 공기업직원, 교수, 공무원, 당원, 의사, 변호사, 항공사 기장 등 다양한 직업에 분포되어 있다.

과거에는 사회로부터 소외된, 즉 불평등의 경제사회구조와 권력형 부정부패에 대한 사회 불만자가 많았다. 그러나 현금의 상황은 사회적 지위가 높고 안정된 기반을 가졌으며 상당한 정도의 지식인들이 많다는 것이다. 이러한 부류의 사람들은 어느 정도 이념에 대한 확고한 철학을 가지고 있는 사람들이라는 특징이 있다. 당연히 그들의 영향력이나 파급적 효과가 클 수도 있다.

이들은 사회적 불만으로 북한체제에 대한 확고한 지식이 없이 막연히 동경하는 부류들과는 다르다. 따라서 북한발행의 북한사회 선전을 위한 원전을 소유하고 유포한다. 특히 인터넷의 다양한 경로를 통해 확산시키고 있다.

한때 북한체제에 대해 친화적이었던 정권과 대북교류와 평화적 통일의 기치 아래 국가보안법의 실효성이 많이 약화되기는 하였지만, 국가보안법은 제7조에 북한 찬양고무죄를 규정하고 있다. 이들 종북주의자들은 그들의 행위가 국가의 존립, 안전이나 자유민주적 기본질서를 위태롭게 한다는 것을 잘 알고 있다.

다른 한편 여기에 언급된 종북주의자들은 북한사회와 체제에 대하여 어느 정도 확신을 갖고 있는지 모르지만, 결코 북한의 실상을 보지 못하고 허상에 사로잡힌 무리들이다. 3대 세습과 굶주림, 그리고 비인도적 폭압 정치를 찬양하는 행위는 결코 진보도 아니고 북한을 도와주는 것도 아니다.

우리의 헌법은 물론 언론·출판의 자유에 입각하여 표현과 사회 발전적 비판의 자유를 보장하고 있다. 그러나 현행법에 반하는 정치 사회적 행위는 자유의 한계를 벗어나는 것이다. 민주사회의 자유는 주어진 제도적 틀 안에서 보장되는 것이다.

종북은 세계의 민주화에 역행하는 행위이다. 그들 스스로 북한체제와 현실을 제대로 이해하고, 민주주의 가치를 호도하는 종북(從北)이 아니라 북한을 민주사회로 변화시키는 변북(變北)을 지향하는 대한민국 국민이 되기 바란다.

— 2011/10/24 —

## 정당정치의 위기와
## 구원의 메시아

2011년 10.26 재 · 보선 선거가 끝났다. 재 · 보선은 늘 큰 의미를 부여하지 못하고, 지역에서도 관심을 끌지 못하는 선거였다. 그래서 투표율도 저조했다. 그런데 이번의 재 · 보선은 달랐다. 많은 지역에서 치러진 특성도 있지만, 앞으로의 총선과 대선을 읽을 전초전이라는 큰 의미를 가지고 있었다.

거기에다 정치의 1번지 서울시장선거가 온 국민의 관심사였다. 언젠가부터 서울시장은 대선을 향한 유리한 고지에 오르는 것과 같은 중요한 자리로 부각되었다. 현 대통령이 서울시장의 효과로 선출되었고, 중도 낙마한 오세훈 전 서울시장도 차기 대선후보로 유력하게 부상하기도 했다.

따라서 서울시장선거는 초반부터 누가 후보가 될 것인가부터 큰 관심거리가 되었다. 결국은 시민운동가 출신으로 혜성같이 나타난 무소속의 박원순 후보가 당선되었다. 그것도 박빙이 될 것이라는 예측을 뒤집고 개표 중반도 못되어 집권당의 후보가 패배를 선언할 정도였다. 전혀 예측을 못한 것은 아니지만 그래도 많은 사람들은 집권당의 막강한 조직력을 결코 가벼이 보고 싶지 않았다.

집권당에서는 차기의 유력한 대선후보이며 막강한 힘을 가지고 있다는 박근혜 전 대표를 일찌감치 전면에 내세우면서 과신했다. 정치 일선에 등장한 지 불과 50일의 신출내기 시민운동가쯤은, 하고 과소평가하고 싶었을 것이다.

그런데 그 대단한 정치베테랑들이 백기를 들었다. 혜성같이 나타난 안철수 교수의 후원이 박근혜 전 대표의 지원보다 더 큰 힘을 발휘했다는 출구조사의 발표는 역시 충격적이었다. 결국 한국 정당정치에 대한 피폭이었다. 보수집권당의 체면이 말이 아니다. 후보도 내지 못한 제1야당도 무력했다. 가까스로 무소속의 박원순 후보를 등에 업고, 안간힘을 쓰며 그나마 반쪽성취를 하기는 했지만 제1야당으로써의 자부심도 땅에 떨어졌다.

이 결과로 보면 이제 기성정당 정치인들에겐 자성을 넘어 그야말로 뼈아픈 자아비판이 따라야 할 것이다. 그렇지 않다면 한국 정당정치의 위기가 올지도 모른다. 이 위기가 한국 정치의 새로운 지평을 열어가는 계기의 전환점이 되기를 기대한다.

이제 더 중요한 것은 앞으로 총선과 대선이 어떻게 방향 지어질 것인가이다. 이번 재·보선에서도 지방의 정치지형에는 큰 변화가 없었다. 그렇다면 앞으로의 총선도 지역에서는 큰 변화가 없을 것 같다. 그러나 서울에서는 역시 이번 재·보선의 결과에 따라 표심이 움직일 것으로 예상해 볼 수 있다.

문제는 1년 후의 대선이다. 지금까지 거론된 많은 대선후보들 중에 박근혜 전 대표에 대적할 만한 인물은 없는 것으로 나타나고 있다. 그런데 박원순 서울시장 당선자의 이변처럼 안철수 교수라는 비정치적 인물이 끼칠 정치적 영향력이 가장 예상키 어려운 변수로 부상하고 있다.

실로 정치적으로 검증되지 않은 박원순의 경우에서 보았듯이, 우리가 알지 못했던 문제나 의혹들이 결코 적은 것은 아니었다. 그럼에도 그것이 문제가 되지 않은 것은 기성 정치에 대한 국민들의 실망이 더 컸기 때문이다. 그렇다면 안철수 교수가 대선 후보로 등장하게 될 때에도 마찬가지로 작용할 것이라는 예측을 결코 떨쳐버릴 수 없다.

한 나라의 대통령을 아무나 할 수 있는 것은 아니다. 서울시장도 아무나 할 수 있는 것이 아니다. 잘하고 못하고를 떠나서 서울시장이나 대통령은 하늘이 내는 것이라는 말을 간과할 수도 없을 것 같다. 그렇다면 뛰어난 능력을 가진 CEO요, 과학자요, 교수요, 혼탁한 정치문화에 물들지 않은 순수한 사람이라는 것밖에 알려지지 않는 안철수 교수를 대통령으로 하늘이 내릴지도 모른다.

무엇보다도 서울시장 당선자가 기성 정치인과는 달리 서울시민의 뜻을 져버리지 않아야 한다. 기성 정치에 실망한 시민들의 반사적 표심의 해프닝으로 끝나서는 안 된다. 나아가 또 한 번 혜성같이 나타난 대통령이 우리의 혼탁한 정치문화를 변화시키는 구원의 메시아가 되기를 기대해 본다.

- 2011/10/31 -

# 아름다운 이야기의
## 세상 좀 만들어 주소

정치는 한 국가와 사회의 모든 현상들을 조정하는 대단히 중요한 역할을 한다. 정치를 주도하는 지도자나 정당의 주역들에 의해 국운이 좌우된다. 따라서 우리의 삶은 한 국가의 정치적 역량에 따라 행과 불행의 과정을 겪게 된다.

우리는 우리가 설정한 이상을 향하여 끊임없이 노력하며 살아간다. 그 이상은 영원히 도달할 수 없을지도 모른다. 민주주의라는 이상이 그렇다. 인간은 이상의 실현을 향하여 노력하지만 모든 일이 현실에 실현되기는 쉽지 않다. 그래서 실수와 실패라는 개념이 존재한다. 정치도 사람이 하는 일이라 결코 완전할 수는 없다. 실수나 실패로 인해 좌절할 필요는 없다. 그것을 인식하고 인정하고 변화시키고자 한다면 그것은 바로 발전의 원동력이 된다.

그 실수와 실패가 이상을 실현하고자 하는 과정에서 예상하지 못한 변수에 의해 불가피하게 초래된 것이라면 문제가 되지 않는다. 문제는 개인이나 집단의 이기적 동기에 의해 의도적으로 행해진 것이다. 그러고도 그 잘못을 인정하지 않고 변화를 시도하지 않는 데 문제가 있다.

개인이든 국가든 역사적 과오를 시인하지 않는다면 그 결과는 비참하다. 최근 중동과 아프리카의 민주화 혁명과정에서 생생하게 경험하였다. 리비아 카다피의 종말이 얼마나 처참하였는가를 되돌아본다면 아무리 대단한 부귀영화를 누린다고 하더라도 그러한 최후를 예견한다면 의미가 없다.

우리 한국사에서도 정치 권력욕과 돈 욕심 때문에 거의 모든 지도자들이 비참한 최후를 맞았다. 이승만 초대대통령은 4·19혁명으로 망명의 길에 올랐고, 박정희 대통령은 저격을 당했다. 전두환, 노태우 대통령은 감옥살이를 했고, 민주화의 주역으로 자처했던 김영삼, 김대중 대통령도 부정과 부패의 오욕을 벗어나지 못했고, 노무현 대통령은 스스로 몸을 던져 자살을 했던 결코 자랑스럽지 못한 역사적 기록이다.

이러한 비운의 역사가 교훈이 되어야 함에도 불구하고, 우리의 많은 정치인들과 관료들, 그리고 경제인들을 포함한 권력가들은 자신의 명예롭지 못한 최후에 대해 한 치 앞도 생각 못 하는 근시안들이 되는 것 같아 안타까울 뿐이다. 그 명예로운 자리를 사사로운 권력욕과 금욕 때문에 지키지 못하고 오욕의 멍에를 뒤집어쓴다.

지난 10.26 재·보선이 바로 이 때문에 치러진 것이다. 국민의 세금을 불필요하게 낭비하는 일이 끊이지 않는다. 그럼에도 선거 과정에서는 온갖 비방과 인신공격, 그리고 고소·고발로 점철되었다. 그러니 누구도 바람직한 지도자로 선택하기가 부끄러웠다.

모두가 그 나물에 그 밥이지만 당선자는 마치 염라대왕처럼 거들먹거린다. 또 어떤 이는 겸손의 극치를 보인다. 낮은 자세로 시민과 국민을 섬기겠다고 한다. 선거만 끝나면 하는 그런 말을, 사흘도 못 가는 그런 말을 우리는 식상할 정도로 들어왔다. 그러나 그 누구도 그러한 적이 없었다.

우리 누구도 그 높은 자리에서 낮은 자세로 우리를 섬겨달라고 하지 않는다. 다만 제자라에서 당당하게 할 바를 다해 주기만 하면 우리는 그들을 존경하고 우러러볼 것이다. 제 역할을 다하라고 그 높은 자리에 앉힌 것이며, 그만한 권력과 보상을 해 주고 있다.

물론 정치인들 모두가 다 그렇다고는 할 수 없다. 그중에는 진정으로 빛나는 업적과 족적을 남기며 명예로운 퇴임을 맞아 숭앙받는 이들도 많다. 하지만 그들보다 못난이들을 지적하는 것은 그들 때문에 많은 국민들이 어려워하고 있기 때문이다.

지금도 국회에서는 FTA 문제로 난리다. 대한민국의 모든 지도자 님이시여, 이제 제발 정권과 금권에 눈 어두워 값싼 안줏거리가 안 되기를 바란다. 아무리 어려워도 소주 한잔 마실 안줏거리는 있다. 우리는 정말로 어려우면 뻥튀기로 안주를 하든지, 아니면 소주도 안 마실 각오로 살아가겠다.

　　결실의 계절 가을이다. 그 혼탁한 세사에도 자연은 오곡을 영글게 했으니, 단풍놀이도 즐기며 전어회 안주에 위대한 이야기, 아름다운 이야기를 나눌 수 있는 세상을 좀 만들어 주소.

- 2011/11/07 -

# 거짓말의 나라에서
## 참말의 나라로

　최근 동아일보가 5회에 걸쳐 기획한 '거짓말의 나라'는 한국사회의 모순을 적나라하게 보여준다. 대한민국은 세계경제대국의 반열에 올라 있고, 세계 최강국 미국과도 거의 맞장 뜰 정도로 힘 있는 나라가 되었다. 그럼에도 내적으로는 너무도 큰 모순에 사로잡혀 있다.

　선의의 거짓말이나 문제를 유발하지 않는 거짓말도 있다. 그러나 상식적으로 거짓말은 나쁜 것이다. 거짓말의 나라라는 오명을 자초하는 거짓말은 우리 모두가 반드시 척결해야 할 중대 과제 중의 하나다. 인간관계를 지속시키는 가장 중요한 메커니즘은 신뢰다. 신뢰는 바로 거짓된 행동이나 말을 하지 않고, 약속을 지키며, 자신의 행동과 말에 대하여 책임을 지는 것에서 형성된다. 책임성이 결여된, 거짓된 행동과 말은 사회관계를 파멸로 몰고 간다. 이에는 실로 누구도 예외일 수 없다.

무엇보다도 사회적으로 막중한 영향력을 미치는 지위에 있는 사람들의 말과 행동은 더욱더 신중해야 한다. 그럼에도 그러한 위치에 있는 사람들이 더 많은 거짓말을 한다는 것이 심각한 문제로 제기되고 있다.

이 기획은 정치 사회적으로 영향력이 큰 영역을 분석하였다. 그에 의하면 선거, 정치권, 국회, 인터넷, 재계, 법정 등 우리 삶에 가장 중요한 영향력을 행사하는 영역들에서 거짓말이 자행되고 있다는 사실이다. 그러니 우리나라를 가히 '거짓말의 나라'라고 할 만하다.

특히 정치권에서 한 거짓말이 그러하다. 여야가 바뀌면 말과 행동이 예외 없이 바뀐다. 동일한 정치 현안에 대하여 여당일 때와 야당일 때 말과 행동이 정반대가 된다. 한미자유무역협정(FTA) 비준동의안 처리에 대한 그들의 태도가 단적인 예이다. 또한 대통령의 인사에 대하여도 여당은 존중을, 야당은 코드인사, 낙하산 인사 등으로 똑같은 말을 되풀이한다. 대통령의 사저에 대한 비판도 마찬가지였다.

민주와 정당정치의 소신이나 신념은 아예 기대할 수도 없다. 권력의 향방에 따라, 당리당략에 따라 표류하는 정치를 누가 신뢰하겠는가? 철학의 빈곤인지 빈곤의 철학인지 모든 것이 공허할 뿐이다.

선거철만 되면 공약(公約)이 아닌 공약(空約)을 남발하고, 유권자를 현혹시킨다. 공약의 실현 가능성과 실천 의지와는 상관없이 당선과 권력의 유지가 목적이다. 거창하고 화려한 공약이 승패의 관건이 되고 있다. 이처럼 선거에서의 공약(公約)은 결국 공약(空約)이 될 것이라는 것은 이제 누구나 다 알고 있다.

거짓말을 하지 않고 표리부동하지 않으면 이기지도 못하고 살아남지 못하는 세상이 되어버렸다. 거짓에 대한 양심의 가책이나 도덕과 윤리는 책에서나 강의실에서나 하는 말일 뿐 현실 적합성을 상실한 지 이미 오래되어 버렸다.

이 기획에서 서울 여의도 국회의사당은 '정치 1번지'이자, '거짓말 공화국 1번지'라는 극단적 표현을 하고 있다. 거짓말과 폭로가 난무하는 이유는 국회의원의 국회에서의 '면책특권'을 남용하는 것에서 온다고 본다. 그래서 '묻지 마 폭로'의 장이 되고 있다. 허위사실임을 알면서 폭로해도 처벌을 받은 경우가 거의 없다는 거짓말 불감증의 우리 정치문화가 문제이다.

또한 인터넷은 '괴담천국'으로 묘사되고 있다. 인터넷이 괴담이나 루머를 유통시키는 거대한 파이프라인으로 변질되어 금융투자시장을 혼란스럽게 한다. 다른 어떤 매체보다도 가장 확산력이 빠르고 광범위하며 영향력이 큰 인터넷이 다양한 경로를 통해 불확실한 정보를 유포시키고 있다. 추측과 억측이 가중되고 있다. 거짓과 과장의 유해정보는 소위 '카더라' 매체에 의해 출처확인도 거치지 않고 끊임없이 확대·재생산되고 있다.

이 불신의 사회를 어떻게 신뢰의 사회로 치유할 수 있을까? 프란시스 후쿠야마의 저술 '신뢰(Trust)'(1995)에서는 신뢰를 현대사회에서 가장 중요한 사회적 자본으로 설파했다. 이제 우리 모두 거짓말이 아닌 참말로 승부하는 사회를 만드는 주역이 되자.

- 2011/11/21 -

## 최루탄 국회는
## 국회가 아니다

　2011년 11월 22일, 대한민국 국회는 2008년의 '아수라장 국회'를 넘어 '최루탄 국회'가 되었다. 한나라당은 한미자유무역협정(FTA) 비준동의안을 통과시키기 위해 철통보안과 국회의장의 경호권을 발동한 가운데 군사작전처럼 기습처리를 시도했다. 이에 최루탄이 투하되었다.

　한나라당은 야당이 물리적 방법까지도 동원할 것이라는 강경한 반대입장을 예상한 가운데, 가능한 한 충돌을 피하고자 하였다. 따라서 강행처리와 관련한 절차상 문제도 고려한 가운데 치밀한 시나리오에 의해 감행되었다.

　본회의가 개회되자 민주노동당 김선동 의원은 의장의 멱살을 잡고 끌어내리려 시도하며 최루탄을 터뜨렸다. 본회의장은 순식간에 아수라장이 되었다. 국회 본회의장에서 최루탄이 터지는 사상 초유의 사건이었다. 국회의 권위와 위엄이 추락하는 위기를 맞았다. 신성한 국회에서 있을 수 없는 최루탄 투하에 대해서는 여당과 야당 할 것 없이 대한민국 국회의원 모두의 책임이다. 아니 이러한 국회의원을 선출한 우리 국민 모두의 책임이다. 우리 모두 정말로 자성해야 한다.

한 나라의 국회는 국민을 대표하는 국회의원들이 국가의 주요정책을 결정하는 신성한 곳이다. 냉철한 이성과 민주정치의 사명감으로 가장 합리적 결정을 내리는 곳이다. 그 과정은 민주적 절차와 정당정치의 원리에 따라 토론과 협상, 그리고 타협을 통해 합의점을 이끌어내는 곳이다.

의회민주주의의 생명인 국회에서는 어떠한 경우라도 비방과 인신공격이나 물리적 힘이 개입되어서는 안 된다. 또한 민주적 절차에 따른 발언이라면 그 무엇도 방해되어서는 안 된다. 이것을 보장하기 위해서 국회법이 있고 국회의원의 면책특권도 주어져 있다.

그러나 자유와 민주가 보장되지 않는 군부독재국가나 권위주의 국가에서는 이러한 국회의 신성성이 보장되지 못하고 훼손되는 일이 아예 없는 것도 아니다. 우리나라 역사에서도 건국 초기부터 자유당 정부의 독재, 유신독재 및 군부정권의 권위주의 시대에 이르기까지 국회의 권위가 훼손된 적이 한두 번이 아니었다.

그러나 1990년대 문민정부의 쟁취와 더불어 한국사회의 민주화와 경제발전이 진전되었다. 그럼에도 우리는 아직도 민주의 기본질서의 식과 가치를 터득하지 못하고 물리적 힘이나 목숨을 담보하며 떼를 쓰는 정치문화에 시달리고 있다. 우리 국회의 민주화는 아직도 요원한가?

1966년 김두한 의원의 국회 인분 투척 사건은 군부독재권위주의 시대의 슬픈 자화상이라 할 수도 있을 것이다. 그러나 민주적 절차에 의해 다수당이 집권하며 통치하는 이 시대에도 민주정치 원리를 부정하고 떼를 쓰고 물리적 힘을 동원하는 천민국회는 더 이상 인정할 수가 없다. 스스로 의회민주주의를 외치면서 의회를 폭거의 장으로 전락시키고 있는 국회의원들은 더 이상 국민을 대변할 자격이 없다.

우리나라 국회는 2008년 소위 '해머 국회'의 오명으로 국회의 권위를 실추시켰고, 또 국회의 유리창을 깨고 '최루탄 국회'로 만들면서까지 의회민주주의를 부정하는 행위는 용납될 수 없다. 이에 외신은 '이런 혼란스러운 장면은 한국국회에서 드문 일은 아니다'고 보도하고 있다. 수치스런 일이다.

더구나 최루탄을 터뜨린 민노당의 김선동 의원은 기자들에게 '폭탄이 있었다면 한나라당 일당독재 국회를 폭파해버리고 싶었다'고 한다. 그를 대한민국의 국회의원이라 칭하기조차 부끄러운 일이다. 이를 자초한 여당이나 야당 모두 폭거의 주역이다. 국민의 이름으로 퇴출시켜야 한다.

정당정치에서 왜 다수당이 집권하는가? 민주정치의 합의와 다수결원리를 이해하지 못하는 정당과 정치인은 자격을 박탈해야 한다. 논리를 통해서 상대 당을 설득하지 못하고 합의를 이끌어내지 못하면 다수당의 견해를 받아들여야 한다. 그 정책 결정이 잘못된 것이라면 그것은 차기 국회의 구성을, 선거를 통해서 선택하는 국민의 몫이다. 이것은 민주정치의 기본 상식이다. 떼나 쓰는 최루탄 국회는 국회가 아니다.

- 2011/11/28 -

## '사보나롤라신드롬'이
## 안 되기 위하여

 우리는 새로운 지도자에 대한 실망의 표현으로 '구관이 명관'이라는 말을 자주 한다. 신관(新官)에게 기대해 봤지만 역시나 신출내기의 한계가 있음을 대변하는 말이다.

 산전수전을 다 겪은 구관(舊官)은 정세판단을 유연하게 또는 기민하게 한다고 믿는다. 구관의 장점은 연륜과 경험에 의한 내성이 다져진 것에 있다. 특히 현대사회는 정보화의 영향력이 그 어느 때보다 커짐으로써 국제간의 변수까지도 민감하게 작용한다. 뿐만 아니라 정치의 변수는 너무나 다양하여 예측불허의 상황에도 직면할 수 있다. 그래서 보편적으로 구관은 어떤 위기도 슬기롭게 잘 극복할 수 있다고 믿는다.

 그러나 우리 정치에서는 그러한 국민들의 보편적 믿음을 충족시켜 주지 못했다. 오히려 믿는 도끼에 발등 찍는 쓰라린 경험이 더 많다.

그들의 도덕 불감증으로 부정과 부패의 온상을 만들어 우리는 늘 큰 병폐를 경험했다.

즉 기존의 정치인으로부터 우리는 늘 속아왔다는 심정이다. 말만 희번드르르하게 해놓고 결국은 당리당략으로 개인의 권력과 명예욕에 사로잡혀 치부하며 나라를 망치는 일이 허다했다.

구관의 장점에도 불구하고 우리의 현실정치에서는 실정이 더 많았다. 구관으로부터 어차피 기대할 것이 없다면 신관의 새로운 비전을 한번 믿어보고 싶고, 패턴을 쇄신하는 것도 의미 있는 일이다.

이제 비정치인을 정치인으로 만들어 신선한 충격으로 우리 스스로를 쇄신하는 시험도 해볼 만하다. 비정치인인 박원순이 신관 서울시장이 되었다. 그 결과는 지나보아야 알겠지만 벌써 '행정 이해 못 한 짧은 한마디에 하위직 일 몰려 쓰러지기 직전'이라는 비판이 일고 있다.

안철수 교수는 대선후보로 연일 여론조사의 대상이 되고 기존의 모든 정치인들을 앞지르는 막강한 힘을 보여주고 있다. 그는 비록 비정치인이기는 하지만 구관에 신물이 난 우리는 새로운 신관으로부터 신선한 바람과 문화를 창출해 주기를 바라는 마음이다.

한편으론 우려스럽기도 하다. 한신대 윤평준 교수의 '현실정치에 메시아는 없다'(조선일보 2011.11.28 아침논단)는 글은 많은 사람들이 공감하리라 본다. 그는 15세기 말 이탈리아 피렌체가 위기에 처했을 때 혜성같이 나타난 수도사 사보나롤라(G. Savonarola)의 실정(失政)을 소개하고 있다. 사보나롤라는 '피렌체의 정치 혜성'으로 국민의 열망 속에 등장했지만 결국은 실정으로 집권 4년 만에 화형에 처해졌다고 한다. 아마추어지도자의 도덕주의와 실정(失政)은 결국 마키아벨리의 군주론을 등장케 하였다.

지금 정치언론에 확산되고 있는 비정치인 안철수 혜성이 '사보나롤라 신드롬'으로 이어지지나 않을까 우려하는 목소리 또한 작지 않다. 척박한 현실정치와 문화에 이상을 논하던 학자가 국민의 목마름을 과연 채워줄 수 있을 것인가?

다른 한편 여당 차원에서는 슈퍼우먼신드롬(Super Woman Syndrome)이 우세를 점하고 있다. 한국의 정치적 국난을 극복하는 유일한 길인 것처럼 회자되고 있다. 안철수 교수가 나타나기 이전엔 부동의 1위를, 그것도 경쟁대상이 없을 정도의 막강한 힘을 가지고 있었다. 아무리 정치가 생물이라지만 안철수 교수의 이러한 변수가 나타나리라곤 아무도 예측하지 못했다.

이처럼 '안철수 혜성신드롬'과 '슈퍼우먼신드롬'이 대척을 이루는 기이한 현상이 일어나고 있다. 안철수 혜성으로부터 기성 정치에 식상한 국민들의 환멸을 보상해 줄 수 있는 메시아적 기대를 가져도 좋을지 심히 우려스럽다.

정치는 생물이라 언제 어떤 변수로 어떻게 변화될지 모르지만 당분간 이 두 신드롬은 앞으로 총선과 대선까지 상당한 정도로 각축할 것으로 예상된다.

이제 안철수 교수는 신비주의적 베일을 벗고 국민의 기대에 부응하는 실제 모습을 보여주고 확실한 정치적 의사표명이 필요하다. 국민의 선택이 사보나롤라의 신드롬으로 끝나지 않기 위해 검증의 시간을 주고 한국 정치의 비전을 제시해 주어야 한다.

- 2011/12/05 -

## 민주(民主)가 신음한다

한국사회의 민주화는 요원한가? 민주와 진보의 이름을 걸고 반민주적이고 비민주적인 작태가 만연하다. 종북을 진보로 우기고 있다. 민주주의가 마치 자신들의 권력욕이나 채워주는 수사어로만 생각하는 집단들이 있다.

되돌아보면 80년대 후반 들어서야 군부 권위주의 정치의 한계가 드러났고, 결국은 6.10항쟁과 6.29선언을 이끌어 냈다. 우리에게 386세대로 알려진 당시의 젊은 청년 학생들은 최후의 일각까지 민주주의를 위해 싸운 전사들이다. 그들은 오직 민주를 외쳤고 그 염원으로 자녀들의 이름은 민주가 되었다. 그들이 쟁취한 민주주의는 영원하리라 믿었다.

민주주의는 쟁취하는 것만으로, 그리고 군부 권위주의체제가 물러나는 것만으로 실현되는 것이 아니다. 그것을 지킬 줄 알아야 하고,

발전시킬 줄 알아야 한다. 20년이라는 세월이 흘렀음에도 우리의 민주주의는 신음하고 있다. 피를 흘리며 죽음을 각오하고 쟁취한 민주는 곡해되고 왜곡되었다.

지금도 여당, 야당 할 것 없이 쇄신이니, 혁신이니, 환골탈태니, 당명을 바꾸어야 하느니 난리다. 민주주의는 말로 되는 것이 아니다. 당명만을 바꾸면 되는가? 수없이 바꾸어왔다. 바꿀 때마다 말이 좋아 백 년 정당 운운했지만 몇 년도 못 가는 정당이 허다했다. 이제 지을 당명도 없다. 정치인의 진정성이 없는 한 민주는 불가능하다.

90년대에 들어선 문민정부는 민주정부라는 이름하에 부정과 부패와 권력투쟁이 끊일 날이 없었다. 그로 인해 IMF라는 위기를 초래했다. 그나마 과도기라는 시기로 자위할 수도 있다 치자. 그런데 90년대 말 들어선 국민의 정부도 경제위기를 극복한다는 국민적 호응 속에서 저질러진 부정과 부패, 그리고 북한을 둘러싼 이념적 대립은 한국사회의 민주주의를 또다시 위기 속으로 몰아붙였다.

2000년대로 들어서면서 우리 모두는 21세기의 새로운 변화와 비전을 기대했다. 거창한 말의 향연이 이어지는 가운데 젊은이들의 정치적 관심을 불러일으켰다. 이로써 참여정부가 등장했고 가장 민주적일 것이라 기대했다. 80년대 민주화의 주역들이 참여정부에 대거 입성했다. 무엇보다 새로운 정치 깨끗한 정치, 돈 안 드는 정치 등의 슬로건은 새로운 정치의 지평을 열어가는 것 같았다. 그렇지만 진보라는 이름으로 종북 이념에 사로잡혔고, 역사를 재정립한다는 명분으로 한국사회의 정체성을 흔들기 시작했다.

참여정부의 주역이 된 386세대들은 80년대 그들이 쟁취했던 민주를 제대로 사수하지 못했다. 민주는 오히려 자신들의 권력의지를 반영하는 도구에 불과했다. 그들이 하는 것은 모두 민주적인 것처럼 호도했다. 거기에다 종북주의적 정당이 출현하면서 민주와 진보를 또다시 왜곡하기 시작했다. 새로운 유형의 권위주의의 거대한 성이 구축되었다.

민주사회는 불가피하게 다수결 원칙을 수용해야 한다. 특히 정치적 권력기관은 국민에 의해 선택되고 권력을 위임한다. 야당이나 소수의 의견이 반영되지 않는다고 해서 폭력을 동원하고 목숨을 담보하며 머리에 붉은 띠 두르고 떼나 쓰는 정치는 결코 민주가 아니다.

우리의 민주와 진보는 실종되었다. 국회는 늘 파행적이었다. 중요한 정책 결정에는 국익의 차원이 아니라 여당이든 야당이든 당리당략만을 고집했다. 국회에서는 폭력이 난무했다. 따라서 아수라장 국회에, 최루탄 국회, 폭력으로 얼룩진 민주당전당회까지 왔다.

민주주의의 힘은 무력했다. 80년대 민주투사들에 의해 지어진 민주의 이름이 싫다고 한다. 왜냐하면 아버지가 된 기성세대들은 민주라는 이름만 지어주었을 뿐 역시 권위주의적이기 때문이다.

사실 이들은 시어머니와 며느리의 고부갈등을 정확히 대변해 주고 있다. 며느리의 입장에서 보면 시어머니는 권위주의적이다. 반대로 민주적 관계를 원하던 며느리가 시어머니가 되면 다시 권위주의적이 된다. 80년대의 청년 학생들이 어른이 되면서 기성세대가 되었고, 그들이 차지한 권력은 완벽한 것처럼 고집한다. 진보도 아닌, 민주도 아닌 또 다른 권위주의로 민주는 신음하고 있다.

- 2011/12/19 -

## 희한한 국회의원

선거는 다수의 후보가 경쟁하는 가운데 유권자가 선택한 결과에 따라 당락이 결정된다. 따라서 후보는 국가와 국민과 유권자에게 유익한 공약과 신념을 홍보하며 경쟁하게 된다. 그런데 우리나라에서는 희한한 선거가 전개될 전망이다. 내년 4월 총선에 출마를 포기하는 국회의원이 나왔다. 민주당의 김부겸 의원은 당선이 불투명한 타 지역구(대구)에서 출마하겠다고 선언했다. 나이가 많은 사람은 더 이상 출마를 포기했다. 이처럼 출마를 하면 당선이 유력함에도 불구하고 출마를 포기하거나, 낙선하기 위해 타 지역구에 출마하겠다는 모순이 일어나고 있다. 이러한 현상은 본인 스스로 결정한 것이 아니라 여론의 압력으로 진행되고 있다.

누구를 막론하고 국회의원에 당선되는 경우는 크게 두 가지의 조건이 충족되어야 한다. 그 하나는 국회의원의 역할을 잘 수행하고 있기 때문에 국민의 신뢰를 얻어 재당선이 되는 경우이다. 이러한 경우는 어느 당의 소속이든, 나이가 얼마든 상관없이 필요한 인물이라 하겠다.

다른 한 경우는 특정 지역의 정치적 성향으로 인해 특정정당 소속후보가 인물이나 능력과 관계없이 당선이 유력한 경우이다. 현실적으로 호남의 민주당 소속이나 영남의 한나라당 소속후보의 당선 가능성이 그 예이다. 소위 누구든 말뚝만 꽂으면 당선이 되는 경우이다.

오늘날의 권력 포기현상은 이 두 가지 경우에서 볼 때, 분명 자기모순이며 궤변이다. 분명 전자의 경우라면 전혀 문제가 없어야 한다. 그렇지만 그러한 경우는 눈에 띄지 않는다. 그렇다면 문제는 후자에 연유한다.

후자에 관련된 문제라면 기득권자가 출마를 포기하고 사람이 바뀐다고 해서 상황이 변화될 소지나 문제의 해결을 기대할 수는 없다. 더욱이 당선이 불가능한 다른 지역구에 출마하여 낙선하는 것이 무슨 의미를 가지겠는가?

정치적 불신이 만연한 상황에서 이러한 태도는 개인적으로는 국민으로부터 기득권을 포기한다는 가상(嘉尙)함에 영웅적 인식을 받을지 모른다. 그러나 한국정치발전을 위해서는 아무런 의미도 가치도 창출하지 못한다. 영웅 심리적 희생을 자초하는 것밖에 아니다. 의미 없는 희생과 정치적 쇼에 불과할 뿐이다. 국민은 결코 이러한 희생을 바라지 않는다.

그들의 영웅적 행위를 폄하하는 것 같이 들릴지 모르지만, 우리 모두는 한국 정치의 근본적 문제가 어디 있는지, 무엇인지를 깨닫는 것이 중요하다. 차가운 이성으로 성찰하고 소신 있는 민주정치를 실천하는 의지가 필요하다. 결국 민주주의 원리에 대한 자각과 건전한 민주주의의 양식을 갖추고, 민주주의를 실현하는 권력의지의 문제에 귀착한다.

남아 있는 자는 물론 지역구를 바꾸는 자와 출마를 포기하는 자를 포함하여 모두 진정으로 출마 당시의 정치적 소신을 가지고 국가를 위하여, 그리고 국민을 위하여 정치하였다는 확신을 할 수 있는지 가슴에 손을 얹고 자문해 보라. 결국 모두 말로만 민주주의를 외쳤지, 이를 실현하고자 하는 진정성이 없었기 때문이라는 것을 알 것이다. 당리당략에 구속되어 신념대로 행동하지 못한 자신들에게 이 모든 책임이 있다. 그렇다면 문제는 아주 간단하다. 소신을 당당하게 피력하고 책임을 지는 정치의 발현이다.

지금도 쇄신하자, 물갈이하자, 인재를 영입하자 등의 외침 속에는 이미 기득권자들이 그들의 자리를 더욱 공고히 하고자 하는 속셈에서 한 치도 멀리 있지 않다는 것이다. 그대들이여, 그들은 '가슴에 손을 얹고' 자문해 보라. "나는 진실한가?" 하고.

진정으로 국가를 위한 권력의지가 아니라, 자신과 집단의 부귀와 영화를 위한 권력의지라면 우리 국민의 기대는 또다시 실망하는 기

대일 뿐이다. 이제 말의 향연의 종말을 고하고 실천의 향연을 향해
새해의 폭죽을 터뜨리자.

- 2011/12/26 -

## 포스트 김정일의
## 북한 전망

　김정일이 죽자 세계의 언론이나 전문가, 정치인뿐만 아니라 일반시민들도 저마다 나름대로의 논리로 북한의 미래를 전망했다. 아직 설익은 것이기는 하지만 당분간 그러한 전망은 계속될 것이다. 그런데 그 전망들은 위기와 안정의 두 가지 극단적 내용들이다. 이러한 전망은 바로 북한사회가 그만큼 예측불허의 사회라는 것을 암시한다. 그만큼 정보가 부족함을 의미한다. 따라서 그러한 모든 전망들은 신뢰할 수 있는 수준이 아니라는 것이다.

　김정일이 죽자 실로 가장 두려워한 집단은 바로 김정일의 권력 측근과 김정은이다. 그들의 존재와 권력은 김정일의 대내외적 공포통치술에 있었다. 집단체제의 총수가 무너지면 집단의 위기의식이 고조된다. 그러한 보루가 무너졌으니 권력 측근들이 가장 두려워했던 것이 사실이다. 김정일이 살아있을 때 문제가 발생했다면 그들 모두 무더기로 국제전범재판에 회부되어야 할 공범자들이기 때문이다.

그러나 김정은이 그 두려움을 이겨내고 안도의 한숨을 돌린 것은 세계의 반응이었다. 오히려 세계가 더 두려워했다. 한반도에 돌발적 사태로 물리적 갈등이 일어나지 않을까 걱정했다. 그러한 걱정은 실로 김정일이 살아있을 때 더 큰 것이었다. 김정일이 없어진 북한은 약해질 수밖에 없다. 그들이 살아남기 위해 내부단속을 하고 외부의 눈치를 살피는 것이 그들에게는 더 중요한 현안이다. 북한을 그렇게도 악의 축으로 몰아가든 세계는 대단히 관대했다. 오히려 더 겁을 먹고 있었다. 그러자 북한은 세계의 반응에 대한 북한식 상황판단을 했고 다시 건방지기 시작했다.

세계의 위협이 사라졌다는 상황판단에 힘입어 서서히 김정은은 체제 부각을 앞세우고 그것을 증명하기 위하여 조문동원령을 내리고 통곡하고 눈물을 흘리게 만들어 갔다. 한국야당의 반응을 너무도 잘 예측하고 있는 그들은 남남갈등을 야기하는 통 큰 배짱을 부리기 시작했다. 우리 한국은 북의 그러한 시나리오에 그대로 빨려들어 갔다. 조문단을 놓고 정부와 야당 간에 갈등이 빚어졌다. 그러면서도 세계 언론은 연일 한반도 안정을 위한 기도를 했다. 29살짜리 세자가 왕위에 등극하는 김정은을 인정했다.

북은 외부의 조문단을 사절했다. 외부의 조문단에게 북의 실상을 알리고 싶지 않은 것이 더 큰 목적이다. 그럼에도 남한의 사절단은 극진히 대우했다고 우쭐되고 있다. 그것은 당연하다. 남한의 사절단은 이미 북한의 실정을 잘 알고 있는 경제이해관계자나 친북 아니면 종북주의자들이기 때문이다. 남한의 정치적 상황을 너무도 잘 알고 있는 북한은 오히려 조문단을 보내지 않는다고 야단이다. 남한이나 미국의 입장에서 보면 김정일의 죽음을 애도할 것이 아니라 경축해야 한다. 왜냐하면 폭압과 굶주림의 원흉, 악의 축이 사라졌으니 말이다. 그러니 이제부터는 북한 주민들을 종용해야 한다. 희망을 가지고 새로운 변화를 시도할 준비를 하라고 말이다.

김정은은 우선은 유훈 정치를 강조할 수밖에 없다. 아직은 북한식 대남비방을 일삼으며 한국과는 상종하지 않겠다는 으름장을 놓고 있다. 그것은 북한의 통상적 통치방식이다. 그래야 북한 주민들은 남한을 적대시하고 김정은을 추종할 것이기 때문이다.

김정일이 죽고 한동안 모든 경제활동이 멈추었다. 아직도 그가 죽은 도시에는 여전히 김정일의 유령만 떠돌고 있다. 김정은의 살길은 경제 회생에 있다. 이제 더 이상 이 대세를 거스를 수 없다. 김정은은 김정일과는 다른 시대와 세계를 경험한 신세대이다. 서구 자본주의의 눈부신 발전을 스스로 경험한 세대이다. 외부세계와 북한의 실상을 제대로 비교해 보아야 한다. 김정은은 러시아의 고르바초프와 중국의 등소평이 변화를 성공시켰던 세계사를 읽을 수 있어야 한다.

- 2012/01/09 -

파렴치한을 넘어

온 세상이 경제가 신통찮다고 야단이다. 미국의 오바마가 떨고 유럽도 위기를 연발한다. 자본주의의 수장들이 모인 다보스포럼마저 자본주의 백기를 들 모양이다. 경제 한파에 날씨까지 영하 10도를 웃도는 한파로 모두가 덜덜 떨 지경이다.

그래도 살다 보면 궂은일만 아니라 좋은 일도 있는 것이 세상사이다. 그런데 굳이 궂은 일만 들추어 세상이 마치 파렴치한 천지인 것처럼 나쁘게만 보는 것도 좋은 태도는 아닐 것이다. 그러나 앞으로 치러질 총선과 대선으로 우리나라가 한동안 들뜨고 술렁이고 혼탁해질 것 같은 우려에, 미리 행동하는 양심을 일깨우고자 아픈 곳을 들추어 본다.

연말연시로 이어지면서 언론에는 연일 파렴치한의 이야기뿐이다. 후보사퇴 대가로 2억을 준 곽노현 서울시 교육감은 3천만 원 벌금 판결을 받았다. 2억을 받은 박명기 교수는 2년 징역형을 받았다. 준 사람보다 받은 사람이 더 나쁜 사람이 되었다. 이런 재판의 판결도 있는가? 선의라고 우기면 되는가 보다. 곽노현은 그럼에도 교육감직에 복귀했고, 무죄판결을 위한 항소 의지를 밝혔다. 부끄러워하기는커녕 무슨 개선장군의 입성처럼 당당하여 국민이 보기에 뻔뻔스럽기 짝이 없다. 판사나 죄인이나 하나같이 후안무치한 자들로 보인다.

대한민국 국회의장인 박희태는 돈 봉투 사건에도 모르쇠로 일관하고 굳건한 의장의 모습을 취하고 있다. 근엄해야 할 국회의장이 돈 봉투나 돌리는 부패의 수장이라니 가당치도 않다. 수하들이 잡혀가고 있는데도 말이다. 누구를 위한 국회의장인가?

돈 봉투 사건을 4년이나 지나 터뜨리는 고성국 국회의원의 의도하는 바는 대체 무엇인가? 그러한 국회의원을 국가와 정의를 위해 일하는 존경의 국회의원으로 믿어야 하는가? 직무유기죄로 고발해야 함이 마땅하지 않은가?

그러면서도 총선을 두어 달 앞두고 당에서는 저마다 쇄신하겠다고 비대위를 만들고 통합당을 만들고 난리다. 여당에선 비대위를 만들었지만 비대위원들의 과거전력으로 말도 많고 탈도 많다. 비대위원장은 이리도 말 많고 탈 많은 날들에 노심초사하고 있다.

이처럼 쇄신이라는 이름으로 출발했지만 쇄신의 대상이 쇄신을 부르짖는 우스운 형국이라 한다. 그래도 막강한 힘을 부여했으니 마치 염라대왕이나 된 듯하다. 감히 대통령을 탈당하라고 윽박지르고 있다. 그들 스스로 대통령을 만들고 함께 4년을 보내면서, 마지막에는 정작 대통령에게만 모든 책임을 전가하는 꼴이란 소가 들어도 웃을 일이다.

야당들도 그 사람에 그 사람들이 다시 모여, 무슨 대단한 통합이나 한 것처럼 우쭐되고 있다. 불법정치자금수수 혐의로 징역형을 받은 사람(임종석 전 의원)을 사무총장으로 임명하였다. 그러고도 마치 쇄신이 다 됐고 대권이라도 잡은 기세로 떵떵거리고 있다. 현 정부와 정치인들에 대한 실망으로 빚어진 정치부재 현상을 마치 자신들과는 무관한 것처럼 거들먹거리기만 한다. 그들은 마치 메시아나 된 것처럼 착각하고 있다. 파렴치한이 따로 없다.

2012년 한반도에는 두 개의 여의주가 떠올랐다. 그래서 여인천하의 세상이 되었다고 한다. 남인천하에서 못 본 부귀영화(국민이 잘사는 나라)를 여인천하에서 누릴 수 있다면야 천년만년 여인천하 세상에 살고 싶은 것이 국민들의 마음이다.

두 여인이 한통속이 되긴 되었는데 어쩐지 개운치가 않다. 그리 달갑지 못한 느낌이 먼저 든다. 한나라당 비대위는 이명박 정권에게 책임 전가하고, 민주당은 이명박 정권을 심판하겠다고 한다. 그러면 보수나 진보가 한데 뭉친 건가? 아니면 알 듯하면서도 모를 여인의 마음인가?

여당이나 야당이나 다 나라 망친 공범들이다. 그런데도 자기만 책임 없는 듯 남에게 책임 전가하는 그들이 무슨 나라를 위한 위정자라 하겠는가? 파렴치한들이다.

당명을 지어놓고, 당명답지 않는 당명이라 난리다. 거창하게 공천 혁명을 외치더니 살생부 운운하며 공천전쟁을 방불케 하여 살벌하기까지 하다. 서로 탐욕에 의한 쇄신과 통합은 갈등만 더 키우고 있다.

- 2012/02/05 -

## 정치원론을 다시 배우자

    우리의 정치는 늘 비판의 대상이 되어 왔다. 필자가 기억하는 한 단 한 번도 우리의 정치를 잘한다고 칭찬하는 것을 들어보지 못한 것 같다. 어느 영역에서든 새로운 지도자가 등장하는 거의 모든 시작에는 그나마 희망을 가지기도 했지만 중반을 채 넘기지 못하는 가운데 그들은 희망의 한계를 드러내었고, 더 정확하게는 그들의 실체가 드러났다. 그것은 하나같이 과거나 현재의 부정과 부패에 휩싸여 국민들은 실망하고 그들은 곤혹스러워했다.

    대체 왜 그런가? 왜 유독 우리나라에서만 그러한 현상들이 끊이지를 않는가? 이에는 물론 전문가들을 포함해 많은 사람들이 말하는 나름대로의 원인이 있다. 그러나 필자가 보기에 우리나라의 정치인이나 경제인, 특히 재벌가들과 그리고 고위관료들 모두가 하나같이 공통된 속성을 가지고 있는 것 같다. 무엇보다도 원론을 제대로 배우지 못했다. 원론은 누구나 당연한 것으로 치부하고 그것에 대한 가치를 인정하지 아니했다. 원론을 가지고는 어떠한 것도 이루어 내지 못하고 성공하지 못한다는 궤변을 말한다.

그래서 결국은 바로 각론에 들어갔다. 원론에 대한 기초적 이해나 기본이 없으니 전체를 보지 못하고, 상호 연관성을 알지 못하고, 일관성 있는 논리를 펴지 못한다. 즉 나무는 보지만 숲을 보지 못하고 전체의 조화와 연관성을 이끌어 내지 못하니 토막 난 정치가 될 수밖에 없다. 제각기 토막토막 난 논리들이 한순간 반짝하기도 하지만 이내 그 빛을 더 이상 발하지 못한다.

그래서 이제 우리는 원론에 충실한 자세를 가지는 원론의 시대를 다시금 살아야 한다고 확신한다. 그러면 당장 이런 말을 할 것이다. "공자 같은 소리 하고 있네!" 그렇다. 이제 우리 정치의 도덕성과 신뢰회복은 바로 공자 같은 소리에 충실해야 한다는 데 있다. 누구나 다 아는 도덕 정치를 단지 현역 정치인들만 모른다. 그런데 그들도 새해만 되면 거창한 사자성어를 내놓고 덕담을 한다. 그 덕담에 우리 국민은 늘 속아왔지만 말이다.

멀리 갈 것도 없이 사서삼경 중 대학에 나오는 '수신제가치국평천하(修身齊家治國平天下)'를 들어 보자. 자기 자신을 인격적으로 잘 다듬고, 가정을 잘 다스리면 비로소 나라를 올바르게 통치할 수 있으며, 그것이 바로 세상을 평화롭게 하는 것이다.

아리스토텔레스는 정치의 목적을 좋은 시민을 양성하고 좋은 자질을 배양하는 것이며, 결국은 좋은 삶을 구현하는 것이라 하였다. 좋은 정치가는 시민의 미덕이 탁월한 사람, 시민의 자질이 가장 뛰어난 사람으로서, 그러한 사람이 정치적으로 인정받고 가장 큰 영향력을 발휘할 가치가 있는 사람이다. 정치의 도덕적 가치는 실천적 지혜이며, 이것은 좋은 삶이 무엇이며, 이것을 어떻게 구현할 것인가를 고민한다.

칸트의 도덕은 인간 그 자체를 목적으로 여기고 존중하는 것이다. 지키지 못할 약속을 하는 것은 도덕적으로 잘못된 일이다. 도덕은 결과가 아닌 원칙의 문제다. 진실을 말해야 할 의무는 결과에 상관없이 항상 유효하다. 올바른 이유로 올바르게 행동하는 것으로써 결과가 아니라 동기가 중요하다. 이 또한 너무도 잘 알고 있다.

막스 베버도 아무리 선한 목적이라도 그것을 실현하는 수단과 방법, 그리고 과정이 선하지 않다면 정당화되지 못한다고 했다. 좋은 정치를 하기 위해, 그리고 당선되기 위해서 수단과 방법을 가리지 않는 부정선거를 인정하지 않는 것과 같다.

마이클 샌델은 '정의란 무엇인가?'에서 이러한 원론을 논쟁하는 가운데 시민에게 정의로운 사회를 만드는 길을 터득하게 한다. 정의로운 사회는 좋은 삶의 의미를 함께 고민하고, 으레 생기기 마련인 이견을 기꺼이 받아들이는 문화를 가꾸어야 한다. 도덕과 원론

에 기초하는 정치만이 시민의 미덕을 키울 수 있고 시민의 행복을
만들어 낸다.

- 2012/02/20 -

## 공산군주주의로부터 탈북

 북한에 대하여 많은 학자들은 김정은 시대는 지역적이기는 하지만 북한식 개혁과 개방이 이루어질 것이라 전망했다. 김정일은 개방할 수가 없었다. 개방은 바로 자신의 개인적 죽음과 몰락이기 때문이었다. 그러나 김정은은 아직 스스로는 지은 죄가 없거나 크지 않다. 김정은은 과감하게 개혁하고 변화할 수 있다. 강성국가의 본질은 개방경제에 있다는 사실을 깨닫고 혁신해야 한다. 그렇지 않으면 체제유지는 물론 자신도 건재할 수 없다. 중국이 영원한 보루일 수 없다는 것을 하루속히 깨달아야 한다. 그러면 주민의 희망과 신뢰를 얻을 수 있고, 주변국의 관용을 기대할 수도 있다.

 자본주의는 더 이상 유령이 아니라, 실재이다. 중국이 비록 정치적으로는 일당독재체제를 유지하더라도, 경제적으로 자본주의를 수용했다. 등소평의 흑묘백묘론이 주효했다. 국가 주도적이기는 하지만 자본주의를 도입함으로써 G2에 진입했다. 북한도 이제는 김정일의 폐쇄적이고 공포통치의 유훈이 아니라, 등소평의 유훈을 따르는 것이 북한 주민들로부터 신뢰받는 정치이다.

국제정치학계의 세계적 석학이며 하버드대 케네디스쿨의 석좌교수인 조지프 나이(74)는 북한을 '공산 군주주의'라 칭한다. 이 시스템은 북한 주민 2천400만을 위한 정치가 아니라, 10% 관료들을 위한 체제이다. 10%의 당 관료들만 살찌우면 나머지 2천만은 굶주림에 대한 작은 한 덩어리 사탕과 폭압적 공포정치시스템으로 유지한다. 이제 북한은 공포와 폭압의 공산 군주주의로부터 탈피해야 한다.

탈북자를 보라. 김정은 체제는 탈북자의 절규를 듣지 못하는 한, 중국은 그들을 북송으로 내모는 한, 북한은 국제사회에서 고립될 수밖에 없을 것이다. 식량 원조라는 링거와 핵 위협으로 연명하는 북한은 베를린의 벽돌 장벽이 아니라 철의 장벽을 치지 않는 한 굶주림과 죽음을 불사하는 탈북을 막을 수 없을 것이다.

1949년 서독과 동독이 출발한 이후 동베를린으로부터 자유를 찾아 서독으로 넘어온 사람이 수십만을 넘는다. 당시 굶주림은 없었지만 자유를 찾아 죽음을 무릅쓰고 사선을 넘으며 무자비한 사살로 수많은 사람이 죽어 갔다. 동베를린은 텅텅 비어 갔다. 동독은 노동자가 없어 공장가동이 안 된다고 했다. 그래서 결국은 소련의 지령으로 1961년 8월 13일 소련탱크를 앞세우고 베를린에 벽돌 장벽을 쌓기 시작했다. 이처럼 북한과 중국 사이에 이제 압록강과 두만강에 철장벽이 세워질지 모른다.

 탈북은 현재 단순히 자유를 향한 것이 아니라 굶주림과 폭압을 견디지 못하는 도피용 탈북이다. 이것은 미국이나 중국을 비롯한 모든 나라가 단순히 정치적 이해관계를 떠나 인도적 문제로 접근해야 한다는 걸 의미한다. 중동의 민주화는 저항이라도 할 여력이 있었지만 북한은 그러한 힘마저 생길 수가 없다. 이 지구상에 존재하는 최악의 국가이며 최악의 상태로 치닫고 있다. 소련에서는 북한을 시험하지 말라 하고 있다. 거기에다 중국이 실리적 이해관계로 국제규약(난민협약)을 어기면서까지 북한을 두둔하는 것은 국제사회의 일원으로서, 그보다도 소위 G2를 지향하는 국가로서 해서는 안될 비인도적 정치적 행위이다. 이에 대해 국제사회는 과감히 규탄하고, 중국의 인도적 전향을 촉구하는 결의가 유엔을 통해 내려져야 한다.

 한국에 정착한 가족들의 말에 의하면 탈북자의 북송은 죽음밖에 없다. 그것도 처참한 고통으로 죽음을 맞이하게 된다. 오죽하면 인터뷰에서 그들의 동생과 자녀를 북송할 바에는 차라리 죽여서 한국으로 보내달라는 하소연을 하겠는가? 미국 의회가 북송 관련 탈북자청문회를 실시한다고 하니 좋은 결과가 나오기를 기대한다. 그러나 북송 위기에 처한 탈북자들은 시를 다투며 하루가 위급한 시점에 놓여 있다는 것을 직시해야 한다. 이러한 북한을 두둔하는

가짜진보는 각성하고, 여야를 뛰어넘는 탈북자 해결책을 하루속히
마련해야 한다.

- 2012/30/05 -

# 꼼수 정치의
## 달인은 안된다

　정치가와 정당은 정치철만 되면 새로운 정치, 혁신, 쇄신 등의 구호를 외치고 있다. 그러나 그것이 단 한 번도 실현된 적이 없다. 바로 2012년 4.11총선을 앞두고 각 정당들은 당명을 바꾸었다. 한편에서는 쇄신을 위한 비상대책위원회까지 만들어 쇄신과 공천혁명을 일으키겠다고 했다. 이름만 바꾸고 통합자만 덧붙인 정당명으로 무슨 큰 기대를 할 수 있겠는가? 국민들은 어차피 아무것도 기대하지도 않고 있다. 그러나 그들은 마치 목숨을 건 결단처럼 강조하고 있다. 우리는 그들이 하는 일이나 말은 이제 으레 때만 되면 하는 하나의 퍼포먼스나 쇼로 알고 있다.

　공식적인 선거운동을 시작하기도 전부터 불법 및 부정선거로 자살을 하고, 고소고발사건 수는 더 많아졌다. 3월 18일 대검찰청 공안부에 따르면 선거사범 입건자는 495명으로 지난 18대 총선 같은 기간 (229명)보다 116.2% 늘어났다. 한 야당대표는 경선과정에서 여론조사

조작에 가담한 사실이 드러났다. 경선원칙 부정으로 탈락자는 후보 사퇴를 외치고, 공천탈락 현역의원은 탈당을 하고, 전략공천지역에서는 탈당과 무소속 출마가 속출하고 자신의 목적을 위해서는 수단과 방법을 가리지 않았다. 윤리나 도덕의 개념은 아예 없었다. 당내 경선에서도 서로 헐뜯고 비방하며 막 나가는 판이었다. 공식선거운동 기간에 접어들면서 어떤 장면이 펼쳐질지 두렵기조차 하다.

죽기 아니면 살기 식, 아니면 너 죽고 나 살기 위한 극단적 투쟁을 통해 오른 자리에서 그들은 과연 무엇을 생각할 것인가? 정말 내 한 몸 불살라 한국의 정의로운 정치를 위해, 국민이 그리도 목말라하는 도덕 정치를 할 것이라 기대할 수 있겠는가? 문민정부 이후 20년, 지금까지의 경험으로 보아 그렇게 되리라 절대 확신하지 못하는 현실에 안타까움을 금할 길이 없다.

그래도 우리 국민은 한 올의 실오라기라도 잡는 마음으로 그들을 믿고 싶다. 이번부터는 설마 잘하겠지. 청와대에서는 비록 권력층 비리가 끊이지 않았다 해도, 계파 간에 수없는 설전과 갈등으로 봉합되었다 해도 당명까지 바꾸면서 쇄신하겠다 했으니 믿고 싶다. 또한 야당에서는 이명박 정부의 실정을 심판하겠다고 마치 최후의 심판처럼 단호한 의지를 보이고 있으니, 그들이 여당이 된다면 정말로 서민이 잘사는 세상을 만들어 줄 것이라 믿고 싶다. 한미FTA를 폐기하든지 재협상을 하든지 어쨌든 농민을 비롯한 모두가 잘사는 나라를 만들어 준다면야 누가 마다하겠는가? 야당의 주장대로 제주도해군 기지를 만들지 않고도 국가안보를 기할 수 있다면 얼마나 좋겠는가?

여당의 주장은 그대로 옳고, 야당의 주장도 그대로 옳다면 누가 다수당이 되든 우리 국민은 다 잘 살 수 있다는 논리가 아닌가? 이러한 논리가 가능하다면 우리 국민은 어느 선택을 해도 무방하다는 결론에 도달한다. 그러나 결코 그럴 수는 없을 것이다. 아무 당이나 아무나 손 가는 대로 찍어도 다 잘 살 수 있는 논리는 없고, 없어야 한다. 그들이 하는 말만을 다 믿을 수는 없다 하더라도 우리는 신중히 생각하고 선택해야 한다.

현재의 여당이 보수라면 보수다운 국가 비전과 정책을 일관성 있게 제시해야 신뢰를 받을 수 있다. 표심 눈치나 보는 꼼수 정치는 안 된다. 야당도 무조건 반대나 하는 것이 마치 자신의 정체성인 양하는 억지 정치는 안 된다. 아직도 NL과 PD를 지도이념으로 하거나, 자신들이 여당 때 만들어 놓은 미래지향적 정책을 야당이라고 반대하며 정책적 일관성이 없는 꼼수 정치는 안 된다.

2011년 4월 '나꼼수'가 나타나면서 흑막정치의 베일을 벗기는 것처럼 보였다. 흑막정치의 실태를 제대로 파헤치고 변화시킨다면 나꼼수는 한 줄기 빛이 될 것이다. 그러나 나꼼수가 다시 스스로 나꼼수가 되어가는 불신의 정치를 어찌할꼬? 여당이나 야당, 너도나도 다 꼼수정치의 달인이 되어서는 안 된다.

– 2012/04/02 –

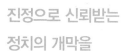

## 진정으로 신뢰받는
## 정치의 개막을

이번 2012년 4.11총선은 무엇보다도 오는 12월의 대선을 가늠하는 중요한 의미를 부각시켰다. 그러기에 여야 모두 사활을 건 총력전을 펼쳤다. 여당에서는 새누리당으로 당명을 바꾸면서까지 쇄신의 이미지를 심어 현 정부로부터 다음 행보를 향한 차별화를 내세웠다. 민주당을 비롯한 야당들도 통합당을 이끌어 내고 야권연대까지 형성한 가운데 이명박 정부의 문제점을 부각시키며 정권심판론을 앞세워 혈전을 벌였다. 치열한 여야공방전은 우리 정치의 온갖 추한 모습들을 들추어내기도 했지만 결국은 여당 새누리당의 승리로 끝이 났다.

그런데 국회의원선거의 가장 중요한 척도가 되어야 할 정책과 인물론은 사라지고 보수와 진보 모두 진정한 정치적 이념은 없었다. 모두가 사이비 이념으로 이전투구 하였다. 거기에다 지역주의를 타파하겠다는 나름대로의 의지를 보여주기는 했지만 결국 지역주의를 타파하기보다는 더욱 공고화되었다. 영호남의 지역 구도는 한 치의 변함도 없었고, 강원도와 충청도도 새누리당의 승리로 강화되어, 종북좌파의 한계를 여실히 드러내었다. 어느 나라도 지역에 따른 정치적 성향이 없는 나라는 없다. 그러나 한국의 지역주의 성향은 민주정치의 발전을 위한 구도이기보다는 극단적 감정대립으로 망국의 위협적 요인이 되고 있다는 데 문제를 인식하게 되었다.

민주당을 중심으로 하는 야권연대의 정권심판론은 서울을 제외하고는 아무런 영향을 발휘하지 못하였다. 결국 이명박 정부의 심판론은 실패하고, 오히려 이명박 정부의 건재함을 심판받은 셈이다. '죽기 아니면 살기' 식의 극단적 강수는 자가당착으로 부메랑이 되어 돌아온 것이나 다름없다. 따라서 국민을 위한 정치에 극단론은 금물이며, 극단이란 있을 수 없다. 극단론은 정국과 국민을 불안 속으로 몰아갈 뿐이며, 국민의 정서를 호도하는 매우 위험한 선거전략일 뿐이다.

비록 극단적 대립과 지역 구도의 편중성은 있었다 할지라도 어느 정당도 압승과 완패는 없었다. 현재의 국회의원의석수는 국회운영에 있어서 여당과 야당의 협상을 가능하게 하는 매우 균형적 구도로 보인다. 그리고 인적 쇄신의 의지도 상당한 정도로 반영되었다. 단지 선거 과정에서 약속한 공약과 민주정치를 위한 의지를 실천하기 위해 노력한다면 제19대 국회를 기점으로 드디어 21세기 새로운 정치의 장을 열어갈 수 있으리라 확신한다.

이를 위해 한 가지 더 전제를 붙인다면 새누리당은 말로만 하는 쇄신정당이 아니라, 진정 21세기의 새로운 민주정치의 화신으로서 거듭나는 노력을 해야 한다. 또한 말로만 낮은 자세가 아니라, 오만하지 않고 도덕적 감각을 잃지 않는 정치인이 되어야 한다. 이번 선거의 결과는 지금까지의 불신을 덮어주는 것이 아니라, 그 불신의 정치를 회개하고 자성하여 진정으로 신뢰의 정치와 국회를 만들어달라는 데 있다. 그래야 대선의 신뢰를 굳혀갈 수 있다.

한편 야당은 이 상황을 패배라고 생각하면 안 된다. 국민이 이 정도의 표를 던진 것은 여당의 견제자로서, 정책입안의 영향자로서 야당으로서의 충분한 역할을 행할 수 있게끔 한 것이라는 것을 명심해야 한다. 더 이상 극단적 논리로 무조건 반대나 하며 떼나 쓰는, 신성한 국회에서 활극이나 벌이고 최루탄이나 던지는 그러한 유아기적 행각을 반성하고 진정으로 한국의 정치를 아름답게 만들어 가는 주체가 되기를 바란다.

여당이나 야당 모두 자칫 대선에 눈이 멀어 또다시 국정운영을 파행으로 몰아가거나 당리당략으로 이권 챙기기에 급급하면 국민은 실망할 것이다. 대권의 승리는 당이나 정치인들에게 주어진 자기 역할만 충실히 한다면 그리고 더 높은 단계의 국가 비전을 보여주고 신뢰를 쌓는다면 확실히 이루어질 것이며 국민은 분명 현명한 판단을 하게 될 것이다.

— 2012/04/16 —

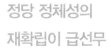

## 정당 정체성의
## 재확립이 급선무

　사회 또는 국가는 대외적으로 그 국가의 정치와 경제이념에 따라 정체성을 표하기도 하고 문화양식에 따라 나타내기도 한다. 예를 들어 사회주의 지향성, 아니면 자본주의와 자유민주주의를 표방하는 국가로서의 정체성을 가진다. 특히 정당의 정체성은 국가와 사회발전을 향한 국민의 선택방향을 설정한다.

　정체성은 개인이나 집단, 나아가서 국가의 자존심과 자부심을 갖게 한다. 그것이 존재하는 이유로서, 또는 삶의 의미를 갖게 하는 중요한 메커니즘이다. 그런데 가치와 이념 지향적 목표설정과 사회적 행위의 모순은 방향감각을 상실하게 된다. 이것이 결국은 정체성 혼란으로 이어진다.

　정당의 이념적 정체성으로 보수와 진보라는 양당구도가 형성되고, 대부분의 선진국에서는 이 두 정당이 주기적으로 교체되어 사회와 국가발전을 기하고, 궁극적으로는 국민의 삶의 질을 향상하는 목적으로 정치가 이루어지고 있다. 미국의 공화당과 민주당, 영국의 보수당과 노동당, 프랑스의 보수당(UMP)과 사회당, 독일의 기민 기사당과 사민당, 일본의 자민당과 민주당이 대표적인 예이다. 이들 정당은 뚜렷한 정치적 이념에 바탕하여 정체성을 가지고 있다.

보수당은 정치·경제적으로 자유민주주의와 자본주의, 자유경쟁 시장경제, 시장에 대한 국가개입의 최소화, 변화보다는 안정 등을 추구하는 정치를 기조로 한다. 진보당은 사회주의체제를 목표로 하는 것은 아니지만 사회주의 지향적, 신자유주의에 대한 제동, 국가개입으로 인한 조정역할을 강조, 변화를 시도하는 정치를 기조로 한다. 이러한 정치의 특성이 시대에 따라 또는 정치환경에 따라 국민이 선택하게 된다. 지금까지 미국과 프랑스, 독일과 영국의 경우 대통령과 수상의 재선으로 거의 8년 주기로 정권이 교체되었다. 이러한 현상이 안정된 정치문화로 이해된다.

그런데 한국의 정당은 최근 들어 특히 정체성 혼란을 여실히 보여주고 있다. 물론 보수와 진보라는 정치·경제적 이념구도가 형성된 역사가 짧기도 한 것은 사실이다. 80년대까지의 권위주의 시대를 제외하면 90년대 문민정부에 들어 보수와 진보의 모습이 드러나기는 했지만 당시의 집권당은 과거 권위주의 시대의 영향을 벗어나지 못한 과도기였다. 그 이후 소위 진보라고 하는 김대중 정부는 서구의 정치문화와는 다른 양태의 진보를 보여주었다. 특히 남북분단 하에서 북한체제에 대한 관용이, 나아가 북한을 두둔하는 것이 진보인 것처럼 착각을 하게 된 것이다.

이러한 현상은 특히 노무현 정부에 들어와서 두드러지게 나타났다. 80년대 후반 학생운동단체인 전대협으로부터 생성된 NL(민족해방파)과 PD(민중 민주파)의 이념을 이어받아 90년대 한총련의 기조가 되었다. 당시 운동권의 소위 386세대가 주축이 되어 2000년대에는 민주노동당의 핵심이념이 되었다. 오늘날은 친북, 종북좌파라는 이름으로 진보를 자칭하고 있다. 북한의 NYPD 사상(1970년)을 옹호하는 정당은 결코 진보정당으로써의 정당성을 가질 수 없다.

현실에서 보수를 자칭하는 집권정당도 보수이념의 정통성을 벗어나 권력유지를 위한 표몰이에 매몰되어 정체성을 상실해 가고 있다. 또한 국회에서는 진정한 보수와 진보의 정책대결이기보다는 오직 집권당에 대한 무조건 반대를 하는 것에 그들의 정체성을 찾고 있다. 당론에 복종하고 지배되어 국회의원은 몰 이념과 무소신으로 거수기 역할만 할 뿐이다. 당론에 반하는 소신 발언은 배신자로 낙인이 되고 자기결정권이 없다. 국회는 철없는 아이들이 떼나 쓰는 유아(幼兒) 국회에 불과하다. 이제 각 정당이 정체성을 재확립하여 한국정치발전의 성숙한 정당으로 거듭나야 한다.

- 2012/05/14 -

## 한국의
## 매카시즘은 실체이다

1950년대 미국에서는 한때 매카시즘(McCarthyism)으로 정계가 술렁거렸다. 최근 한국에서 일어나는 매카시즘은 미국의 상황과는 확연히 다르다는 것을 알아야 한다. 매카시즘은 원래 미국의 상원의원 조지프 매카시가 미국 공화당 당원집회에서 "미국 내에서 공산주의자들이 암약하고 있다."고 주장한 사건으로, 지나친 반공주의에 대해 비난을 선동하거나 근거 없는 고발을 비판하는 말로 쓰인다.

그러나 2012년에 그 실체를 드러낸 통합진보당과 민주당 내 주사파들의 사건은 단순히 반공주의나 야당에 대한 선동과 고발의 차원이 아니다. 대한민국의 국가 정체성을 교란시키는 종북주의 정치인과 정치 행위에 대한 문제를 제기하고 있다. 이석기와 임수경의 종북 사태를 통해 한국 정당정치에 주사파의 실체를 지금에서야 전 국민들이 인식하게 된 사건이다.

지금까지 언론에서 수없이 논란의 대상이 되었던 주사파들에 대해 많은 국민들은 모르고 있었고, 특히 젊은 지식인인 대학생들조차 민노당과 통합진보당의 뿌리와 이념적 배경을 모르고 있었다. 더욱이 당원인 노동자들 대부분이 그러한 역사적 사실과 배경을 모르고 있었다는 사실이다. 그들이 알고 있는 것은 단지 노동자와 서민을 대변한다는 것뿐이었다. 그러한 가운데 이제 그 실체가 드러남으로써 지지를 철회하는 사태가 빚어지고 있다.

　민족해방인민민주의혁명론(NLPDR)은 1970년 제5차 조선노동당 대회에서 대남전략으로 채택되었다. 2010년 제3차 당 대표자회의 규약에는 보편적 민주주의로 호도하기 위하여 인민의 개념을 삭제하고 NLDR로 수정했다. 이것은 1980년대 중반부터 한국학생운동권인 주사파의 이념으로 수용되었으며, 1987년 전대협이 결성되어 NL과 PD 논쟁을 벌였다. 이어 결국은 1993년 한총련으로 개칭되어 NLPDR(민족해방인민민주주의혁명론)을 한총련핵심투쟁이념으로 정착된다.

　이 당시 이 단체에 가담하여 적극적으로 활동을 한 대학생들은 주로 각 대학의 학생회장을 비롯한 간부들이었다. 이들은 소위 386세대라는 이름으로 2004년 제17대 총선에서 대거 정계에 진출하게 된다. 이들 중에 상당수는 1994년 한총련 제2기 발대식 이후 국가보안법 위법(이적성)으로 법정판결을 받고 형을 선고받아 실형을 받았다.

특히 임수경은 1989년 평양축전에 참가하여 김일성과 악수를 하며 소위 '통일의 꽃'으로 회자되기도 하였으나 결국은 국가보안법 위반으로 체포되어 3년 5개월의 형을 선고받았다. 그 후 김대중 정부에 들어와서 사면, 복권을 받게 된다. 이 당시 전대협 의장이 바로 현재 민주통합당의 현역 의원이다. '이석기는 북한의 공격에 대응해선 안 된다. 북한체제 거부는 곧 전쟁'이라는 논리로 주사파를 대변하고 있다.

최근 언론에서 알려진 임수경의 발언은 더욱 가관이다. 하태경 의원에 대해서는 '하태경 그 변절자××, 손으로 죽여 버릴 거야. 하태경 그 개××, 진짜 변절자 ××야'라는 욕설을 했다. 탈북대학생에게는 '야, 이 개××, 개념 없는 탈북자××들이 어디 대한민국 국회의원한테 개기는 거야? 대한민국 왔으면 입 닥치고 조용히 살아 이 변절자××들아. 너 몸조심해. 알았어?'라는 욕설을 거침없이 했다.

더구나 스스로 '대한민국국회의원' 운운한 것은 너무도 권위주의적 태도이다. 그것도 국회의원이 된 지 하루 만에. 이러한 현상을 두고 경상도 사투리로 '꼴불견'이라 한다. 이것은 단순히 사과로 끝날 수 없는, 의원직을 박탈해야 할 중대한 사안이다. 무엇보다도 인권유린과 인민을 아사지경으로 이끌며 공포의 세습체제를 신봉하는 사이비 진보정당은 국민의 이름으로 해체시켜야 한다.

이에 민주통합당도 진정한 진보정당, 건전한 야당으로 거듭나려면 임수경을 비례대표로 추천한 잘못을 인정하고 책임을 통감하는 가운데 하루속히 제명 처리에 뜻을 같이해야 한다. 어떤 형태로든 주사파를 두둔하는 발언을 중단하고 과감한 쇄신을 단행할 때 야당으로써의 면모를 갖출 수 있다.

– 2012/06/11 –

## 무노동 무임금
## 수치의 대한민국 국회

 대한민국의 국격은 어디까지 왔는가? 최근 국무총리 산하 '경제 ·
인문사회연구회'는 한국의 선진국 진입 여부를 측정하는 '경제 · 사회
발전지표'를 발표했다. 여기서는 한국의 경제성장동력은 독일, 프랑
스 수준으로 OECD 회원국과 G20의 39개국 중 18위에 올랐다.
그리고 1인당 국민소득 2만 달러 이상, 인구 5천만 이상의 국가로 만
들어진 '2050클럽'에 오는 6월 23일 자로 일본, 미국, 프랑스, 독일,
영국 다음으로 6번째 국가로 가입한다. G20 정상회의 의장국, 올림
픽과 월드컵개최국으로써 가히 선진국으로서의 국격을 갖추었다 할
만하다.

 그러나 이것만으로는 국격을 말할 수 없다. 사회통합과 환경은
최하위 수준에 머물러 있기 때문이다. 이것은 바로 우리 국민의 정
신과 의식 수준이 최하위라는 것을 의미한다. 2050클럽의 위세를
유지하는 국격을 갖추려면 대한민국을 대표하는 정부와 국회가 품

격을 갖추어야 한다.

　국회를 정상적으로 운영하고, 국회의원들의 도덕성에 기초한 정치적 역할을 충실히 수행하는 데서 국격을 볼 수 있다. 그런데 현금의 국회는 스스로 그 품격을 추락시키고 있다. 그들의 본분인 국회개원도 하지 않은 채 밥그릇 싸움으로 공전시키고 있다. 이것은 국회의원의 직무유기를 의미한다.

　그러면서 여당에서는 '무노동 무임금'이라는 산업노동현장의 논리를 가져와 세비를 안 받겠다고 하며, 무슨 대단한 결의라도 한 것처럼 으스대고 있다. 야당에서는 마치 책임이 없는 것처럼 비아냥거리고만 있다. 이것은 일말의 양심이라도 보여주고자 하는 것인지 모르지만 하나의 정치적 쇼에 불과하고 국민을 우롱하는 처사이다. 그러면 국민들이 그들에게 박수갈채를 보낼 것이라 착각을 하고 있는 모양이다. 우리 국민은 그 누구도 그러한 것을 바라지도 않는다.

　국내외적으로 어려운 이 시국에 상임위원회 밥그릇 싸움으로 거래나 흥정이나 하고, 세비 안 받겠다는 논쟁이나 하고 있으니 참으로 한심한 국회의원님들이다. 국회를 바라보는 국민들은 짜증만 날 뿐이다. 세비의 문제가 아니라 국회의원 모두 직무유기의 책임을 통감하고 사죄해야 한다.

　막말의 수준을 넘는 욕설을 거침없이 하는 국회의원들, 대체 누가 그들을 대한민국의 국회의원이라 부르고 싶겠는가? 애국가를 부정하며 주체사상에 매몰되어 한국의 분단 현실을 왜곡하고 국가의 정체성을 부정하는 사람이 대체 국회의원으로서 자격이 있는가? 이들이 바로 국격실추의 주범이다.

거기에다 우리나라는 너도나도 대통령 하겠다는 욕심에 눈이 어두워 있는 정치인들로 가득하다. 세상에 대통령 하겠다는 사람이 지난 2007년에는 12명이나 출마했고, 현재도 16명이나 된단다. 대단한 국격의 나라인 것 같다. 세상에 무슨 반장선거도 아니고, 어느 나라의 대통령 후보가 이렇게도 많든가? 대통령이 되겠다는 사람이 주제파악도 못 하고, 도토리 키 재기로 서로 비방이나 흠담이나 하고 있다. 잿밥에 눈먼 형국이다.

여야를 막론하고 대선에 눈이 멀어 있다. 대통령선거를 흥행몰이로 이끌어 가고 있다. 그들 모두가 흥행을 일으키는 것이 대선을 성공시키는 유일한 전략인 것처럼 착각하고 있다. 한 나라의 지고한 대통령을 선출하는 과정과 전략이 마치 쇼단 흥행몰이처럼 감성에 호소하는 흥행몰이뿐이라고 생각하는 모양이다. 그들은 우리 국민을 아둔한 우민으로 만들어 가고 있다.

경제에서나 공직에서나 부정과 부패로 국격을 실추시키는 것은 마찬가지지만, 이것을 바로잡는 것이 정치와 정부의 본분일 진데 그들이 스스로 국격에 먹칠하는 일에 앞장서고 있으니 참으로 유구무언이고, 참담할 뿐이다.

　정치인 모두가 늘 소통과 통합을 강조하고 있다. 여야는 이제 제발 당리당략적 싸움과 야합의 거래를 지양하고, 대승적(大乘的) 차원에서 무조건 국회부터 개원해야 한다. 일할 자리가 있어야 일을 할 것이 아닌가. 더 이상 무노동 무임금 논쟁이나 하는 수치스런 국회를 만들지 말고 신성한 유노동 유임금의 역할을 다해 주기 바란다.

- 2012/06/25 -

## 상상생하살(上相生下殺)

이명박 정부가 말기에 접어들면서 그간의 부정과 부패의 사건들이 드러나기 시작한다. 어찌 생각하면 그리 놀랄 일이 아닐지도 모른다. 왜냐하면 우리 사회에서는 일상적으로 일어나는 일들이기 때문이다. 그러나 만사형통(萬事兄通)이라는 신조어까지 등장하게 한 이상득 전 의원에게 구속영장이 청구될 것이라는 기사는 청와대 측근들, 공직, 경제계뿐만 아니라 금융권 실세들의 비리사건(최근의 저축은행)들에 이어 서민들을 분노하게 하고 있다.

정치 · 경제 · 사회적으로 문제를 일으키는 자들은 대부분 가진 자들이다. 그들은 정경유착이라는 부정과 부패로 상생(相生)한다. 그럴싸한 아무리 좋은 말도 가난한 자의 말은 먹히지 않는다. 거짓말도 가진 자들의 거짓말이 먹힌다. 가진 자의 큰 소리는 당연한 것이고, 없는 자의 큰 소리는 바른 말이라 하더라도 떼쓰는 말이고 무식한 행위이다. 이러한 우스운 현상 때문에 없는 자들은 주눅이 들어 할 말도 못하고 무력해지기 일쑤다. 그래도 없는 자는 거짓말을 하지 않고, 그저 성실하게 열심히 살아간다. 있는 자들의, '서민을 위해 낮은 자세로 섬기겠다'는 말로 표를 달라는 말에, 뻔히 알면서도 속고 또 속으며 산다.

영국의 정치가 베이컨은(1561-1626) 특히 가진 자(귀족)들의 횡포에 대해 매우 비판적이었으며, 그들이 바로 민주주의의 걸림돌임을 주장하였다. '귀족이 많으면 국가의 빈곤과 불편을 야기할 뿐이다.', '민주국가에서는 귀족이 필요 없게 되며 귀족이 없는 민주국가의 국민은 한층 더 정숙하고, 반란을 일으키는 일도 드물다.' 이렇게 귀족의 호사스런 생활을 비판하는 가운데 베이컨은 '집은 살기 위해 짓는 것이지, 보이기 위해 짓는 것이 아니다.'라고 역설하였다. 또한 훌륭한 군주는 의회와 함께 지배해야 한다는 공화주의와 의회주의를 주장하였다.

2012년 4월 이명박 대통령은 청와대 측근 비리와 관련해서 한마디 했다. '그러한 일들을 보고 들을 때마다 가슴이 꽉 막히고 화가 난다',고 했다. '살만한 사람들이' 어찌 그러느냐고 말이다. 그렇다. 살만한 사람들, 이제 과욕 좀 내려놓자.

권력과 금권을 가진 자들은 부정과 부패, 그리고 비리로 서로 상생(相生)하는 고리를 만들어 호화로운 삶을 누리지만, 하위계층의 서민들은 상대적으로 죽어간다. 이것이 상상생하살(上相生下殺)이다. 권력과 부를 독점한 그들은 법정에서도 부끄러워하기는커녕 오히려 당당하다. 특히 저축은행 비리는 위는 살고 아래는 죽는, 상생하살(上生下殺)하는 전형적 부패의 온상이다.

부정과 부패 비리는 비단 청와대 권력자들만의 문제는 아니다. 우리 사회 전반에 걸쳐 만연해 있다. 신문과 방송뉴스에서는 이러한 사건들이 하루도, 아니 한시도 빠지는 날이 없다. 공직에 종사하고 있는 공무원이나 금융권에 종사하고 있는 금권의 실세들은 뇌물과 청탁의 유혹에 빠져 패가망신한 예가 한두 번이 아니라는 것을 너무도 잘 알고 있다. 그럼에도 그들 스스로 그 순간의 유혹을 이겨내지 못한다.

이러한 부패의 단절은 바로 가진 자들의 윤리와 도덕관에 달려 있지만 그들로부터 스스로 자정능력을 기대하기는 너무도 천진난만한 소망이다. 그렇다면 그들에게 강력한 처방전을 내리는 수밖에 없다. 청와대를 비롯한 고위공직자 비리는 대통령의 의지에 달려 있다. 비리에 연루된 공직자는 더 이상 이 공직에 발붙일 수 없도록 영원한 추방을 하면 된다. 부정과 부패를 과감히 처단하는 부패단두대의 의지만 있으면 된다. 이로써 더 이상 윗사람들이 잘 살기 위해 아랫사람을 죽이는 상상생하살(上相生下殺)은 없어져야 한다.

– 2012/07/09 –

## 역사는 역사이다

우리는 서사적 존재로서 개인이나 국가도 과거와 역사에 따라 오늘을 산다. 개인도 과거 행적만큼의 결과로 오늘의 삶을 살아간다.

국가도 마찬가지이다. 국가는 누가 지도자였느냐에 따라 역사가 달라지지만, 그 역사에 대한 책임은 후대의 국민이 질 수밖에 없다. 독일은 1차 세계대전과 히틀러의 2차 세계대전, 그리고 유대인의 학살 등에 대한 과오를 세계에 사죄했다. 그러나 일본은 아직도 한국과 아시아에 끼친 2차 대전시의 과오를 시인하지 않고 있다. 이것은 국가의 도덕성에 중대한 과오로 남아 있다.

모 대선후보가 다시 아버지로서, 그리고 대통령으로서 박정희의 정치적 행적에 대한 평가와 입장을 강요받고 있다. 개인적으로는 아버지가 대통령이었기 때문에 누구보다도 불행한 삶이었다고 할 수는 없다. 개인적으로 광영이고 지금도 그 후광을 결코 무시할 수는 없을 것이다. 그러나 다른 한편 아버지가 대통령이었기 때문에 어머니를 총탄에 잃고 결국은 아버지도 총탄에 쓰러져 갔다. 참으로 불행한 대통령의 딸이었다고 할 것이다.

지금 그 후보가 도전받는 것은 한 개인으로서의 아버지가 아니라, 한 국가의 대통령으로서 대한민국의 역사에 어떻게 기여했는가에 대한 평가와 입장을 요구하고 있다는 점을 직시해야 한다. 천륜 간의 정리와 국가의 역사적 평가를 객관적으로 내린다는 것은 결코 가벼운 일은 아니다. 그러나 이제는 내려야 한다. 그래야 올바른 역사관을 가지고 과오가 있다면 그러한 과오를 다시는 되풀이하지 않는다는 확신을 국민에게 심어 주어야 한다.

역사에 대한 책임은 우리 국민 모두가 져야 하는 것이겠지만, 그에 앞서 역사에 중대한 영향력을 가진 대통령 후보는 반드시 책임 있는 입장을 밝혀야 한다. 5.16과 유신체제는 대한민국역사에 중대한 영향을 미쳤다. 5.16은 군사쿠데타였고, 비민주적 개헌을 통해 독재정권을 연장했으며, 다시 유신체제를 통해 독재정권을 영구화하고자 하였다.

다른 한편, 60년대 초 경제개발 5개년계획을 통해 경제를 발전시키고자 했다. 이를 위한 자본창출 통로로 한일정상회담을 성사시켜 약 8억 불의 차관을 도입하여 경제발전을 가속화시켰다. 그러나 굴욕적 외교로써 반 매판이라는 슬로건의 학생운동을 유발했다. 동시에 정경유착도 심화되어 갔다.

72년 10월 유신체제에서는 산업화의 지속성과 북한의 대남공작에 대비한다는 국가통합의 필요성으로 국가보안법과 반공체제를 강화해야 한다는 명분을 내세웠다. 그러나 그것은 유신독재를 강화하고 인권을 탄압하는 것으로 드러났다. 다른 한 편에서는 새마을운동의 추진으로 점진적으로 눈부신 경제발전을 이룩할 수 있었다는 사실 또한 부정하지는 않는다. 그래서 경제적으로는 성공한 대통령이었다는 평가를 받고 있다.

이어서 영부인저격사건, 월남의 패망과 공산화가 체제 강화의 명분이 되었을지라도, 유신체제에 저항하는 끊임없는 학생운동으로 혼란은 극에 달하고 있었다. 이에 70년대 중반부터 다시 강화된 긴급조치법은 유신체제에 저항하는 학생운동권과 재야세력을 탄압하는 도구로 기능했다. 결국은 1979년 10.26 사건으로 유신체제는 끝이 나지만 또다시 12.12쿠데타를 야기하고, 1980년의 5.18은 6.25 다음으로 동족살상의 비극을 초래했다. 이 모든 사태는 바로 정통성이 결여된 유신체제가 그 원인을 제공했다. 이것이 한국 현대사에 대한 보편적 인식임을 부정할 수는 없을 것이다.

끝으로 그 누구도 역사를 정쟁이나 당파적 편향성으로 해석해서는 안 된다. 잘못된 역사는 인정하고 새롭게 태어나는 역사인식을 가져야 한다. 이에는 그 누구도 예외가 될 수 없다.

- 2012/07/23 -

## 북한의
## 개혁과 개방의 의미

북한 정권을 3대째 세습한 김정은 노동당 제1비서가 북한의 변화를 시도하고 있다. 마치 과거의 권위주의와 지도자의 신비주의, 그리고 우상주의를 털고 새로운 신비주의를 연출하고 있는 것 같다. TV에 출연하여 연설을 하고 부인을 대동하고 콘서트에 열광하는 모습을 보여주면서 북한 주민들에게도 믿기지 않는 새로운 젊은 지도자의 이미지를 연출하고 있다. 또한 개혁과 개방을 운운하고 있다. 구체적이지는 않지만 어쨌든 변화가 있을 것 같기도 하고, 실로 변화가 있기를 바라는 마음이 간절하다. 그래서 더 이상 인권을 유린하지 않고 경제적으로 나아질 수 있는 개방을 하길 바란다.

그런데 과연 그럴 수 있을까 하는 의구심이 먼저 든다. 왜냐하면 그러한 모습들은 본래의 모습이거나 정치나 경제에도 나타나야 할 모습이 아니라 북한 주민들의 경계심을 풀기 위한 하나의 쇼에 불과한 전략적 행위임이 틀림없다는 확신이다.

정치에 최소한의 민주적 절차와 방법을 도입하지 않는다면 개혁은 허구에 불과하다. 구소련의 고르바초프가 추진했던 개혁(페레스토로이카)은 정치시스템의 혁명적 변화다. 민주적 정치변화는 과거로부터 결별해야 하고, 김일성과 김정일, 그리고 김정은 자신의 우상화를 철회해야만 가능하다. 그러나 그것은 바로 자신의 독재적 권력을 내려놓아야 함을 의미한다. 김정은은 결코 그러한 생각을 가질 수 없다. 북한 정권을 유지하기 위해서는 결코 그럴 수 없다는 것을 우리는 너무도 잘 알고 있다.

개방(글라스노스트)은 무엇보다 북한의 경제시스템인 계획경제로부터 자본주의 개방경제와 사회의 개방이 이루어지지 않는 한 구호에 불과하다. 개방은 분명히 자유롭고 역동적 경제활동을 보장해야 하지만 동시에 북한의 치부를 드러내는 것이 된다. 북한은 결코 그러한 무모한 변화를 원하지 않는다.

따라서 김정은의 이미지 변신과 개혁과 개방은 과거의 지나친 권위주의 독재성을 조금 가리고 그를 통해서 북한체제를 더욱 강화하려는 전략에 불과할 뿐이다. 최소한의 유화 전략으로 북한 주민을 끌어안는 한편 무자비한 숙청과 탄압을 불사할 수밖에 없다.

북한이 북한 인권운동가 김영환씨와 탈북자인 조명철 새누리당 의원, 김성민 자유북한방송 대표 그리고 박상학 자유 북한연합대표 4명의 실명을 거론하며 '처단대상'이라고 협박하고 있는 것을 보면 알 수 있다. 조명철 새누리당 의원은 '북한의 폭력집단이 이런 철면피한 행위를 하는 데에는 우리 사회에 그들의 이념과 정책을 좇는 정치세력과 집단들이 있기 때문'이라며 주사파집단들을 향해 경고하고 있다.

김성민 자유북한방송 대표는 여러 경로로 협박을 받았고, 누군가 중국에서 전화를 통해 '없애버리겠다'는 협박을 했다고 한다. 또한 북한은 우리 정치권에서 북한 인권의 문제를 제기할 때마다 '누구든 우리 존엄과 체제를 건드리는 데 대해서는 절대로 용서하지 않겠다'고 위협하고 있다.

올해 초 블레인 하든 전 워싱턴포스트 기자가 북한 정치범수용소의 실태를 고발한 책 '14호 수용소로부터 탈출(Escape from Camp 14)'을 통해 김정은이 미소 짓는 동안 북 인권은 더욱 악화되고 있다고 전했다. 김정은이 집권한 이후 탈북을 막기 위해 중국 국경수비대를 더욱 강화했으며, 정치범수용소에서는 여전히 살해가 자행되고 있다고 전했다.

우리 정치에서도 자주 권력을 획득하고 유지하기 위해서 또는 자기 사람을 심기 위해서 쇄신과 혁신을 외친다. '물갈이를 명분으로 쇄신과 혁신을 팔아먹는다'고 명지대학교 신율 교수는 일침을 놓았다. 그러나 북한은 체제를 유지하기 위해서는 명분도 필요하지 않다. 무자비한 살상과 숙청을 감행한다.

이러한 북한이 아무리 미소를 짓고 개혁과 개방을 주장한들 누가 믿겠는가? 진정한 변화는 북한의 체제를 포기하는 것이나 마찬가지라는 것을 북한 스스로도 너무나 잘 알고 있기 때문이다. 북한의 변화는 위로부터가 아니라 아래로부터 일어나야 한다. 그것이 가능할 날이 오기를 기대할 뿐이다.

- 2012/08/06 -

# 한국 대통령의
# 단 한 가지 의지

5년마다 대한민국 대통령을 만들어 내기 위해 나라가 시끌시끌하다. 물론 대선만이 아니라 4년마다 실시하는 국회의원 선거와 지방자치단체장 선거, 그리고 매년 두 번씩이나 있는 재·보궐선거로 우리나라는 거의 매년 선거로 날을 지새운다.

언제를 막론하고 선거 때만 되면 우리 국민은 그래도 행복하다. 누가 당선이 되더라도 우리나라는 유토피아 세상에 살 것이라는 희망이 있기 때문이다. 그 유토피아를 이제껏 그 누구도 한 번도 보여주지 못한 것에 실망하고 급기야는 분노까지 했음에도 불구하고. 그래서 우리 국민은 속고 사는 날이 한두 번이 아녀도 늘 그 희망에 살아온 듯하다.

아니나 다를까, 지금도 대선후보들이 유토피아론의 각축을 전개하고 있다. 정치, 경제, 교육, 복지, 문화 등 어느 영역에서도 우리는 그들 덕분에 행복하게 살 수 있을 것 같다. 현실이 암담하면 할수록 그들의 유토피아론은 마약이나 종교적 메시아와 같은 마력을 가진다. 그들의 유토피아론이 결코 우리나라와 국민을 위한 것이 아니라, 그들이 잡고자 하는 권력을 위한 하나의 수단일 뿐이라는 것을 우리들은 그간의 경험을 통해서 너무도 잘 알고 있다. 그래도 우리는 그중의 한 사람을 선택할 수밖에 없다. 그러면서 우리나라와 국민을 위한 떡고물이라도 좀 떨어지기를 기대한다. 우리나라와 국민이 이만큼이라도 살게 되는 것이 결국은 그 떡고물의 효과이기도 하다는 것을 부정하지 못하기 때문이다.

대선을 앞두고 우리 국민이 원하는 것은 화려한 말의 향연이 아니다. 무엇보다 진정으로 깨끗한 정치를 실현해 주길 바란다. 모든 공직과 기관, 그리고 조직에 부정과 부패가 없게, 나아가 그에 연루된 자는 영원히 추방하는 깨끗한 정치의 과단성을 보여주는 사람이 대통령이 되기를 바란다. 그러자면 누구든 자신의 정치적 명을 걸지 않으면 불가능하다는 것을 아는 사람이어야 한다.

또 의리와 정 그리고 사회정의를 구별할 수 있는 정신 자세를 갖추어 공과 사를 분명히 구분할 수 있어야 한다. 학연, 지연, 혈연이라는 3연의 고질적 병원을 결연한 의지로 차단할 수 있어야 한다. 스스로 부패한 패거리 의식으로부터 고독해져야 한다는 정치혁신의 의지가 없다면, 그와 맞설 수 없다면 지금이라도 그 자리를 떠나야 한다. 더 이상 국민을 현혹시키고 우롱해서는 안 된다.

한국의 대통령이 되려면 권력을 개인과 특정집단의 이해관계를 관철시키기 위한 권력남용의 힘이 아니라, 민주주의와 사회정의를 실현하는 강력한 수단으로 생각하는 사람이어야 한다. 지금까지는 모두가 다 그렇게 말은 했지만 실천하지 못했다는 것을 절감해야 한다.

한 국가의 정치는 물론 대통령 혼자의 의지만으로는 안 된다. 그 의지를 뒷받침하여 강력하게 추진할 수 있는 조직이 있어야 한다. 그것이 바로 정당정치의 힘이다. 그러나 이미 부패한 조직을 등에 없고 있는 후보는 그 부패조직을 과감히 와해시키고 부패의 암을 도려내는 고통을 이겨낼 수 있는 혁명적 의지를 가져야 한다.

아니면 비록 기성조직은 없더라도 차라리 그러한 부패에 물들지 않은 새로운 조직의 힘으로 정치혁명을 일으키는 것을 기대해 볼 수도 있다. 그렇지만 현실적으로 이미 갖추어진 정당조직과 국회를 상대로 대통령의 변화의 의지를 정책적으로 관철시키기란 결코 쉬운 일이 아니다. 합리성과 이성의 힘이 척박한 한국의 정치풍토에서는 더욱 그렇다. 그러나 변화와 혁신이라는 화두를 대세로 과감히 실험해 볼만도 하다.

어쨌든 이러한 과정은 바로 한국 정치의 새로운 변화를 향한 정치적 혁명의 수준이어야 한다. 이에는 카리스마가 필요하다. 대화를 통한 소통이 가장 이상적이기는 하지만 한국 정치의 현실을 직시한다면, 정의구현을 위하여 경우에 따라서는 특정집단의 권력지향적 반대를 과감히 뛰어넘을 수 있는 결단력을 갖추어야 한다.

　마지막으로 우리 국민은 단 하루아침에 유토피아까지 바라지는 않지만, 자신이 언약한 것을 꼭 실천해 주기를 바란다. 우리는 그러한 의지를 가진 후보가 누구인지를 가려 뽑는다면 최선을 다한 것이고, 다시는 실망하고 분노하지 않을 것이다.

- 2012/10/15 -

## 정치의식부터 쇄신하자

대통령선거일이 가까워져 오면서 정당이나 후보 모두 정쟁의 날을 세우고 있다. 최고의 권력을 쟁취하기 위하여 몇 달쯤이야 밤잠 자지 않고도 버틸 만한 가치도 분명 있다. 그런데 중요한 것은 누구를 위하여 권력을 쟁취하자는 것인지 아직도 모호하다는 것에 있다. 국가와 국민을 위한다는 그 외침이 왠지 믿기지 않는 것은 참으로 안타까운 일이 아닐 수 없다.

어쨌든 모두가 던지고 있는 궁극적 화두는 정치쇄신이다. 이 화두는 어떤 특정 시대에 등장한 것이 아니라, 한국 정치사 전반에 걸쳐 외쳐 온 과제였다. 그러니 선거철마다 국가와 지역을 막론하고 늘 절체절명의 화두로 대두되어왔다. 부정과 부패의 공화국이라는 오명을 벗어나지 못한 우리에게 언젠가는 이루어 내야 할 숙원의 과제임이 분명하다. 그러니 특히 대선후보들은 여야를 막론하고 한국 정치의 패러다임을 바꾸는 것을 가히 정치쇄신으로 내세울 만하다.

그런데 무엇을 어떻게 쇄신하고자 하는지 도무지 감이 오지 않는다. 말만 번드르르하게 한다고 정치쇄신이 이루어지는가? 아니면 정당명을 바꾸고 쇄신정치특별위원회나 청렴 위원회만 설치하면 쇄신인가? 아니면 사람만 몇이 바꾸면 쇄신인가? 그 어느 것도 정치쇄신을 향한 하나의 과정임을 부정하지는 않겠지만, 진정으로 쇄신을 원한다면 후보와 정당 모두 그들의 자신을 되돌아보아야 한다.

진정으로 쇄신을 원하고 있는가? 자신이 밀려나는 정치쇄신을 진정으로 바라고 있는가? 어떻게든 권력을 잡든가, 자신이 가진 사리사욕의 능력을 발휘하여 권력을 잡을 가능성이 있는 곳에 기회주의적으로 기생하고자 하지는 않는가? 우리 국민들이 보기에는 그 누구도 이로부터 자유롭지 못하다는 것을 절감하고 있다.

모 당 후보는 거대한 규모의 대선캠프를 차려놓고도 소통하지 못하는 가운데 역사라는 공과 사를 구별하지 못하여 아집으로 스스로 매몰되어가고 있다. 궁지에 몰리면 어쩔 수 없이 떠밀려 내리는 사과로 더욱더 궁색해지기만 한다. 권력을 쟁취하려면 전략적이라도 되어야지 그것도 못한다. 인적 쇄신이라는 이름하에 기껏해야 사이비이념과 부패로 얼룩진 때투성이 사람들을 불러오는 것이 마치 대단한 쇄신이고 국민통합인 것처럼 착각하고 있다.

또 모 당에서는 용광로캠프라는 그럴듯한 캠프를 차렸지만, 제 사람도 챙기지 못하고 이리 뺏기고 저리 빼앗기는 가운데 급기야 친노라는 9인방을 내몰았다. 이념과 계파를 녹여 새로운 강철을 만들어 내는 용광로가 아니라 식어가는 화롯불 꼴이다. 거기에다 분단국가의 확고한 방향성을 설정하지 못하고 NLL의 지위와 위치마저 상실하고자 한다.

모 무소속 후보는 정치신인으로서 정치쇄신을 강도 높게 주문하고 있다. 과거가 없으니 그럴 만하다. 누구는 정당정치 구도하에서 정당이 없는 무소속대통령이 어떻게 정부를 이끌어갈 것인지 태산 같은 걱정을 하고 있다. 그러자 정당정치 불신론에서 정당 무용론까지 가세하고 있다. 가히 그럴 만하다. 지금까지 정당정치의 결과가 당명이나 바꾸면서 끼리끼리 권력이나 향유하는 도구 이상이 아니었다는 비판을 결코 면할 수 없기 때문이다. 그렇지만 정치신인의 새로운 선거운동 모습이나 정책은 없고 기성 정치인의 흉내나 내고 다니는 한계를 여실히 보여주고 있다.

그러면서도 정권교체와 새로운 정치를 외치고 있다. 정권교체를 위해서는 단일화가 대세임에도 불구하고 상대의 정치쇄신만을 주문하고, 상대는 그 주문에 답을 찾느라 허덕인다. 다행히도 무소속의 정치신인으로서 박빙의 지지율에 자신감을 가지고 여당과 야당 모두를 압박하고 있다. 참으로 대단한 위력이다. 그러자 야당의 단일화도 완주도 국민이 결정한다고 한다. 물론 국민이 결정하는 것도 일리는 있지만, 그 국민은 그 후보만의 국민이 아니다. 우리 국민은 후보 모두에게 국민이다. 그런데 마치 자신만이 국민을 업고 있는 것처럼 착각하며 오만해지기 시작한다.

　한 국가의 국회의원으로서 위엄도 없이 막말이나 하고 당리당략이
나 쫓아다니는 사람들이 무슨 정치쇄신을 하겠다는 건지 우리 국민
은 너무도 갑갑하다. 먼저 자질을 갖추고 진정성을 보여주는 정치의
식부터 쇄신하자.

- 2012/10/29 -

## 대한민국 앞으로(Korea Forward)

　미국의 대선에서는 민주당의 버락 오바마가 재선에 성공함으로써 다시 앞으로 4년의 임기를 가지게 되었다. 미국의 대통령은 오늘날 단순히 미국의 대통령일 뿐만 아니라 명실공히 세계의 대통령으로 영향력을 행사하는 지위를 가지고 있다. 동아일보가 지난 11월 8일 자 '미국의 선택 오바마 재선' 제하의 Again Forward(다시 앞으로)로 풀어 본 오바마 대통령의 1기 평가와 오바마 2기 과제를 제시했다.

　우리나라도 12월 19일 대선이 끝나면 새로운 대통령이 5년간 대한민국의 새로운 변화를 위하여 막중한 과제를 풀어야 할 것이다. 이에 Korea Forward(대한민국 앞으로)로 한번 풀어 보자. 대한민국(Korea)의 새 대통령은 부정과 부패와 불공정으로 혼탁한 사회의 질서를 회복하고(Order), 정신적 그리고 제도적 혁신(Renovation)을 통해 천민자본주의에서 경제민주화(Economic Democracy)를 이끌어내는 정신과 시스템을 구축하여 적응(Adaptation)하는 노력을 경주(傾注)해야 한다.

새로운 대한민국은 바로 세계화 시대의 대외정책(Foreign Policy)을 통한 자국의 위상과 번영을 꾀하는 것이 중요한 과제이다. 무엇보다 제2기 오바마의 미국과 우호 관계를 지속하며 상호이해관계를 조절해야 하는 탁월한 능력을 요구한다. 한미FTA가 당파적 이해관계로 아직 안정되지 못한 상황에서 불필요한 갈등을 야기할 수도 있기 때문이다. 미국과의 관계는 당연히 북한의 6자회담과 북한 핵 문제, 그리고 북한의 경제와 인권문제까지 전반적 영역에 연관되어 있다. 또한 G2로 부상하고 있는 중국과의 관계, 독도 관련 영토문제를 제기하고 있는 일본과의 관계도 주체적이고 단호한 입장으로 그들을 설득할 수 있는 능력을 갖추어야 한다. 더 이상 끌려다니거나 떼만 쓰는 외교는 안 된다. 그것은 바로 우리나라의 국격과 관련된 문제이기 때문이다.

대선공약은 반드시 실현 가능해야 하고 성과(Outcome)를 가져올 수 있어야 한다. 장밋빛 청사진만을 펼치는 공약으로 더 이상 국민을 우롱해서는 안 된다. 우리 정치의 첫 번째 화두는 개혁(Reform)과 쇄신이다. 말로만 하는 개혁이 아니라 실천하는 개혁이어야 한다. 당과 권력이기주의적 개혁이 아니라, 진정으로 국민을 위한 개혁이어야 한다.

지금의 세계 경제는 마치 난파선과 같은 위기에 처해 있다. 비록 세계적 현상이기는 하지만 난파선(Wreckage)의 위기경제를 회생시킬 수 있어야 한다. 부패한 재벌기업의 독과점구조를 혁신하고 청년실업 해소와 일자리 창출을 위한 대안이 필요하다. 일자리 몇 개를 만들겠다는 숫자놀이가 아니라 구체적으로 실현 가능한 방안을 보여주어야 한다.

북핵 문제(Atom bomb)는 한반도와 세계평화를 위협하는 문제이다. 6자회담만 쳐다보고 있을 것이 아니라 우리의 주체적이고 단호한 대응방식이 갖추어졌을 때 그에 따라 북한의 대응도 달라질 것이다. 북한은 지금껏 핵으로 벼랑 끝 전술을 펼쳐 아사 직전의 체제를 유지하고 있다.

이러한 문제를 해결하기 위해서는 지도자의 의식과 정신에 혁명(Revolution)이 일어나야 한다. 합리적이고 이성적 사회통합을 저해하는 정치의식을 혁명적으로 개조할 수 있어야 한다. 그러기 위해서는 이제 누군가가 정치의 명운을 걸 수 있는 확고한 의지를 발휘해야 한다.

마지막으로 행동으로 실천하는(Deed) 것이다. 공직자의 부정과 부패는 단 한 번으로 아웃시켜야 한다. 선출직 공직자가 선거법 위반으로 당선무효형 판결을 받게 되면 재선거의 비용만 부담하는 것이 아니라, 영원히 공직에서 추방하는 법을 국회의원 스스로 만들어야 한다.

- 2012/11/26 -

## 탈 구태정치와 복지공약의
## 현실적 재점검

2012년 12월의 대선은 영하 10도를 오르내리는 강추위에 맞선 열기로 끝이 났다. 박빙의 열전이 전개된 가운데 여당의 여성대통령이 탄생했다. 그럼에도 아쉬운 점은 이번 대선의 최고의 화두였던 '새 정치'를 외치면서도 구태는 여전했다는 점이다.

2차 세계대전 당시 히틀러의 스탈린그라드 진흙탕전투를 연상하는 말까지 나왔다. 이전투구 속에 흑색선전(matador), 상대 후보비방, 인신공격, 유언비어 유포 등 네거티브에 빠져 혼탁한 유세과정은 깨끗한 정치에 대한 국민의 여망을 담아내지 못했다. 오히려 정치에 대한 불신만을 키운 결과를 초래했다.

안철수 현상이라는 새 정치의 화두를 만들어 내긴 했지만, 안철수 스스로도 책임지지 못 하고 진흙탕 속으로 휩쓸려 갔다. 이것이 한국의 정치문화라고 치부해버린다면 마음은 차라리 편할 것 같다.

어쨌든 새 대통령이 선출되었고 내년 2월이면 새 정부가 출범하게 된다. 비록 선거 과정이 혼탁하였다 하더라도 이제 진정으로 새로운 정치가 이루어질 수 있을 것을 기대해 본다. 지난날의 구태로부터 스스로를 과감히 단절하고, 당리당략의 패거리 정치를 청산하고, 부정과 부패가 없는 새로운 세상을 열어가기를 간절히 소망한다.

박근혜 대통령 당선인은 대국민 인사에서 대탕평책으로 갈등의 고리를 끊는 데 앞장서겠다고 약속했다. 모든 지역, 성별, 세대를 아우르는 인재등용을 통해 국민 대통합의 새 역사의 장을 열 것을 기대한다.

전에 없던 야당인 민주통합당 문재인 후보와의 전화통화에서도 협력과 상생의 정치에 노력할 것을 주문하였다. 문재인 후보는 정파를 떠나 국정을 도울 것이라고 화답했다. 국민 대통합의 장이 열리는 것 같다. 아름다운 모습이다.

다음으로 대선과정 중에 국민의 마음을 얻기 위하여 수많은 공약이 만들어졌다. 선거 과정에 급조된 공약도 분명 있으리라 본다. 공약을 실천하는 것은 당연히 중요하다. 그러나 지나치게 공약에 얽매여 '공약정치'라는 무리수를 두어서는 안 된다.

특히 복지 관련 공약은 재정현실을 감안하여 매우 신중하게 재점검해야 한다. 진정으로 어려운 사람을 대상으로 하여 선택적 복지를 실현하고 단계적으로 복지혜택을 확대해 나가야 한다. 무상급식, 무상의료 등은 국민 모두가 바라는 것임에도 불구하고 신중해야 한다.

　또한 반값등록금의 공약을 실현하기 위하여 전반적으로 재점검이 필요하다. 반값등록금은 결코 무조건적이어서는 안 된다. 재정기반이 튼튼한 기업재단의 사립대학은 스스로 반값 등록금을 실천하도록 적극 유도한다. 그리고 국립대학을 중심으로 반값등록금을 실현하고, 국립대학은 점진적으로 등록금을 없애는 방향으로 나아가야 한다.

　지금까지 반값등록금과 관련하여 논의되었던 장학금 확대는 매우 비합리적이다. 장학금이라는 개념은 우리 사회에서는 보편적으로 학업성적이 우수한 학생에게 지급되었던 인재육성정책 중의 하나였다. 경제적 수준이 하위계층인 자녀들에게도 학업의 기회를 보장하고자 한다면, 그리고 그 학생의 학업성적이 뛰어나지 못하다면 장학금이라는 명목이 아니라 국가적 지원이라는 차원에서 무이자대출제도를 활용하여 학업을 장려하는 것이 합리적이다.

　무이자대출도 합리적이어야 한다. 지금까지는 상환 시기를 정해놓고 그 시점이 되면 그 학생이 직업을 가지지 못하거나 계속 공부를 하고 있는 상태에서도 무조건 상환해야 하는 것으로 되어 있었다. 그래서 결국은 부모가 그 짐을 떠안을 수밖에 없다. 무이자가 아니라 유이자 대출일 경우에는 결국 은행을 배불리는 제도가 되어버렸다.

새 대통령과 정책입안자는 이 모든 것이 결코 말과 약속만으로 이루어지는 것이 아니라는 것을 명심해야 한다.

- 2012/12/24 -

## 신년에
## 바라는 국민의 여망

해가 바뀔 때마다 신년을 맞이하지만, 신년만 되면 늘 소원하는 바람이 있다. 올해는 특히 바라고 소원하는 바가 더 많은 것 같다. 역사상 첫 여성대통령의 새 정부가 출범하기 때문이다. 기대가 크면 실망도 크다. 하지만 그래도 올해부터는 좀 더 욕심부려 봄직도 하다.

갖가지 사건과 사고 등으로 불안한 일상으로부터 좀 벗어날 수 있으면 한다. 말로만 하는 사회안전망 구축이 아니라, 제도만 만드는 정책이 아니라, 말이 실천에 옮겨지고 제도가 작동하는 안전사회를 기대한다.

이제 노사 간의 갈등을 서로 양보와 화해로 풀어나갈 수 있는 정책과 지혜를 바란다. 이 추운 날에 철탑농성의 극단적 방법이 아니라, 진정한 해법을 찾기 바란다. 삶의 각 분야에 내재하는 양극화와 상대적 박탈감을 줄여나갈 실질적 대안을 바란다. 지금껏 누구도 이루지 못했던 꿈같은 바람이었지만 이제는 꿈이 아닌 현실이 되기를 바란다.

올해도 세계 경제는 어두운 전망으로 시작하는 것 같다. 다행히 미국에서는 재정절벽을 탈출하기 위한 합의를 보았지만, 유럽이 아직도 불황의 터널을 벗어나지 못하고 있는 이상 세계 경제는 불투명할 수밖에 없다. 그래도 그간 우리 대한민국은 잘 버티고 있다. 어느 나라보다도 신용등급이 상향조정되고, 코스피지수도 2,000선을 넘어서면서 그렇게 비관적이지는 않은 듯하다.

이러한 가운데 막 2050클럽 가입을 넘어, 이제 4080클럽을 기대하고 있다. 유일하게 미국, 독일, 일본은 4080클럽을 향해 나아가는 대단한 저력을 보여주고 있다. 1인당 국민소득 4만 달러를 위해서는 서비스 · 경제 분야가 60% 이상의 효과를 이루어 낼 수 있어야 한다고 한다. 그러기 위해서는 투자와 내실경제 운영의 정책이 필요하다. 갖가지 푸어(poor)현상. 하우스 푸어, 빌딩 푸어, 부동산 푸어 등을 극복하는 것이 매우 중요한 과제임을 인식하고, 국민의 의식개혁이 절실히 필요한 때이다.

경제민주화라는 미명하에 재벌기업을 무조건 몰아세우고 규제하는 것만이 능사는 아니다. 문어발식 확장과 비 자본주의적 순환출자의 문제는 개선되어야 하지만, 생산성과 효율성을 위한 투자를 위축시켜서는 안 된다. 경제민주화에 우선하는 것은 역시 자본주의 사회의 올바른 가치관과 이해를 전제하는 기업인과 근로자의 의식의 민주화이다.

특히 4080클럽의 전망은 경제적 조건만을 충족한다고 가능한 것은 아니다. 우리의 80(인구 8,000만)은 통일이 이루어지지 않는다면 요원한 꿈이 될 수밖에 없다. 그러나 우리의 통일을 향한 노력만으로는 불가능하다. 북한의 점진적 체제변화와 북한 주민의 열린 의식변화를 유도하는 정책적 접근이 필요하다. 과거의 어린아이 달래듯 하는 퍼주기식 정책은 오히려 기회주의적으로 만들 뿐이다. 이성적이고 합리적이며 미래지향적 로드맵에 따라 일관성 있는 대북정책을 필요로 한다.

미국의 상하원이 '2012 북한 어린이 복지법안'을 만장일치로 통과시킨 것은 북한의 실상을 재인식케 한다. 김정은 체제가 시작 된 지 1년이 넘었지만 상황은 더욱 악화되고 있다. 시장이라고 만들어졌지만 공급은 수요를 따르지 못해 아수라장이다. 음식물 찌꺼기로 허기를 채우고, 물건을 훔치고, 꽃제비, 탈북의 비참한 행렬이 지금의 실상이다. 우리는 아직도 북한 인권 법안을 통과시키지 못했다. 이러고서는 북한의 변화를 기대할 수 없을 것이다.

이러한 현실에서도 국회의원님들은 아무런 걱정이 없다. 그저 자기네들 잇속 채우기에 급급하다. 예산안 처리가 끝나자마자 시찰이나 연구 명목으로 해외로 떠났다. 예결위 소속의원들은 '예산심사시스템연구'를 명목으로 아프리카로 날아갔다. 추운 날에 고생했다고 더운 나라에 가서 쉬고 오시려나 보다. 보건복지위원장은 '의료관광 산업 시찰' 명목으로 인도와 싱가포르로 날랐다. 이것이 정치쇄신을 외쳤던 우리 정치인들의 모습들이다. 이 모든 난제를 풀고 구태를 털어내야 할 막중한 책임을 다하는 것이 정치쇄신이고, 새 정부에 바라는 국민의 여망이다.

- 2013/01/06 -

세계의 어느 나라를 막론하고 새 정부가 들어설 때면 과거와는 다른 새로운 정치를 표방하고, 거창한 구상을 내세워 포부를 다진다. 그러나 의도하는 바와 같이 다 이루어내지는 못한다. 그에는 여러 가지 요인이 작용하겠지만 무엇보다도 견고한 관료주의와 직무담당자, 그리고 국민의 의식이 따르지 못하기 때문이다. 아무리 좋은 제도나 시스템을 새로이 구축한다 하더라도 각자에게 주어진 직무수행의 진정성과 충실성이 담보되지 않으면 안 된다.

우리나라의 5년 마다 치러지는 새 정부의 출범은 다른 어느 나라보다도 요란함을 느끼게 한다. 지금 진행되고 있는 대통령직 인수위원회의 새로운 대한민국 정부 구상도 분야별 최고의 전문가들이 내놓은 것이기는 하지만 이래저래 말도 많고 비판의 목소리도 높다.

정부조직개편을 보면 그런 점을 더욱 실감나게 한다. 정부조직도 물론 시대의 변화에 따라 새로운 조직과 기능적 변화나 폐기가 필요할 수도 있다. 그러나 너무 잦은 변화는 업무의 연속성과 안정성을 기대할 수 없으며 혼란스러워질 뿐이다. 특히 조직의 명칭만 변경한다고 해서 더 효율적이 되는 것은 아니다.

개편된 정부조직을 보면 17부 3처 17청이며 2원 2실 4위원회로서 총 45개이다. 그중 미래창조과학부가 신설되고, 해양수산부는 폐지되었다가 다시 부활되었다. 특히 정부조직은 기능에 따라 구성되지만 미래창조과학부는 '미래창조'라는 추상적 명칭으로 논란의 대상이 되기도 한다.

기능에 따라 명칭이 변경된 된 조직은 교육부, 외교부, 안전행정부, 농림축산부, 산업통상자원부, 국토교통부 6개이며, 이중 안전행정부는 기존의 행정안전부에서 안전을 더 강화한다는 의미로 안전개념을 앞으로 치환했다. 이러한 명칭변경으로 행정의 중요성을 더 강화하거나 안전의 중요성을 행정보다 더 강화한다는 의미로 받아들이기에는 쉽게 납득이 가지 않는다.

이러한 변화는 진정으로 변화라고 보기도 어려울 뿐만 아니라, 오히려 국민들에게 혼란만을 가중시킬 뿐이라고 본다. 특히 대단한 의미와 효율성을 담보하지 못하는 무의미한 형식적 변경으로 행정력 소모와 재정적 부담만 가중시키는 결과를 초래하고 있다.

예를 들어 행정안전부는 내무부로 출발하여 1998년 행정자치부로, 2008년 행정안전부로 바꾸었고 이제 5년 만에 또다시 안전행정부로 바꾸었다. 안전행정부로 바꾸는 데 따르는 현판, 로고교체비용 등을 추산하면 6천만 원이라는 불필요한 비용이 든다고 한다. 여기에다 6개의 부도 현판뿐만 아니라 모든 행정포맷을 다시 바꾸어야 한다. 이는 대통령직 인수위원회의 전문가들에 의해 바꾸어지니, 국민들은 받아들일 수밖에 없지만, 그 누구도 큰 의미를 부여하지 못한다고 본다. 행정력과 재정적 낭비만 따를 뿐이다.

지금까지 새로운 조직의 신설은 시대적 상황을 어느 정도 반영한 것이라고 하겠지만, 그것도 해양수산부 같은 경우는 신설하고 폐지하고 또 부활하는 조직개편은 너무도 미래지향적이지 못하고 안정되지 못한 모습만을 보여준 것에 불과하다. 또한 새 정부가 들어설 때마다 바뀐 조직개편으로 특히 그 기능이 강화되거나, 효율성을 보여주었다고 평가되는 것이 몇 개나 되는지 의문이 제기된다.

이러한 현상에 대하여 국민들은 역시 내실보다는 보여주기 위한 한건주의와 인기영합적 정치와 행정으로 이해할 수밖에 없다. 정당조직이나 정부조직의 이름이나 명칭을 바꾸기만 하면 기능이 강화되고 새로워진다는 발상은 대체 어디서 오는 것인가? 이것이 결코 새로운 정치가 될 수 없다.

또한 새 정부가 출범할 때마다 큰 정부, 작은 정부의 논란이 있어

왔다. 부처를 한두 개 신설하고, 한두 개를 바꾸거나 없애면 큰 정부가 되고 작은 정부가 되는가? 중요한 것은 큰 정부든 작은 정부든 내실과 효율성을 향한 정치와 공무원의 의지와 진정성에 달려 있다고 본다. 이 목소리가 저 위에까지 들리지는 않겠지만, 형식보다는 내실에 치중하는 새 정부가 되기를 바란다.

- 2013/01/22 -

# 북한 3차 핵실험과
# 우리의 대응

북한은 2월 11일 핵실험을 미국과 중국, 러시아에 통보했다. 최빈국 북한은 최강국을 상대로 이번의 3차 핵실험까지 점점 강도를 높여왔다. 또한 직접적으로 미국을 겨냥하고 있음을 노골적으로 적시하고 있다. 대한민국은 실제 당사국이면서도 북한의 대외정치에는 안중에도 없다. 철저하게 무시하는 북한의 고도전략이다.

그리고 일정도 치밀하게 전략적으로 선정했다. 1차는 미국의 휴일인 '콜럼버스 데이', 2차는 '메모리얼 데이'(미국의 현충일: 5월 마지막 수요일), 이번은 미국의 버락 오바마 대통령의 국정연설이 예정된 날이다. 이처럼 3차례 모두 미국 일정에 맞춘 것으로 보아 미국을 북한 김정은 체제의 핵심당사국으로 표방하고자 한다. 세계 최빈국이 세계 최강국과의 한판 승부를 과시하는 오만의 극치를 보여주고 있다.

핵실험이 일어나자 김정은이 예측한 대로 전 세계는 난리가 난 것으로 받아들였다. 유엔안보리에 이사회가 개최되고, 유엔사무총장이 움직이고, 미국과 일본 모두가 즉각 반응을 내놓았다. 우리 한국은 당연히 더욱 위기적 상황으로 격상시켰다. 외교부 장관은 미국무장관을 만나고, 유엔사무총장을 만나고, 국내에서는 청와대 안전보장회의가 소집되고, 대통령직인수위원회에서도 신중한 논평을 내놓았다.

여야정치권에서도 상임위원회별로 긴급회의를 소집하면서 긴박한 상황으로 한목소리를 냈다. 국방위원회는 규탄결의안을 채택하고, 여당 지도부는 핵실험의 도발과 만행을 지탄하며, 초당적 대처와 긴밀한 협력으로 공동대처할 것을 합의했다. 그러나 역시 통합진보당은 종북주의 당답게 "북한의 3차 핵실험은 대화 없는 북−미관계, 파탄 난 남북관계의 귀결"이라는 논평을 내놓았고 국회의 규탄결의안 채택에는 전원 불참했다.

비록 여야가 북한의 3차 핵실험을 국제사회 도발, 동북아의 평화번영에 대한 심대한 위협 등으로 '북핵규탄결의안'을 채택하는 데는 한마음이었지만, 대응 방법에는 다시 나누어지고 있다. 여당에서는 도발의 징후에는 선제타격을 하겠다는 의지를 보이고 있지만, 민주당은 '선제타격 및 폭력적 제재는 반대한다'고 한다. 우리는 북핵의 위협과 도발 앞에 말로써는 강도 높게 지탄했지만 결국은 아무런 대응 방법과 행동도 실천할 수 없다. 우리의 대응은 늘 그러해왔다.

매번의 으름장 말 잔치에 북한은 핵 강자의 위치를 점해 가면서 신이 났다. 2012년 12월 12일 장거리로켓을 발사하자 유엔에서는 역시 즉각 대북제재결의 2087호를 채택했다. 이에 북한은 더욱 호전적이었다. 오히려 자위적 군사력을 강조하며 물리적 대응을 취할 것이라는 공세로 나왔다. 이 결과로 2013년 3월 12일 드디어 깜짝 효과를 극대화하는 데 성공했다. 더욱이 이북은 '우리가 진행할 높은 수준의 핵실험은 미국을 겨냥'이라는 노골적 도전태세를 갖추고 있다.

대단한 사건에 대단한 반응은 그리 대단하지 않았다. 이에 북한은 강도와 수식어만 높아져 가는 말만 무성한 세계의 반응에 쾌재를 부르고 있다. 특히 중국은 비핵화와 한반도의 안정을 우선시해 왔다. 그러나 이미 북핵은 레드라인을 넘어선 것으로 보는 우리와는 달리 이제 비핵화보다도 안정에 방점을 두는지도 모른다. 그러면 결국은 북핵을 인정하는 것이나 다름없다. 미국도 아직까지는 북한의 핵 위협이 레드라인을 넘지 않았다고 관측한단다.

북한은 대한민국을 '핵 인질'로 삼고 있다. 이제 행동으로 보여주어야 한다. 금융제재, 해상봉쇄, 모든 지원 중단 등으로 철저한 고립화를 보여주어야 한다. 도발에는 선제타격, '핵에는 핵'이라는 핵무장론의 의미를 제고해야 할 때이다.

– 2013/02/18 –

## '반쪽 정부'로
## 어떻게 국민 행복을?

2013년 2월 25일 0시를 기해 박근혜 대통령은 국군통수권을 이양 받고 제18대 대통령에 취임했다. 언제나처럼 대통령취임식은 대단했다. 대한민국의 현대사와 문화의 변천사를 통해 새로운 정부의 로드맵과 한국의 미래를 제시한 취임식이었다. 이로써 박근혜호여, 거친 파도를 헤치며 국민 행복시대를 향해 순항하는 새로운 정치예술을 보여주길 바란다.

국가경영과 정치에는 항상 우여곡절이 있게 마련이다. 새 정부도 인수위원회를 꾸리고 운영하는 과정에 순탄치만은 않은 파란만장을 겪으면서 출범했다. 인선위원회의 인선에서 김용준 국무총리 후보가 낙마하기도 했고, 가까스로 정홍원 국무총리는 임명되었지만 정부조직이 통과되지 않아 난항을 겪고 있다.

새 정부의 구상인 정부조직법이 통과되지 못한 데는 분명 야당만

탓할 수 없는 문제가 내재하고 있다는 것을 알아야 한다. 무엇보다 새 정부 때마다 정부조직을 바꾸는 관행은 정치와 행정이 안정되지 못하고 미래지향적 근간이 정착되지 못하고 있음을 의미한다.

정부조직법은 국가경영의 근간이다. 이 근간을 결정하는 데는 여야의 당리당략이 아니라 국가적 차원에서 가장 합리적으로, 가장 명쾌하게 합의를 도출해 낼 수 있어야 한다. 새로운 정부조직에 대한 구상에서부터 합의의 결과를 예상할 수 있어야만 했다. 이러한 결과를 예상하지 못했다면, 우리의 정치풍토를 모르는 너무도 순진한 발상이었거나 권력에 도취된 자아망상일 수도 있다는 것을 인식해야 한다.

야당도 마찬가지로 문제를 제기하고는 있지만 결국은 그들의 논지에 대한 설득력을 보여주지 못하기 때문에 교착상태에 빠질 수밖에 없다는 것을 직시해야 한다. 집권당에는 크게는 그들의 이념과 신념으로 5년간의 정치를 할 수 있는 정당성이 주어진 것이다. 왜냐하면 이러한 정당성은 민주적 절차에 따라 부여된 것이기 때문이다. 그렇다면 야당은 견제를 하는 것은 필요하지만 집권당의 정치를 견제라는 명분으로 무조건 반대만 하거나 발목을 잡는 것은 바람직하지 않다. 집권당의 정치적 실패는 국민이 감지하고 5년 후에 또 국민이 결정할 것이다.

정부조직법에 대해 여야가 공방을 벌이는 가운데, 각 당은 서로 양보할 수 있는 것은 다 양보했다고 강변한다. 그러면서도 한 치도 나아가지 못하고 대치하고 있다는 것은 국민이 보기에 참으로 그 누구도 믿지 못할 일이다. '네 탓'의 늪에 빠진 이러한 당리당략적이고 이기주의적이고 소모적인 논쟁은 누구에게도 득이 안 된다.

신율 명지대 교수의 '정부조직법 개정안의 구체적 내용이나 방송진흥이 어느 부처 소속으로 되는지에 대해 일반 국민은 관심이 없고 정확히 알지도 못한다'라는 말대로, 이러한 행태는 여당이나 야당 누구에게도 득이 될 것이 없다. 여당과 새 정부는 독단과 불통으로 비추어지고, 야당은 구태를 벗어나지 못하는 발목잡기로 이해할 수밖에 없다.

이로써 나타나는 실상은 이렇다. 지난 27일 첫 대통령수석비서관 회의를 주재했지만 안보 분야의 대통령국가안보실장은 참석하지 못했다. 왜냐하면 정부조직법개정안이 통과되지 않았기 때문에 이 기관은 아직 법적 기구가 아니다. 따라서 김장수 실장도 정식 임명을 받지 못한 내정자 신분일 뿐이다.

따라서 대통령수석비서관 회의장 박 대통령의 가장 오른쪽 자리, 대통령국가안보실장 자리가 비었다. 북한 3차 핵실험에 이어 안보위협이 가중되는 시점에 안보콘트롤타워가 부재하는 기이한 현상이 벌어지고 있다. 국민 행복시대를 열겠다는 새 정부가 출범부터 삐걱거리며, '반쪽정부'라는 오명을 쓸 수밖에 없다. 장관이 임명되지 않아

차관급회의로 때우는 것은 참으로 안타까운 일이다.

 급기야 일요일 여야 원내대표 협상도 이루어낸 것이 없고, 여야대
표 청와대 회동도 불투명해지고 있다. 새 정부의 체면이 말이 아니
다. 여야 누구의 잘잘못을 떠나 정치권의 힘겨루기로 결국은 국민을
또다시 실망하게 한다는 것은 슬픈 일이다. '반쪽정부'로 어떻게 국민
행복시대를 열어가겠는가? 이제 여야 모두가 대오각성하고, 온전한
정부를 만들어 가는 데 진정한 '국위심(國爲心)'을 다해 주길 바란다.

- 2013/03/04 -

## 우기고 떼쓰는 정치
## 이제 좀 그만

우리는 몇몇이 모이기만 하면 애국충정의 마음으로 현금 정치에 대해 걱정을 토로한다. 저마다 각각의 견해를 표출하지만, 모두가 현금의 정치 상황을 우려하고 있다. 북한의 도발적 태세와 위기감, 새 정부의 조직개편안과 국정 공백, 장관후보자 청문회에 대한 불만의 소회, 여야의 정치적 대립, 재보궐선거와 안철수의 등장 등에 대해 국민들은 너무도 할 말이 많아졌다.

국민이 정치적 관심을 가진다는 것은 매우 중요한 민주정치발전의 현상이다. 그런데 우리 국민은 잘못되어가는 정치에 관심만 가질 뿐 아무런 영향을 미치지 못한다. 그래서 치미는 짜증과 화를 어쩔 수 없어 그냥 만나는 사람마다 넋두리 삼아 하는 말이다. 정치가는 많지만 정치 부재, 정치 무능의 늪에서 헤어나지 못하고 있다. 불만과 짜증과 화만 나게 하는 정치에 국민이 더 답답하다.

물론 이러한 한국의 정치현상은 어제오늘 일이 아니다. 그래서 어지간하면 우리 국민도 만성이 될 수도 있겠다 싶지만 그래도 아직 그렇지 못하다. 더구나 이번의 새로운 대통령과 새 정부는 각별히 새로운 국면에서 출범했고, 국민은 각별한 기대를 가지고 있기 때문이다. 정치쇄신과 개혁의 의지가 그 어느 때보다 강하고 진지했고, 국민통합과 소통의 새로운 정치 이슈가 시의적절하다고 믿기 때문이다. 그럼에도 혹시나가 역시나가 되는 것 같은 느낌을 떨쳐버릴 수 없는 심정이다. 그래도 기대와 희망을 버리고 싶지는 않다.

지난 3월 4일 대통령수석비서관회의에서 대통령이 우려한 '식물정부'는 아직도 계속되고 있다. 그리고 11일 정부출범 14일 만에 처음 국무회의를 열었지만, 박 대통령은 국가위기와 국정원 마비상태를 우려했다. 기득권 싸움으로 정치가 실종되고 있다면서 정부조직법의 통과를 호소했지만, 야당은 또 즉각 반발했다. 박 대통령의 정치실종 비판은 '적반하장의 발언'으로 치부했다.

정부와 국회, 그리고 여야당, 진정으로 국정에 대한 책임을 져야 할 사람들이 서로 책임만 전가하고 공방전을 벌이는 가운데 국가의 위기는 점증되고 있고 국민은 불안해할 수밖에 없다. 더욱이 국가안보실장, 국방부 장관, 국정원의 공백은 국민에게 위기의식을 더욱 가중시키고 있다. 이에 북한 김정은만 더욱 기세등등할 뿐이다.

그러면 대체 무엇이 문제인가? 먼저 여당은 우기고, 야당은 떼만 쓰는 유아기적 정치 행각이다. 1990년대 초 문민정부가 들어선 이후 국민의 정부, 참여정부, MB정부 모두가 대선 기간과 초반에는 정치 쇄신, 의식개혁, 새로운 정치를 마치 사투의 과제인 것처럼 외쳤다. 하지만 몇 달을 가지 못해 그 모든 언약들은 실종되었다. 이러한 결과는 정치인들의 당리당략과 사리사욕으로 우기고 떼나 쓰는 무책임 정치에 기인한다.

우리 국민들은 권력과 명예와 부를 누리며 살만한 사람들이 다 어떻게 살아왔는가를 청문회 때마다 느낀다. 누더기 도덕성을 안고 결국은 양상군자들이 아닌가 하는 의구심을 가지게 한다. 장관후보자들은 왜 다 이 모양인가?

북한의 도발 가능성이 연이어 보도가 되고 있는 이 상황에 현역 장성들이 주말 골프나 즐기는 상황이니 그들의 의식과 생각들이야 가히 짐작할 만하다. 어떻게 보면 국방부 장관도 없으니 그들에게는 가장 부담 없는 시점인지도 모른다. 장관이 있어도 잘 안 돌아가는 기강이 이 공백 상태에서야 공직기강이 설 리가 없을 것이다.

거기에다 전국에서 발생한 산불은 마치 큰 재앙을 불러오는 것 같은 불길한 생각마저 들게 한다. 새 정부의 시작부터 이러한 난관은 앞으로 헤쳐나가야 할 더 큰 고난을 이겨내기 위한 사전훈련이고, 크고 작은 사건들은 다가올 불행을 미리 액땜하는 것이라고 자위하고 싶다.

어쨌든 여야를 막론하고 새 대통령도 좀 통 큰 정치를 못 하나? 행정안전부를 안전행정부로 안 바꾸면 안 되고, 미래부가 신설 안 되면 안 되고, SO가 미래부에 안 가면 안 되고, 그러면 진짜 나라 망치나? 야당은 또한 그들의 뜻대로 안 되면 진짜 나라 망치나? 제발 우기고 떼쓰는 정치 좀 그만하고, 이 위기를 슬기롭게 극복하는 진정한 통 큰 지도자의 리더십을 보여주길 바란다.

— 2013/03/17 —

## 오만과 독선으로부터
## 해방되는 날

　지난 대선에서 박 대통령의 강점은 두 가지였다. 준비된 대통령과 여성대통령이었다. 당시까지 정치는 남성의 무대였다. 그렇지만 그 누구도 국민을 생각하지 못한 권력의 남용과 독선과 아집으로 신뢰를 구축하지 못하였다. 따라서 이제 준비된 여성대통령으로 한국 정치의 새로운 지평을 열어가고자 하는 것이 국민의 여망이었다.

　막상 대통령으로 당선이 되고 나니 인수위원회 출발과 동시, 처음부터 제 역할을 못 하는 우여곡절을 겪었다. 정부조직법개편과 인사문제에 문제도 많았지만, 그럼에도 야당은 시작부터 마치 여성대통령을 '깔보는' 것 같은 인상마저 들게 했다. '새로운 정치'를 표방한 정치가 '여성대통령'의 자존심을 상처 내기에 명을 걸고 기 싸움을 하는 것 같은 느낌이었다. 사사건건 시비에 정부가 출범을 제대로 할 수 없었고, 서로 '네 탓 공방'만 일삼으며 식물정부를 만들어 갔다.

그나마 3월 22일 대통령당선 52일, 새 정부 출범 25일 만에야 새 정부조직법이 타결되어 다행스럽기는 하다. 그럼에도 때 늦은 타결이 마치 서로의 양보로 이루어진 것처럼 자기 공을 앞세우며 기고만장하다. 정부와 여야는 국정을 지연시킨 데 대하여 부끄러워하며 각성하는 계기로 삼아야 할 것이다.

하지만 출발부터 상처투성이가 되어 새 정부에 대한 신뢰가 실추위기에 놓여 있다. 지금 이 시각도 각종 언론매체에서는 많은 해법을 쏟아내기도 하지만 역시 정치불신, 냉소주의가 만연하다.

특히 청와대의 대형인사사고는 박 대통령의 인사시스템을 불신하게 하고, 대체 국정철학이 무엇이고 고위공직자의 능력이 무엇인지 의심스럽게 하고 있는 실정이다. 지금까지 차관급 이상 7명이 낙마했다. 김용준 국무총리 후보자의 도덕성 결함으로 인한 낙마로부터, 김종훈 미래과학부 장관 후보, 황철주 중소기업청장 후보, 김병관 국방부 장관 후보, 김학의 법무부 차관, 한만수 공정위 후보 등 모두가 공직수행능력보다는 도덕성 관련 자질이 누더기였다는 데 있다.

물론 그간 국회청문회를 통과하여 공직에 임명된 사람도 거의 대다수가 많은 도덕성 결여에도 불구하고 고육지책으로 통과된 경우이다. 그나마 다행이기는 하지만 어쨌든 청와대의 인사시스템에 문제가 있는 것만은 사실이다. 이에 정부와 여야는 어떠한 형태로든 책임을 지는 것이 마땅하다. 왜냐하면 인사는 이번 한 번으로 끝나는 것이 아니기 때문이다.

새 정부 출범과 동시에 발생한 국정 파행은 두 가지에서 비롯되었다. 먼저 파워엘리트(power elite)의 오만과 독선이다. 인간은 누구도 완벽할 수 없음에도 불구하고 권력에 의해 자기선(自己善)의 착각에 빠졌다. 정부조직법 개편과 인선, 그리고 협상 과정이 권력게임에 의해 무력화되어 갔다. 이것으로부터의 해방은 대화와 소통, 그리고 합의라는 과정을 거치는 것이 지도자의 최선이다. '나 홀로 결정'의 자기선주의(自己善主義)는 자칫 오만과 독선에 빠질 수 있다는 것을 명심해야 한다.

그다음으로 인선의 문제이다. 정치는 혼자 할 수 없다. 사람을 잘 쓰는 사람이 최상의 지도자이다. 그래서 인사가 만사라는 말이 있다. 도덕성과 능력이라는 지표가 공직자의 가장 중요한 요건인 것은 사실이다. 우리 공직사회의 경험에 비추어 보면, 도덕성과 능력이 비례하는 것이 아니라 오히려 상반되는 현상으로 나타났다. 도덕성을 중시하는 사람은 정도를 걸어가는 사람으로, 그러나 능력이 없는 것으로 늘 뒷자리에 있다. 아부와 뒷거래에 능한 사람이 유능한 사람으로 치부되어 왔다. 이번 인사에 낙마한 사람들이 다 이러한 과정으로 능력을 발휘한 것으로 보인다.

바로 이러한 사람을 가려내는 것이 고위공직자의 인사청문회이다. 그동안 쌓아온 권력과 부귀와 명예가 감추어진 것임이 하루아침에 드러났다. 어떻게 보면 참으로 어리석은 사람들이다. 더 높은 부귀와 영화에 눈이 멀어 결국은 모든 것을 잃게 되었다. 그들 개인적으로는 안타깝고 부끄러운 일이지만, 이것으로 한국사회 고위공직자의 부덕한 모습이 고스란히 드러남으로써 공직기강이 새롭게 세워져야 함을 절감하는 계기가 되었다 할 것이다. 결론적으로 권력집단은 오만과 독선을 각성하고, 평소에 도덕성과 업무능력보다는 연줄과 뒷거래에 능한 사람을 공직의 적으로 처단하는 메커니즘이 작동하도록 해야 한다.

- 2013/07/01 -

# 보수와 진보의
## 정치사회학적 이해

 선진국에 속하는 대부분의 나라에서는 보수와 진보 정당이 거의 두 번의 임기인 8년 정도를 번갈아가며 집권하는 경향을 볼 수 있다. 이러한 정권교체는 집권당의 정책실현을 위한 연속성을 기대하는 국민의 뜻을 대변한다. 보수와 진보의 정권교체를 통해서 국가의 발전을 기대한다.

 보수와 진보의 이념과 정책, 그리고 통치방법은 다르다. 그러나 정권교체는 장기집권의 한계와 시대적 상황에 따른 새로운 변화를 기대하는 국민의 여망을 표한다. 어느 정당이 집권하든 이 두 진영이 결코 당리당략에 따라 적대적이 되어서는 안 된다. 왜냐하면 두 정당 모두 국가와 정치발전을 위해 집권하는 데 존재 이유가 있기 때문이다.

 사회학적 이론에서 보면 보수와 진보는 1960년대부터 사회발전 이론으로 대두되었다. 이는 미국의 사회학자인 파슨즈(T. Parsons)의 구조기능주의와 독일의 사회학자인 다렌도르프(R. Dahrendorf)의 갈등론으로 대변된다. 구조기능주의 이론은 보수를 대변하는 이론으로, 무엇보다도 사회의 균형과 안정성을 강조한다. 사회가 해체되지 않고 유지되고 있다는 것은 사회를 구성하고 있는 각각의 구조와 시스템들이 상호 유기적으로 기능하기 때문에 균형을 이루고 안정되게 유지된다는 것이다.

보수는 기득권자 또는 지배계층과 집권당의 논리로써 현상유지를 통한 안정을 강조한다. 그러나 불가피하게 나타나는 갈등은 하나의 병리적 현상으로 바라본다. 경제학적 측면에서 보면 자본주의의 기본속성인 자유와 경쟁을 중심가치로 받아들인다. 자연히 친기업적 논리를 고수한다.

진보를 대변하는 갈등론은 사회를 바라보는 시각이 구조기능주의와는 다르다. 사회는 균형과 안정을 이루고 있는 것이 아니라, 구조와 시스템 인적 구성원 간에도 항상 갈등이 편재하고 있다고 본다. 갈등은 단순히 불가피하게 나타나는 것이 아니라, 오히려 갈등과 변화를 통해서 발전한다고 본다.

즉 사회의 발전은 마르크스(K. Marx)의 계급투쟁이라는 갈등으로부터 혁명이라는 급격한 변화를 통해서 가능하다고 본다. 따라서 이 이론은 하위계층 즉, 서민과 노동자를 대변한다. 지배계층의 전유물인 기존의 구조와 시스템을 변화시키고 그들의 지위도 변화시키고자 한다. 물론 마르크시즘의 궁극적 사회상은 자본주의 사회의 모순인 자본가와 노동자의 대립을 노동자혁명을 통한 공산주의, 사회주의의 건설이다. 이 사회만이 지배와 피지배가 없는, 평등이 담보되는 이상 국가라고 본다. 자연히 친 노동자적 입장을 대변한다.

역사적으로 보수주의는 1789년의 프랑스 시민혁명을 계기로 대두했으며, 급격한 변화를 반대하고 현재 상태(status quo)를 유지하기 위하여 전통의 옹호나 점진적 개혁을 주장하는 이념이다. 오랜 시간을 통해 발전되어 온 연속성과 안정성을 담보할 수 있는 전통적인 제도와 관습을 소중히 여기는 가치이다.

송복 전 연세대 교수에 의하면 보수주의는 자유주의와 자본주의가 결합한 것으로, 산업사회의 획기적인 진보 사상이었다. 그 후 자본주의와 자유주의의 모순을 극복하기 위해 사회주의, 공산주의가 등장했다. 이 역시 진보 사상으로 본다. 그는 보수주의의 4大 원칙으로 경험주의, 현실적 점진주의, 실용주의를 중시한다. 마지막으로 규범적 가치를 내면화하고 사고와 행동으로 표출하는 도덕적 내재(內在)주의를 강조한다.

대신 진보주의 또는 혁신주의는 기존 정치·경제·사회 질서체제에 대항하면서 사회개혁을 지향하는 정치사상이다. 진보주의의 원칙은 선험(先險)주의를 신봉하여 경험보다는 이념, 이상을 강조한다. 역사와 과거의 전통을 부정하는 방법론적 이상주의를 지향한

다. 변화를 추구하는 급진주의와 형식과 대의명분에 의한 명분주의
를 중시한다.

  마지막으로 진보주의자들은 현실보다는 미래에 실현될 세계의 가
치를 중시하고. 미래를 위해서 현재 범하는 탈법, 불법까지도 정당
화될 수 있다고 보는 도덕적 수단주의를 신봉한다. 왜냐하면 평등의
실현이라는 미래가치의 명분이 있기 때문이다. 결론적으로 보수와
진보는 이념적 상이성에도 불구하고 극단적 대립이 아니라 이성적,
합리적 보수와 진보를 지향해야 한다.

- 2013/04/15 -

한국 진보의
태생적 한계와 오늘

　한국사회는 이미 오래전부터 보수와 진보의 이념적 대립으로 정치
와 사회적 발전보다는 소모적 논쟁을 일삼고 있다. 역사적으로 보면
70년대 말 유신체제가 끝나고 80년대 새로이 등장한 군부정권의 유
화정책으로 제시된 개방정책은 오늘날의 왜곡된 진보의 이념을 탄생
시켰다.

　해외여행 및 유학 자율화, 금서의 폐지로 인한 대학학문의 자유가
보장되면서 한국 정치의 구조적 문제뿐만 아니라 한국 자본주의사회
의 모순에 대한 비판이 터진 봇물처럼 쏟아져 나왔다. 마르크시즘과
사회주의적 접근방식을 통한 자본주의 비판은 매우 시의적절한 화두
로 부상했고, 정치학, 사회학, 경제학 영역에서 수많은 저술들이 쏟
아져 나왔다.

　한국 정치 및 경제사회의 비판적 핵심은 자본주의체제의 모순에 귀

착되었고, 비판의 프레임은 마르크스의 자본론에 기초하여 사회주의와 이북의 공산주의가 마치 대안인 것처럼 대두하였다. 이러한 경제 사회학적 또는 정치경제학적 이론은 학생운동권의 핵심논리로 자리 매김하기 시작했다. 이것이 한국 진보이념의 탄생이며, 학생운동의 핵심이념으로 기능하게 된다.

1980년대 중반에 들어서면서 학생운동권 측에서는 한국사회 변혁의 주체가 시민, 민족, 인민 중 누가 되어야 하느냐에 따른 C-N-P 논쟁이었다. 그 결과로 민족과 인민을 앞세우는 전국대학생회조직으로 통합된 전대협(1987)을 결성하게 된다.

이들은 물론 군부독재 정권 퇴진, 민중 요구 수렴, 군의 정치적 중립, 미국의 내정간섭 중단 등을 목표로 설정하였다. 외세배격과 민주화에 방향이 설정되면서, 이북의 자주적 주체사상을 배경으로 통합되어 갔다. 이로써 주체사상에 대한 논쟁이 본격화되는 가운데 NL(민족해방)과 PD(인민민주주의)로 나뉘어졌다. NL 진영은 민족해방을 중심사상으로 주체사상에 입각하여 한국사회의 변혁을 꾀하고자 하였다. 주체사상의 수용과 외세로부터 해방, 민족해방과 통일, 즉 미 제국주의의 식민지인 한국을 해방시켜야 한다고 주장하였다.

전대협의 이러한 혁신론적 운동은 1989년 임수경(현 민주당 비례대표)을 평양축전에 참가하게 했고, 좌익 또는 종북의 입지를 굳히게 되었다.

PD 진영은 NL의 지나친 종북주의에 거리를 두면서 1989년에 생성되었으며, 인민민주주의 혁명을 목적으로 하는 마르크스주의와 공산주의 또는 사회주의 사상에 입각한 변혁을 주도하는 그룹이었다. 이들은 사회주의 혁명 사상의 무장으로 신식민지국가독점자본주의에 저항하는 계급투쟁 노동운동을 전개하고자 하였다. 민중과 연대하여 노동운동탄압에 대한 저지와 국가보안법철폐, 그리고 반파쇼민중투쟁을 전개했다.

이 두 진영은 다시 민족해방인민민주주의 혁명(NLPDR: National Liberation People's Democratic Revolution)으로 통합되어 1993년에 조직된 한총련(한국대학총학생회연합)의 핵심이념이 되었다. NLPDR 운동권은 한국사회 구성체론에 입각하여 매우 구체적으로 북한 지향적 한국사회 변혁을 위한 목적과 목표, 그리고 방법론을 제시하였다.

한편 주체사상과 사회주의 이념을 실천배경으로 하는 이들 운동권은 6.29 민주화 선언과 광주학살 및 5공 비리 규명에 이어 전·이 구속을 이끌어 내는데 기여하기도 하였다. 그러나 90년대 들어 소련의 사회주의가 해체되고, 한국에는 문민정부가 출범했음에도 한총련 제2기 발대식(1994) 선언문에서는 주체사상 찬양과 연방제통일을 노골화하였다. 이에 정부는 한총련을 국가보안법에 따른 반국가적 실정법 위반이라는 판단 아래 용공, 이적성을 적용하여 구속영장을 신청하였다. 이후 운동권은 해체되어 갔다.

    그렇지만 이들은 좌익성향의 김대중 정부가 들어서면서 서서히 재
개하였고, 2000년대 초를 기점으로 주체사상을 기본이념으로 한 민노
당이 탄생하였다. 이후 민노당과 진보신당으로 분열되었고 지금은 통
합진보당, 진보정의당의 당명으로 종북주의의 원조로 존재하고 있다.

    노무현 정부로 이어지면서 전대협과 한총련 출신의, 소위 386세대
가 2004년 제17대 국회의원선거를 통해 열린우리당과 민노당의 이름
으로 대거 국회와 정치계에 입성하여 종북 논란의 남남갈등을 빚어
내고 있다. 이처럼 한국 진보의 실체는 분단의 현실에서 주체사상을
신봉하는 잘못된 진보의 이념에 빠져 있다.

                                        - 2013/04/29 -

## 청와대 출범
## 5월의 징크스

　해마다 5월이 오면 우리 모두는 들떠 있다. 봄은 만물이 소생하고, 아름다운 꽃이 만개하여 계절의 여왕이라 불린다. 화사한 봄날에 오곡을 준비하며 풍성하지는 않아도 마음은 희망으로 가득하다. 우리 달력에는 가정의 달이라 하여 정과 사랑으로 통합하는 상징을 가진 달이 바로 5월이다.

　5월은 근로자의 날을 필두로 어린이날, 어버이의 날, 스승의 날, 부부의 날이 있어 매주 정과 사랑과 선물을 주고받으며 우리는 즐거워한다. 또한 세계가정의 날과 세계인의 날이 있어 가정의 화목과 안녕이 사회와 나라를 넘어 세계가 화평하는 기원의 의미도 담고 있다. 그래서 5월은 참으로 좋은 달이다.

　2013년 우리의 5월은 박근혜 대통령의 첫 해외순방과 방미로 세계를 향한 희망으로 시작되었다. 그런데 어이없게도 '윤창중스캔들'로 청와대와 국민들 모두가 곤혹을 치른 잔인한 달이 되고 말았다. 윤창중스캔들은 평범한 범인으로서는 생각할 수 없는 황당한 경악이었다.

우리 대통령이 세계 최강국인 미국을 방문하여 오바마 대통령을 만나 정상회담을 하고, 미 의회에서 강연을 하는 등은 작은 나라 대한민국의 '작은 거인'의 국격을 높여가는 과정이었다. 그러나 대통령의 눈과 입이 되어 그야말로 눈코 뜰 새 없어야 할 청와대 대변인은 여유로웠다. 다음날의 주요 일정을 성공적으로 이끌어나갈 구상과 준비로 밤잠을 설쳐야 할 시간에도, 한국의 청와대 대통령 대변인은 미국의 고급호텔에서 인턴여직원과 밤새 와인이나 마시는 여유를 부렸다. 결국은 성추행이라는 추문만을 남긴 채 말없이 귀국했다. 참으로 어이없는 일이다.

청와대 대변인의 그 여유로움으로 윤창중과 대한민국은 하루아침에 세계적 토픽뉴스 스타가 되었다. 작은 거인 대한민국이 박 대통령의 성공적 방미 성과가 아니라, 윤창중의 성 추문 스캔들로 역설적으로 세계의 이목을 집중시킨 거국이 되는 것 같았다. 국격을 고양시키는 임무를 수행해야 할 사람이 국격을 천 길 낭떠러지로 추락시킨 꼴이 되었다. 오호통재라!

박근혜 대통령의 첫 방미의 그 큰 꿈과 희망과 업적을 순식간에 불살라 버린 위인(?)의 업적에 세계가 경악을 금치 못하였다. 대통령도 어안이 벙벙하여 할 말이 없었을 것이다. 통상적으로는 방미 후 대통령의 업적을 보고하고 칭송하는 일로 모든 언론이 밤을 새워 보도했겠지만 청와대는 아무 말이 없었다.

청와대 비서실과 홍보수석실 그리고 윤창중 본인의 사과와 변명의 기자회견으로 언론에서는 온갖 추측과 억측이 난무했다. 솔직하지 못하고 책임감 없는 청와대 공직자들의 진실공방으로 정국은 더욱 어수선했다. 참으로 안타까운 일이었다.

박 대통령은 한동안의 침묵을 지나 5월 13일 결국은 공식사과를 하고, 앞으로 공직기강의 쇄신이라는 의지의 표명으로 그래도 침착하게 수습을 잘해 나갔다. 아직도 미결의 상태이기는 하지만 결과는 지켜보아야 할 것이다. 어쨌든 대통령 취임 초기 청와대 대변인의 느닷없는 성 추문 스캔들로 추락한 국격과 청와대의 신뢰를 심기일전으로 쇄신해 나가야 한다.

되돌아보면 대통령이 새로이 취임한 5월이면 늘 대형사건이 터져 청와대가 곤혹을 치르고 지지도가 추락하여 갔다. 혹자는 5월의 징크스, 5월의 사과를 기억할 만도 하다. 2003년 5월에는 노무현 대통령이 고공의 지지도를 자랑하던 쯤에, 생수회사 '장수천'의 비자금 조성 관련 남상국 사장 자살사건으로 대통령이 5월 28일에 대국민담화를 통해 사과하였다.

2008년 5월에는 이명박 대통령이 취임하자마자 광우병 사태로 미국산 쇠고기 수입반대 촛불집회가 나라를 어지럽게 했다. 결국은 5월 22일 또한 대통령의 대국민사과로 일단락되었다.

　이러한 청와대 5월의 징크스는 대통령 취임 초기 대통령을 비롯한 청와대 공직자의 자만심에서 비롯되었다고 보인다. 그뿐만 아니라 부정과 부패의 유혹을 뿌리치지 못하는 도덕성 결여의 한국정치과정 의 단면을 보여준다. 정치인과 공직자는 이를 계기로 더 이상 5월의 징크스를 재연하지 않도록 각성해야 할 것이다.

- 2013/05/27 -

# 원전비리
## 위험사회의 안전불감증 경고

 인류의 삼대 염원은 물질적 풍요, 편리함, 그리고 오래 사는 것이다. 18세기 중반 영국의 산업혁명 이후 인간의 지속적 노력으로 이것을 달성했다. 이로써 지구상의 문명사회는 삶의 질을 끊임없이 향상시키고 있다. 그러나 이를 위해 엄청난 대가를 치러야 했다. 또한 불가피한 위험을 감수해야만 했던 것도 사실이다.

 환경오염, 이기(利器)의 위험성, 새로운 질병, 그리고 핵의 위협 등은 자칫 인류멸망의 위험까지 더해 주고 있는 실정이다. 1986년 독일의 사회학자 벡(U. Beck)은 현대사회의 곳곳에 잠재하는 위험을 진단하고 각성을 경고하는 '위험사회'를 출간했다.

 환경오염과 파괴는 현대사회의 발전과 불가분의 관계선 상에 있다. 한때는 동서를 막론하고 생명의 위협을 자초한 위기로 인식되었다. 다시 환경기술의 발전으로 이 위기를 극복하고 토양과 공기, 그리고 물의 질을 향상시켜 왔다. 산업사회가 창출한 부는 다시 파괴된 환경을 부활시키는 아이러니를 보여주고 있다.

뿐만 아니라 거대한 규모의 공장설비들은 원자적으로 분화된 전기, 컴퓨터시스템 구축과 상호불가분의 연계성으로 인해 작은 실수와 방심은 대재앙을 유발할 개연성을 안고 있다. 거기다 화재의 위험도 곳곳에 도사리고 있다. 현대 산업사회의 구조는 단순히 인재라는 한계를 넘어선 위험사회의 실상을 보여주고 있다.

하늘과 육지, 그리고 바다를 메우고 있는 교통 및 운송수단들의 사고로 생명이 위협받는 일은 세계 곳곳에서 일상적으로 일어나고 있다. 사고는 어렵게 쌓은 부와 자원의 소멸뿐만 아니라 대형인명피해를 몰고 온다.

삶의 질이 향상되고 의술의 발전으로 인간의 평균수명이 100세까지 연장되고 있다. 하지만 그에 못지않은 새로운 질병과 사고로 우리 인간은 신음하고 죽어가고 있다. 언제나 그러했겠지만 늘어나는 것은 병원이고 그 병원들은 늘 만원이다. 병원이 많아지고 환자가 늘어난다는 것은 아무리 삶의 질의 고양을 운운하여도 그것은 결코 행복한 삶의 지표가 될 수 없다는 걸 의미한다.

우리는 이제 북한 핵의 위협과 공포에 시달리고 있다. 세계 최빈국의 북한이 세계 최강국의 미국과 세계를 상대로 큰소리치는 것은 바로 핵의 위력 때문이다. 우리는 물론 미국을 비롯한 UN의 선진국들이 인권을 유린하고 인민을 굶주리게 하는 망나니 같은 북한을 제재하지 못하는 것은 핵의 위협을 누구도 감수할 수 없기 때문이다.

물론 핵의 위력은 단순히 생명을 위협하는 부정적인 측면만 있는 것은 아니다. 인류의 이기로 이용한다면 얼마든지 긍정적으로 볼 수 있다. 그렇지만 핵을 안고 전쟁을 억제하고 힘의 균형을 유지한다는 것 자체가 이미 공포 속의 행복이라는 아이러니를 안고 있다.

특히 문명의 이기인 원전은 다른 어떤 에너지보다도 위력적인 에너지공급원이다. 단지 위험성만 없다면 그 누구도 마다할 것이 아니다. 그런데 원전의 안전을 기술적으로 향상시키고는 있지만 여전히 위험성은 존재한다. 아무리 기술이 발전한다 하더라도 원전의 완벽한 안전은 보장할 수 없다는 데 문제가 있다. 세계적 공포를 자아냈던 1986년 소련의 체르노빌 원전사고와 근년에 발생한 일본의 후쿠시마 원전사고는 인류멸망에 대한 경고라 할 정도의 거대한 공포를 자아내는 사고임을 잘 알고 있다.

그럼에도 최근 드러난 우리나라의 원전비리는 우리를 더욱 공포에 떨게 하고 있다. 어떤 영역보다도 완벽에 완벽을 기해야 할 원전에 불량부품을 납품하였다. 참으로 어이없는 사건이다. 이것은 그 지역주민뿐만 아니라 대한민국 국민의 생명을 위협하는 '천인공노할 중대 범죄'이다. 그것도 한두 번이 아닌 10년이란 기간 동안 조직적으로 진행되었다는 것은 관련자 모두가 소급해서 책임져야 할 중대사이다.

새 정부가 행정안전부를 안전행정부로 개명할 때 이미 이러한 것을 예견했는지도 모르겠다. 우리가 비록 피할 수 없는 위험사회에 살고 있지만, 국민의 안전과 안녕을 책임질 정부와 안전행정부의 역할을 기대해 본다. 안전불감증 이제 각성하자.

– 2013/06/10 –

## 창조경제와
## 일자리 창출의 현실

박근혜 정부는 핵심 국정 기조로 창조경제와 경제민주화를 기치로 내걸었다. 새마을운동이 '잘 살아보세'였다면 창조경제는 '더 잘 살아보세'로 이어지는 제2의 새마을운동이라 해도 될지 모르겠다. 2008년 미국의 금융위기로부터 유럽의 재정위기까지 오면서 세계는 새로운 기운을 불어넣을 무언가를 열심히 찾고 있다. 그러나 아직도 뚜렷한 무엇이 나타나지 않아 고심하는 가운데 우리 한국에서는 창조경제라는 화두를 찾아냈다. 다행이다.

창조경제란 말이 나오게 된 것은 2012년 10월 박 대통령이 대선후보 시절 최우선 경제공약으로 내세우면서 "창의성과 과학기술에 기초한 경제운영을 통해 미래의 성장동력을 창출하고 새로운 시장, 새로운 일자리를 만들어가는 정책"이라고 언급하면서부터였다. 대통령에 당선되고 새 정부를 구성하면서 "창의성을 우리 경제의 핵심가치로 두고 과학기술과 ICT 융합을 통해 산업과 산업, 산업과 문화가 융합해서 새로운 부가가치와 일자리를 만들어 내는 것"이라고 박 대통령은 강조했다.

이에 더하여 BT, NT도 창조과학 또는 창조경제의 중요한 영역이다. 그러나 아직도 개념이 명쾌하게 정립되지 못하고 있다는 논란이 많아 참으로 답답하고 안타깝다.

즉 창조경제에는 '공정한 시장경쟁에 바탕한 융합형, 선도형 경제', '두뇌를 활용하여 세상에 없는 것을 만들어내는 것', '공동체 경제주체를 활성화시키는 제2의 새마을운동' 등 다양한 견해들이 있다. 그러다 보니 창조만 앞세우면 창조경제가 되는 것처럼 착각할 정도이다. '창조직업', '창조금융', '창조관광', 창업투자, 융합기술, 미디어콘텐츠 등 '창조경제주'가 증권시장에서 각광을 받고 있다.

창조경제 3대 목표로 신성장동력 창출, 새로운 시장, 새로운 일자리 창출을 설정하여 경제성장을 향한 새로운 패러다임의 전환을 추구해야 한다고 강조한다. 이것은 당연히 과거의 모방형 경제시스템을 벗어나고 대기업 위주의 성장전략을 탈피하고 그리고 고용 없는 성장의 한계를 뛰어넘는 창조경제의 기반을 구축하는 것이다.

또한 핵심키워드로는 일자리, 중소기업, 과학기술을 들고 있다. 구체적으로는 창조경제 생태계 조성, 일자리 창출 성장동력 강화, 중소기업의 창조경제 주역화, 창의와 혁신의 과학기술 발전, 원칙의 시장경제질서, 성장 뒷받침의 경제운영이 필수적이다. 그를 위한 4가지 구성요소는 첨단과학기술, 경쟁력 제고, 창업 활성화, 일자리 창출을 강조한다.

이러한 내용과 방향을 이해한다면 먼저 모든 영역에서 무언가 새로운 것을 개발해 낸다면 창조경제가 가능해지는 광범위한 의미를 담고 있다고 보인다. 개념의 남발이 우려된다. 그래서 창조경제의 4단계 즉, 아이디어창출-아이디어의 사업화-사업의 확장-순환시스템이라는 과정을 창조경제의 생태계 조성을 구조화해야 한다고 강조한다.

다음으로 창조경제의 궁극적 목적은 새로운 또는 더 많은 일자리를 창출하는 것이다. 그런데 최근 보도에 따르면 많은 기업에서의 채용 실태는 전체적으로 거의 절반으로 채용규모가 줄어들었다. 특히 금융계의 채용이 급격히 줄어들고 있다는 소식이다. 그렇다면 창조경제의 궁극적 목적인 일자리 창출은 창조경제를 시작하면서부터 더욱 줄어드는 아이러니를 보여준다.

이렇게 본다면 창조경제와 일자리 창출이라는 대전제가 허구적이라는 느낌이 드는 안타까운 현실이다. 물론 이러한 현상은 정책시도의 초기이기도 하고, 과거의 문제가 이제 결과로 드러나는 경우이기도 할 것이고, 또한 경제가 하루아침에 반전하리라는 조급함에서 비롯될 수도 있다. 창조경제의 성공을 위하여!

- 2013/06/24 -

## 열린 사회의 리더의 조건

 영국의 철학자 칼 포퍼( Karl R. Popper, 1902-1994)는 2차 세계대전이 끝나갈 무렵인 1945년에 '열린 사회와 그 적들'을 출간했다. 주된 핵심은 전체주의와 공산주의의 닫힌 사회에 대한 비판으로써 열린 사회, 즉 민주사회를 지향해야 한다는 것을 역설한다. 이 비판을 통해 사람들은 왜 전체주의를 따르게 되는가를 철학적으로 분석하고 있다. 실로 전체주의를 지지하는 사람뿐만 아니라 전체주의를 비판하며 열린 사회를 지향하는 사람들도 닫힌 사회의 생각을 한다는 것이다. 중요한 것은 우리가 이 사실을 알지 못할 때조차 열린 사회의 적이 된다는 것이다.

 열린 사회는 열린 소통을 가능하게 하고 열린 조직과 국가를 만들어 간다. 설사 열린 사회에서도 닫힌 사회의 닫힌 사고와 행동의 씨앗이 존재한다 하여도, 사람은 그것을 억제하고 극복하여 열린 사고와 행동을 통해 열린 소통을 할 수 있는 이성적이고 합리적 능력을

가지고 있다. 이것은 바로 조직이나 국가의 리더들이 필히 갖추어야
할 덕목이다.

　리더는 또한 탁월한 지적 성취의 비밀이 비판 정신과 지적 독립성
에 있다는 것도 알아야 한다. 이러한 정신적 그리고 실천적인 자세
야말로 어떤 종류의 권위주의에서도 허용되지 않는 것이다. 자기만
족과 자만심에 빠져서는 안 된다. 자신이 알고 있는 것, 또는 주장이
마치 절대적 진리인 것처럼 착각하는 것은 금물이다. 무엇보다도 자
신의 주장을 당리당략에 매몰되거나 집단이기주의 속성에 의해 지지
하는 무리가 있다고 하여 절대적으로 참이라고 우기는 것은 더욱 큰
착각일 수 있다는 것을 알아야 한다.

　진리와 참이라고 하는 것은 정해진 방향을 따라가는 것이 아니다.
수도 없는 과정의 시도와 실패를 거듭하는 가운데 그에 도달할 수 있
다. 모든 주의와 주장이 다를 수 있다는 가능성을 인정할 때 역설적
이기는 하지만 비로소 진리이고 참일 수 있다.

　열린 사회이기는 하지만 권위주의가 지배하는 사회에서의 조직이
나 국가의 리더들은, 특히 객관적으로 주어진 권위를 가지고 있으며
그리고 어느 정도 지적이고 합리적이라고 하는 리더들은 그들의 주
의나 주장에 대해 비판하라는 기회를 부여하기도 한다. 그러나 많은
조직원들은 비판을 가하지 못한다. 대부분의 사람들은 살아남기 위
해 또는 개인의 현실적 이해관계를 유지하기 위해 오히려 동조하는

경향이 짙다. 진정으로 조직과 국가를 위한 비판을 가하는 사람은 겉으로는 용기 있고 옳은 발언이라 하면서도 결국은 그 조직의 경계대상으로 지목이 되고 왕따 당하게 된다.

따라서 진정으로 '나를 비판하라'고 할 수 있는 리더가 있는 곳만이 열린 조직이라 할 수 있다. 그런데 사람들은 누구든지 다른 사람을 비판하려고 할 때 조심하고 움츠러들게 마련이다. 공개적인 비판을 가할 때는 더욱 그렇다. 더더군다나 상대방이 자신의 상관이라면 말할 것도 없다.

모두가 보스의 눈치만 살피는 조직은 닫힌 조직이다. 닫힌 조직에는 미래가 없다. 그 어느 누구도 진리를 독점할 수 있는 특권은 없다. 그래서 '자신이 틀릴 수 있다'는 것을 조직원에게 보여주는 리더는 자신감 있는 리더이다.

'왜 점쟁이의 말은 절대로 틀리지 않을까?' 그들은 조합에 능하여 어떤 사주에 갖다 붙여도 그럴듯한 말을 잘도 만들어 내기 때문이다. 그런데 이처럼 절대로 틀리지 않는 말은 진리가 아니다. 틀릴 수 있는 가능성이 있을 때 그 말은 진리일 수 있다. 더 정확하게 말하면 틀릴 수 있는 길을 검증할 수 있는 방법이 있을 때 비로소 과학적 진리가 된다.

불행히도 점쟁이가 말하는 것처럼 여하한 반박도 불가능하도록 부하들과 소통하는 상사들이 있다. 이것은 소통이 아니라 불통이다. 리더의 말에 비판을 못 하도록 하면 조직원들은 숨 막혀 죽는다. 결국 그 조직은 죽어버리고 만다. 지금의 여야가 벌이는 NLL 논쟁은 겉으로는 대화요, 소통으로 보일지 모르지만 합리성을 결여한 불통의 극치일 뿐이다. 하루빨리 그들이 열린 사회의 리더의 조건을 체득하길 바란다.

- 2013/07/08 -

## 전두환추징법과
## 국제적 수치

  연일 30도를 웃도는 더위에 잠 못 들고 TV와 인터넷검색 등으로 밤을 새는 나날이 이어진다. 그래도 최근 다시 화제의 정점을 치고 있는 전두환추징법과 전두환 전 대통령의 친인척에 대한 압수수색 보도는 흥미진진한 시간의 연속이다. 이 사건은 한편으로 더욱 열 받게 하기도 하지만 다른 한 편으로는 많은 국민들은 속 시원한 한풀이하는 것 같은 기분으로 뉴스를 접하기도 한다.

  일명 전두환추징법의 정확한 명칭은 '공무원범죄에 관한 몰수특례법 개정안'(2013.6.26)이다. 전두환 전 대통령이 재임 시 불법으로 모금하여 사유화한 비자금 2,205억 원을 추징하기로 했다. 그러나 그간 15년이 넘도록 미납한 추징금 1,672억 원을 다시 추징할 수 있게 한 특례법 개정안이다.

  전두환 전 대통령의 비자금과 관련해 추징금이 확정된 건 1997년이다. 그러나 전 전 대통령은 2,205억 원 중 533억 원만 납부하고 나머지는 납부하지 않고 버티기로 일관했다. 예금통장에는 29만 원만 있다고 했지만 10년 넘게 측근들과 이른바 황제골프도 치며 호의호식했다. 자녀들은 수천억 원대 자산가로 변신했다. 그렇지만 추징책임이 있는 검찰은 이를 외면했고 역대 정부에서도 강력한 의지를 보이지 않았다.

그렇지만 박근혜 정부에 들어 공소시효 만료문제가 제기되는 와중에 전 전 대통령의 장남이 2004년 버진아일랜드에 페이퍼컴퍼니를 설립한 사실이 뒤늦게 공개되면서 전두환 비자금 문제가 새삼 국민들의 주목을 받게 되었다. 다행히도 박근혜 대통령이 "과거 정부는 뭘 했는지 모르겠다"며 미납추징금을 다시 추징할 의지를 표명했다.

전두환추징법의 주요 내용은 첫째, 오는 10월에 만료되는 미납추징금 시효가 2020년으로 연장된다. 둘째, 추징이 확정된 후 3년을 경과하면 검사의 청구에 따라 재산 압류 등 강제처분을 할 수 있다. 셋째로는 추진대상자 이외의 자에게도 추징이 가능하게 되었다. 그리고 전 대통령이 자녀 등에게 증여한 재산을 국고로 환수할 수 있으며, 미납추징금이 발생할 경우에는 노역장 유치 또는 감치명령을 내릴 수 있다.

이 법에 근거하여 검찰은 전두환 전 대통령의 미납추징금 환수를 위해 2013년 7월 16~18일에 걸쳐 사흘 연속 압수수색을 했다. 검찰은 전 전 대통령의 자택 사저에 대해 압류절차를 진행한 데 이어, 자녀들의 주거지와 시공사 등을 포함한 17곳을 압수 수색을 한 뒤 친인척주거지 12곳과 시공사 등을 압수 수색을 했다. 검찰은 또한 전 전 대통령의 장남 재국 씨가 소유한 경기 파주시 소재 '시공사'에 검사와 수사관을 보내 이곳에서 보관 중이던 도자기와 미술품 등을 압수했다. 동시에 자녀와 친인척의 엄청난 재산의 소유를 확인했다.

이 사건을 새롭게 접하면서 우리 국민은 한결같은 생각을 하는 것 같다. 무엇보다도 먼저 일국의 대통령을 지낸 분이 어떻게 저렇게도 뻔뻔할 수가 있을까 하는 생각이다. 일말의 양심과 가책도 느끼지 못하는 강심장은 대체 어디서 나오는 것일까? 나이 82살에 그간은 재물의 탐욕이 삶을 유지해 온 힘이었는지는 몰라도 이제는 국민의 원망과 질타라는 짐을 내려놓을 때가 되지 않았나 싶다.

전두환추징법은 개인과 가족, 그리고 친인척의 망신일 뿐만 아니라, 2050클럽의 국제적 위상을 자랑하는 대한민국의 국격과 신망을 실추시키는 수치스런 일이다. 최고의 권력과 권위를 누렸던 대한민국의 고위공직자 중에 이 전두환추징법에서 양심적으로 자유로울 수 있는 사람이 얼마가 될지 모르지만 그래도 전직 대통령의 위엄을 지키는 것은 너무나 막중한 것이다. 만약 전두환 전 대통령 본인이 재물탐욕 증후군으로 병적이라면, 적어도 가족과 친인척은 마지막으로 아버지의 병을 치유하는 일말의 양심과 가책을 가지는 도리를 다해야 할 것이다.

- 2013/07/22 -

## 민주주의
## 역행하는 정·재계

2013년 7월 30일에 여론조사전문기관인 '리서치뷰'가 실시한 여론조사에 의하면 2014년 지방선거투표기준은 박근혜 정부 중간평가(35.4%)보다 국정안정(49.0%)이 높게 나왔다. 국정이 안정되려면 무엇보다도 정치와 경제가 안정되어야 한다. 그런데 우리의 정치계와 재계의 혼란과 갈등은 끊일 날이 없다.

먼저 재계를 보면 2013년 1월 31일 최태원 SK 회장이 계열사 자금 횡령 혐의로 10년 만에 다시 구속 수감되었다. 7월 29일 항소심 판결에서 1심보다 2년 늘어난 징역 6년형을 받았다. 부회장인 동생에게는 1심과 동일한 5년형이 구형되고, 장모인 SK 전무에게는 징역 3년, 김준홍 전 베넥스 대표에 징역 4년이 각각 구형되었다.

검찰은 항소심 결심공판에서 '최태원 회장이 최종 결정권자로서 치밀하고 조직적으로 횡령범행을 주도했다'고 강조했다. 또한 범행 후

증거은폐를 시도하고, 진술을 수차례 번복하는 등을 보면서 '법 집행 기관을 무시하고 우롱하는 태도를 보였다'고 전하며, '무소불위의 현대판 리바이어던 같다'고 지적했다.

리바이어던(Leviathan)은 철학자 홉스(Th. Hobbes)가 1651년에 저술한 책의 제목으로써 구약의 '욥기'에 나오는 바다의 거대한 괴물을 의미한다. 특히 인간 위에 군림하는 전체주의국가를 상징하기도 한다. 이렇게 본다면 최태원 회장이 현대판 리바이어던에 비유되었다는 것은 무서운 사람이 아닐 수 없음을 시사한다.

그러나 한편 최태원 회장은 재판장에게 '모든 점을 반성한다'고 했고, 펀드에 대한 욕심에 눈이 어두워 잘못된 선택을 한 것 같다, 제 불찰로 SK그룹의 명예에 상처를 남기고 수많은 분에게 고통을 드려 깊이 사과드린다'고 했다. 이에 재판장은 형량을 의식해서 말로만 반성하는 것이 아니기를 기대한다고 했다.

CJ그룹 이재현 회장도 수천억 원대의 비자금을 조성하면서 2천억 원이 넘는 돈을 횡령, 배임 및 탈세범죄를 저지르고 수사 중이다. CJ그룹 세금징수 관련(3천500억 원대 탈세 무마) 전군표 전 국세청장이 2007년에 이어 출소 3년 만에 다시 구속되었다. 이러한 경제계 기업의 사유화와 권력과의 유착관계는 단순히 경제불안만이 아니라 결국은 정치와 국정 불안의 요인으로 작용한다.

또한 전두환추징법으로 전두환 전 대통령의 친인척과 주변 관계인들의 구속과 수사가 일상적 화두가 된 지 이미 오래되었다. 이러한 현상들은 살기 어려워 돈 앞에 잠깐 눈이 어두워진 것이 아니라, 사회정의와 공정질서를 파괴하는 가진 자의 횡포로밖에 볼 수 없다.

정치는 더욱 가관이다. 국정원 댓글 사건, NLL 포기발언 등 국정조사와 증인채택문제로 정치 파행이 지속되고 있다. 여야의 기 싸움이 국정혼란을 가중시키는 작금이다. 국민들은 이제 실망과 분노를 넘어 무관심하고 싶은 심정이다.

정치에는 여·야간의 견해 차이로 이견과 갈등이 나타나는 것은 당연한 일이다. 이것을 이성적 논쟁과 대화와 타협을 통해서 풀어나가는 것이 정치인의 책무이다. 특히 모든 갈등과 이견은 신성한 국회에서, 국가와 국민을 위하여 합리성과 이성에 기반하여 제3의 길과 정책, 그리고 대안을 만들어 내는 것이다. 그런데 작금에는 이성과 합리성은 실종되고 오직 당리당략, 집단이기주의, 아집과 독선이 난무하고, 상호 존중과 신뢰는 없고 막말투쟁이 판을 치고, 급기야 민주당은 거리농성을 새로운 무기로 들고 나왔다.

민주당은 국회가 아닌 광장에서 '민주주의 회복과 국정원 개혁 국민운동본부'라는 거리 간판을 걸고 국정조사 무력화 음모론을 퍼뜨리며 대규모 촛불집회 기획으로 선동하고 있다. 언론에서는 새누리당의 침대정치론을 비판하고, 내부적으로는 양보론과 무시론이 팽팽한 가운데 민주당의 회귀를 위한 물밑작업과 협상안을 준비 중이라 한다. 마치 철없는 아이가 떼를 쓰다 급기야는 길바닥에 드러누워 뒹구는 형국이다. 민주주의 회복을 강변하면서 진정 스스로 민주주의를 역행하고 있다는 사실을 망각한 철없는 정치판이다. 이성이 아닌 감성에 기대는 거리구걸, 장외투쟁이 민주주의 회복의 길인가?

- 2013/08/05 -

## 전 전 대통령 일가의
## 사수전(死守戰)을 관전하며

2009년 노무현 전 대통령이 자살로 사망했을 때 가장 안타까워한 사람이 바로 전두환 전 대통령이 아니었을까? 당시 그의 "고통스럽고 감내하기 힘든 상황에 직면해서도 전직 대통령으로서 꿋꿋하게 대응했으면 하는 아쉬움이 든다"라는 조문사는 "그래도 살아 있지, 나도 이렇게 살 살고 있는데."라는 말과 같다.

노 전 대통령은 자신의 생각과 의지와는 달리 빚어진 친인척비리사건으로 너무도 큰 양심의 가책과 부끄러움을 감당하지 못해 그 길을 택했을 것이다. 그에 비하면 전 전 대통령은 그러한 한 치의 양심의 가책과 부끄러움도 없었다라는 비교를 해 본다.

그렇다고 노 전 대통령의 죽음을 그 누구도 좋게 생각하는 사람은 없다. 마찬가지로 오물을 뒤집어쓴 채 누리고 있는 부귀와 영화를 진정한 것으로 생각하는 사람은 아무도 없다. 물론 양심과 부끄러움이 없으니 '개똥밭에 굴러도 살아 있는 것이 낫다'라고 착각할 수도 있겠다 싶다.

재임 시절 민주정의당의 명분을 앞세워 수천억 원의 비자금을 조성하였다. 퇴임 후 1997년 법정판결로 추징금 2,205억 원이 부과되었다. 그중 나머지 1,620억 원을 16년이라는 긴 세월 동안 미납한 가운데, 온갖 치욕적 대우와 멸시를 받으며 버티었다. 그러한 삶이 노 전 대통령의 죽음보다 과연 값지다고 생각하는 사람이 있을까?

보통사람의 이미지로 대통령이 되었던 노태우 전 대통령도 결국은 똑같은 전철을 밟았다. 전 전 대통령과는 달리 그래도 양심적이었다고 할 만하다. 동생과 사돈이 조만간 남은 추징금 230억 원을 갚겠다고 알려왔으니 말이다.

230억 원이나 1,620억 원이라는 금액은 보통사람은 평생 꿈도 꾸어보지 못하는, 아니 자신이 벌 수 있는 돈으로써는 개념조차 생각하기 불가능한 액수이다. 우리들에게는 몇 천만 원, 몇억도 생명과 같은 액수이지만, 전 전 대통령의 일가에게는 소위 '껌값'에도 못 미치는 돈에 불과할 것이다. 그럼에도 우리가 이 정도 돈을 열심히 일해서 번다면 우리는 너무도 뿌듯하고 보람을 느끼며, 작지만 진정으로 큰 행복을 느끼며 살아갈 것이다.

또 어떤 경우는 몇백, 몇천만 원의 뇌물수수나 부정거래로 직위를 해제당하고 감옥에 가기도 한다. 또 어떤 이는 살기 위해 불가피하게 빚어진 몇천만 원의 빚 때문에 자살을 하기도 한다. 이러한 극과 극의 상황을 생각하면 가히 격세지감이라는 말이 떠오른다.

한편 1,620억 원이라는 돈을 16년 동안 은행에 예치하면, 그 이자만 해도 얼마나 될까? 연 금리 3%만 하더라도 1년 이자가 48억6천만 원, 한 달 이자가 4억 500만 원이 된다. 거기에다 16년을 곱하면 777억6천만 원의 이자가 발생했다는 사실이다. 물론 상당한 정도의 세금을 제하여야 하겠지만.

부질없지만 이러한 계산을 하며 하루하루 열심히, 아등바등 살아가는 서민들의 모습을 보면 세상이 원망스럽기도 하고 그러한 것도 해결 못 하는 저 위의 정치하는 사람들도 그들과 마찬가지로 생각된다. 하기야 그들도 억 단위로 억, 억하며 살아가는 사람들이니 뭐 아쉬울 것이 있겠나 싶기도 하다.

물론 전 전 대통령의 경우도 어떻게 보면 우리 한국사회의 한 단면에 불과할지도 모른다. 아마도 상위 10% 이내의 계층들에게서 일어나는 부정과 부패의 구조에서도 상상을 해보면, 조금 규모는 작을지 모르지만 엄청난 비리가 일상적으로 일어날 것이다. 부정과 부패와 비리로 맞게 될 한치 앞의 어둠을 보지 못하고, 권력과 부 앞에 눈뜬 장님이 되는 사례를 일상적 뉴스로 보면서 한편으론 안타깝고, 다른 한편으론 화가 치밀어 오르는 세상살이이다.

그래도 전 전 대통령 일가는 마치 자기 주머닛돈처럼 사수전(死守戰)을 벌이며 버티고 있다. 추징금을 사수하기 위하여 총동원된 네트워크는 소위 '사돈의 8촌'의 범위를 넘어 3연(학연, 지연, 혈연)의 광대한 고리로 연결되어 있음을 알 수 있다. 가히 유사 이래 유일무이한 비화의 주인공이라 칭하고 싶다.

　유전무죄, 무전유죄라는 말을 너무도 당연한 것으로 받아들이는 우리나라이기는 하지만, 그래도 '전 전 대통령 일가의 사수전'을 관전하면서 참으로 허무함을 절감한다. 비록 늦었지만, 사수전을 제발 철수하고, 마지막으로 전직 대통령으로서의 체면을 100분의 1이나마 세워 주기를 간절히 바란다.

이석기 사건과
종북주의 청산

 

2차 세계대전 이후 세계는 미국과 소련을 양대 축으로 하는 냉전체제가 형성되었다. 약 30년간의 냉전체제는 1980년대 중반 고르바초프가 소련의 실권자로 등장하면서부터 급격한 변화가 일어났다. 그의 페레스트로이카와 글라스노스트 정책은 성공적으로 적중했고, 그 영향으로 결국은 1989년 말 동서독 장벽이 무너졌다. 이로부터 소련을 위시한 사회주의 동구권은 해체되고, 그 국가들 모두가 새로운 번영의 길로 나아가고 있다.

중국도 예외는 아니었다. 고르바초프와 거의 동시대에 중국의 지도자가 된 등소평은 '흑묘백묘론'을 주창하여 급격한 경제발전을 이루어 내었다. 그 결과로 미국의 세계적 힘에 필적하는 제2인자의 위상을 자랑하고 있다.

또한 베트남도 1970년대 중반 비록 공산주의 승리로 전쟁을 끝내기는 했지만, 리버럴한 지도자의 출현과 전쟁의 상흔을 극복하는 강한 의지로 개발도상국으로는 괄목할 만한 경제발전을 이루어 내고 있다. 이 모든 것이 바로 사회주의 국가들의 폐쇄적 공산(共産)주의 경제정책의 현실적 한계를 보여준 대표적 사례들이다.

그런데 한반도의 북한은 아직도, 모두가 폐기한 그 공산주의 망령을 끌어안고 주민을 빈곤의 수렁 속으로 몰아가고 있다. 거기에다 일당 독재의 권력을 유지하기 위하여 무자비한 인권유린을 일상화하고 있다. 물론 이것이 김정은의 3대 세습을 가능하게 했던 것이기는 하지만. 그러니 북한의 미래는 불을 보듯 뻔하다.

무엇보다 한심한 것은 그러한 북한을 추종하는 광신자들이 있다는 사실이다. 그러한 집단이 이 대명천지의 대한민국에 진보정당이라는 이름으로 활동하고 있다. 아니 그러한 자가 대한민국국회의 국회의원이 되었고, 북한체제로의 혁명을 꾀하는 정치활동을 마치 합법적인 것처럼 하고 있다는 사실이다. 이것이 바로 '이석기 사건'이다.

2013년 8월 말 국정원이 이석기 사무실을 압수 수색을 하면서 그 실체가 드러나기 시작했다. 이석기는 북한 주체사상을 맹신하고, 대한민국을 전복하려는 NL(민족해방론) 이념의 광신자다. NL 이념은 1980년대 후반부터 전두환 군부정권에 저항하는 학생운동 이념으로 태동했으며, 주체사상에 기반하여 90년대 중반까지 한총련 학생운동의 핵심이념이었다.

이석기는 2003년 민혁당 사건으로 징역 2년 6개월을 선고받았다. 민혁당(민족민주혁명당)은 1992년에 결성되었으나, 2000년 반국가단체로 대법원 판결을 받았다. 그러나 이석기는 2003년 노무현 대통령 재임 시 5개월 만에 광복절 특사로 가석방되었고, 2005년 8월 다시 광복절 특사로 복권되었다. 그 이후 RO(혁명조직)까지 결성하여 국가변란을 목적하는 활동을 해 왔다.

통진당의 이석기, 김재연 등이 국회의원이 될 수 있었던 것은 한국 정치 특유의 무능함에 기인한다. 먼저 사이비 진보정권이 국가 정체성을 교란하는 범죄자를 사면·복권시킨 것이다. 둘째는 민주당의(적과도 동침하여 이기고 보자는) 야권연대로 정당득표를 가능하게 한 반지성적 정치행태를 들어야 한다.

무엇보다도 이석기와 김재연을 비롯한 통합진보당의 의원들은 실제 비례대표제도가 아니라면, 지역구 선거로서는 당선될 수 없는 사람들이다. 비례대표의 중요한 본질적 취지는, 지역구 선거로써는 충당할 수 없는 전문가들을 당의 지지율에 따라 배분하여 영입하는 것이다. 그러나 이 좋은 취지의 제도를 당 이기주의로 오용한다면 막을 길이 없다. 비례대표의 후보는 당내에서만 이루어지기 때문이다. 현 비례대표 후보선정은 당내 결정으로 국민의 여론이 반영될 수 없는 한계를 안고 있다. 이것이 이석기를 비롯한 6명이 통합진보당의 비례대표의원이 된 대표적 사례이다.

이러한 문제를 해결하는 새로운 대안이 반드시 나와야 한다. 비례대표의원 후보자의 검정과정을 국민에게 투명하게 공개하여 검정할 수 있도록 해야 한다. 국가안보와 관련된 범죄자에 대해서는 사면과 복권을 제한해야 한다. 사법적 처벌을 받은 인사에 대해서는 어떠한 경우에도 선출직 공직에 입후보할 수 없도록 해야 한다. 지난 총선에서의 민주당과 진보신당(현 정의당)의 정치공학적 무차별 연대의 반지성을 각성해야 한다. 무엇보다도 이석기 사건을 계기로 주사파, 종북주의의 정치인을 제명 처분하고, 그들의 발호를 막기 위하여 통진당을 해산하여야 한다. 그들에 대해서 더 이상 관용을 허해서는 안 된다. 이번이 대한민국의 정체성을 확립하는 마지막 계기가 되어야 한다.

- 2013/09/16 -

## 선거공약의
## 한계와 책임정치

　박근혜 정부의 복지정책에 대한 대선공약의 축소로 여야가 공방을 벌이고 있다. 특히 기초노령연금 지급의 불가피한 축소로 야당에서는 지키지 못할 공약(公約)에 대해 공약(空約)의 비판을 가하는 호기가 되고 있다. 야당에서는 급기야 대국민 사기극으로 극화시키며 예산전쟁을 불사할 것이라 으름장을 놓고 있는 실정이다. 대선 당시 당선을 목표로 하는 과열경쟁이 불러온 결과이다. 야당의 복지정책에 에스컬레이트(escalate)한 집권당의 무리한 공약은 무책임한 것이었다.

　이러한 현상은 현 정부의 책임뿐만 아니라 한국 정치와 선거문화의 비 이성과 비합리성의 결과라는 것을 볼 때, 야당과 모든 국민이 자성해야 할 과제이다. 이 시점에서는 책임 전가와 공방전으로 정치력을 낭비할 것이 아니라, 여야는 진정으로 국가와 국민을 위한 최선의 길이 무엇인가를 고민하고 연구하는 가운데 슬기롭게 극복하는 지혜를 모아야 할 때이다.

무릇 선출직 공직자는 선거와 당선이라는 과정을 통해서 특정임무를 부여받고 수행하게 된다. 그 임무는 당연히 국가와 사회발전에 기여하는 것이다. 그러기 위해서는 일차적으로 지역민이나 국민으로부터 선택되어야 한다. 물론 그 선택을 얻어내기 위해서는 지역민이나 국민의 이해관계를 가장 잘 반영할 수 있는 사업을 공약으로 내세운다.

그런데 문제는 늘 공약의 진정성과 현실성, 그리고 실현 가능성에 있다. 공약의 진정성은 특정정당이나 조직의 이상과 이념에 부합하는 것이어야 한다. 진정으로 국가와 지역을 위한 진실성이 담보되어야 하고 그로서 신뢰가 전제되어야 한다. 단순히 표를 얻고 당선이 되기 위한 것이 목적이 아니라, 공약의 목적 그 자체에 합리성이 내재해야 한다.

현실성은 현실적 이해관계를 반영하는 것은 당연하지만, 동시에 미래지향적 발전 가능성이 요구된다. 아무리 현실 적합성을 가지고 있다 하더라도 임시방편적이거나 현혹 적이거나 일시적 감성을 자극하는 것이어서는 안 된다. 나아가 유권자의 이성적 판단과 합리적 결정을 흐리게 하는 모호성과 왜곡은 금물이다.

또한 공약의 실현 가능성은 물론 유권자들이 판단하겠지만 보편적으로 다수의 유권자는 객관적으로 확연히 드러나는 것에 따라 판단하는 경우가 많다. 즉 공약 그 자체가 함의하고 있는 심의와 파장을 깊이 있게 분석하지는 못하는 경향이 있다. 공약이 특정 지역을 대상으로 할 경우에는 어느 정도 구체적 인식을 가능하게 하지만 국가적 차원에서는 명쾌한 판단을 한다는 것이 쉽지 않다.

특히 선거공약은 과장되거나 왜곡되는 비합리적 속성을 내포하고 있다. 수치로 표기되거나 추상적 이념의 내용들은 더욱 그렇다. 공간적으로 광범위한 영역에서는 더욱 추상적이 된다.

이러한 문제점을 보완하기 위하여 적어도 2000년대에 들면서부터 후보자에게 매니페스토 의무를 부과하여 선거공약의 구체성을 담아낼 수 있도록 하고 있다. 그동안 수많은 선거공약에 적용하려 노력했지만, 역시 진정성 없는 선거풍토로 선거만 끝나면 공약 후유증에 시달리곤 했다. 무엇보다도 정당과 후보자 스스로 진정성과 신뢰를 담보하지 않는다면 쉬운 일은 아니다.

공약을 지킨다는 것은 당연히 중요하다. 왜냐하면 바로 그것이 지표가 되어 당선이 되었기 때문이다. 그렇지만 어떠한 선거에서도 보편적으로 한두 가지 공약이 전적으로 결정적이지는 않다. 정당과 정당정책, 그리고 당시의 공약이 종합적으로 유효하게 국민의 선택을 움직이게 한다. 지난 대선도 결코 예외는 아니었다.

부풀려지거나 과장된 공약이 어떠한 이유로도 정당화될 수는 없지만 현실정치에서 수정되고 보완되어야 하는 것 또한 불가피한 경우도 있다. 공약이라고 하여 현실과 미래를 무시한 채 무리하게 무조건

지켜나가는 것만이 능사는 아니다. 적시된 문제가 있다면 그 잘 못을 정확하게 인식하고 시인하며 새로운 대안을 모색하는 것이 진정으로 국가와 국민을 위한 정치이다.

 이념과 이상이 완벽하다 할지라도 그것을 실현하는 인간은 완벽하지 못하여 실책으로 결과 될 수도 있다. 그 실책이 사기극으로 국민을 속이기 위하여 의도적으로 기획되지 않은 한, 현실정치에서 여야가 지혜롭게 풀어나가야 한다. 여당의 그러한 실책이 야당에게는 차기 집권의 기회가 될 수 있다. 그러나 정쟁으로 몰아 국론을 분열시키고 현 정부가 무너지기만을 기도하는 것은 차기 집권의 신뢰를 심어줄 수 없다. 이것이 책임정치의 묘다.

- 2013/09/29 -

## 우리는 거짓말
## 열차를 타고 있는가?

매년 10월이 되면 국회를 비롯한 정계는 가장 바쁠 때이다. 차기 연도 예산편성과 국정감사 등 중요한 일이 산적해 있다. 또한 올해는 새 정부가 출범한 지 8개월째 접어들어 공약과 정책들을 수행함에 있어 감시와 견제의 역할을 다해야 한다. 뿐만 아니라 규모가 크지는 않지만 재보궐선거가 있어 더욱 바쁠 수밖에 없다.

그럼에도 현금의 정계는 너무도 어수선하다. 야당은 한 달도 넘게 장외투쟁으로 국회가 아닌 거리에서 정쟁을 했다. 채동욱 검찰총장의 혼외자식 사건을 정치적으로 비화하면서 정치력을 소진했다. 또한 이석기 사건으로 이념논쟁을 벌이며 여야 간의 갈등은 극에 달했다. 이 소모적 정쟁과 공방을 바라보는 국민은 마치 거짓말 열차를 탄 것 같다. 이에 국민들은 대체 누구의 말을 믿어야 할지 혼란스럽기 짝이 없다.

거기에다 지난 대선 때부터 1년이 넘는 시간 동안 국정원 댓글 사건으로 정부와 여야가 정쟁만을 일삼았다. 이와 맞물려 있던 2007년 남북정상회담 대화록과 고 노무현 대통령의 NLL(북한계선) 포기발언에 대한 진위를 둘러싸고 끊임없는 공방전을 벌이고 있다. 이에 급기야는 회의록이 공개되고 국가기록원에 있어야 할 대통령의 기록물 존재 여부까지로 비화되었다. 이 문제를 두고 설전에 설전을 거듭하는 가운데 막말까지 쏟아내는 한국 정치는 참으로 가관이다.

채동욱 전 검찰총장의 거짓말에 이어 NLL 포기발언의 진위와 정상회담 대화록의 존재여부에, 당사자와 정치인들의 말이 전혀 아귀가 맞지 않아 또 누가 거짓말을 하는지 알 수가 없다. 직접 대화록을 관리했던 비서관의 말도 오락가락한다. 회의록이 왜 국가기록원에 넘어가지 않았나, 라는 질문에 '나도 모르겠다'고 답했다.

그중에서도 이 사실을 가장 잘 알고 있으리라는 당사자인 문재인 의원의 말도 오락가락하여 의혹을 더 하고 있다. '대화록은 있고 NLL 포기는 없다'라는 말만을 되풀이하고 있다.

대화록의 유무뿐만 아니라 대화록의 관리과정을 직접 관장했는지, 아니면 그 과정을 알고 하는 말인지 도대체 종잡을 수가 없다. 또한 이 문제를 수사하고 있는 검찰이 중간발표를 했지만, '의미 있는 차이'라는 표현으로 의혹만 더 증폭시켰다. 이에 대한 여야 간의 해석과 공방을 넘어 각 언론과 방송에서는 날마다 전문가를 모셔놓고 해석에 해석을 더하다 보니 온갖 추론과 답 없는 주장과 억측까지 나돌고 있다. 그러나 전문가들이나 당사자나 그 어느 누구도 속 시원한 결론을 내리지 못하는 가운데 국력만 낭비하고 있다.

지난 10일에는 NLL 포기발언과 대화록 존재 여부에 관한 한 남북 정상회담 당시 대통령비서실장으로 있었던 문재인 의원이 보내온 보도자료를 보면 참으로 유치하다. '검찰, 정치를 하지 말고 수사를 하라', '죄 없는 실무자 소환하지 말고 나를 소환하라'. 정치인이 정치를 냉소적으로 바라보는 시각은 버려야 한다. 이 문제는 실로 문재인 의원이 사건을 재점화한 당사자이다. 그러면서도 남의 일인 듯 방관하다가 이제야 자기가 말하면 모든 것이 해결될 것처럼 일성을 가하고 있다. 그렇다면 왜 더 일찍 진실을 밝히지 않았는가? 세상이 다 타가도록 불구경만 하다가 이제야 자기 한 사람이면 모든 문제가 해결될 수 있는 것처럼 말하는가?

검찰이 정치를 한다면 그러기 전에 자신이 진위를 밝히면 되는 것 아닌가? 당당한 것은 좋지만 마치 조직의 보스가 내리는 것 같은 위협적 어투는 놀랍다. 바로 지난해 대한민국 대통령 후보였고, 국민의 거의 반의 지지를 받았던 대단한 정치인으로서 그러한 방식으로밖에 접근하지 못한다는 것은 인격의 문제이다. 비록 지시에 의해서 행한 일이라도 실무자가 왜 책임이 없는가? '죄 없는 실무자'라는 표현은 너무도 무책임한 정치 발언이다.

국정감사가 시작되지만 이 문제는 국정감사에서도 뜨거운 감자가 될 수밖에 없을 것 같다. 차라리 이제는 검찰의 결과가 나올 때까지 기다리며 어려운 경제를 살리고 민생을 챙기기를 바란다.

이러한 정치 현실을 바라보고 있는 국민은 안타깝고 답답하다. 무엇보다도 우리의 정치에 과연 진정성이 있는가? 대체 우리는 누구의 말을 믿어야 하고 믿을 수 있는가? 우리는 이러한 의구심을 떨쳐버릴 수가 없다. 제발 이기심이나 당리당략적 정치는 좀 그만했으면 좋겠다. 제발 말로만 번드르르한 '말정치'는 그만하고, 좋은 정치, 국민을 위한 정치를 하겠다는 말을 행동으로 실천하는 '실천주의 정치'를 하자.

– 2013/10/14 –

## 북한호의
## 권력과 공포통치

2013년 12월 17일 북한은 김정일 사망 2주기 추모행사를 대대적으로 거행했다. 최룡해 총정치국장의 결의문은 김정은에 대한 충성맹세와 아울러 마치 출전용사들의 비장한 각오를 다지는 결의내용으로 채워졌다.

'어떤 평지풍파 속에서도 위대한 김정은 동지를 결사 보위하겠다.' 그리고 '우리 공화국을 군사적으로 압살하려는 날강도 미제와 남조선 괴뢰들의 책동이 극히 무모한 단계에서 감행되고 있다'며 '침략자들을 모조리 쓸어버리고 조국통일의 역사적 위업을 반드시 성취할 것' 이라고 강조했다.

거대한 추모대회의 분위기는 엄숙했지만 노동당 제1비서 김정은의 머리카락은 흐트러지고 초점 없는 눈의 시선으로 초췌한 모습이었다. 특히 행사 도중 비스듬히 앉은 자세가 피로감을 느끼게 했다. 북한 최고의 권력자가 그 거대한 충성맹세 장에서 의도적으로라도 영웅적이고 근엄한 모습을 취하지 못하는 것에는 분명히 그럴만한 이유가 있으리라 본다. 필자는 자신이 처한 현실에 대한 김정은 개인의 솔직한 심리와 감정을 자신도 모르게 보여준 것이 아니겠는가라는 해석을 해 본다.

먼저 장성택을 처형하긴 했지만, 아직도 김정은의 가슴엔 개운치 않은 여운이 있을 것이다. 무엇보다 장성택은 단순히 2인자의 권력자였을 뿐만 아니라, 세습 김 씨 일가의 최고의 어른이었다. 김경희 고모의 남편, 즉 고모부를 공개 처형했다는 사실은 심리적으로 쉬이 넘어갈 수 있는 것이 아니라 본다. 물론 과거 왕조시대에는 권력을 두고 형제끼리 사생하는 왕좌의 난도 있었지만 말이다.

장성택 숙청에는 수많은 죄목이 있었지만, 그것이 직접적인 원인이라고는 누구도 믿지 않는다는 것이다. 숙청은 오직 권력에 도전이 된다고 판단되거나 김정은 체제에 대한 비판이나 노선을 달리함으로써 걸림돌이 될 때이다. 장성택은 비록 가족관계이기는 하지만 이 세 가지가 동시에 작용했을 가능성이 크다. 그중에서도 장성택의 국가전복음모 시나리오에 이어, 특히 김정은이 가고자 하는 김씨 왕조와 코드가 맞지 않았을 가능성이다.

장성택은 북한경제를 살리고자 한 노력들이 엿보인다. 북한의 대외 경협을 추진해 왔고 북한의 경제특구건립을 주도해 왔다. 중국을 비롯한 아시아 국가들로부터의 투자유치를 추진하고자 했다. 2011년 8월에는 대규모 대표단을 이끌고 중국을 방문하여 후진타오 주석과 원자바오 총리를 접견했다. 여기서 장성택은 중국에 나선 특구의 부두건설권과 50년 사용권을 주선했다.

이러한 일련의 경제개발 행보는 상당한 정도의 개방정책이 전제되지 않고는 불가능한 일이다. 북한의 살길은 대외 경협과 개방이지만, 김정은 체제의 그 길은 바로 북한의 치부를 드러내는 것이기 때문에 북한은 살지만, 김정은 왕조체제는 몰락할 것이라는 것을 너무도 잘 알고 있다. 따라서 장성택은 북한을 위한 것이지 김정은 세습체제를 위한 것은 아니라는 결론에 도달한다.

2년 전 김정은이 권좌에 오를 때 이미 수많은 예측들이 있었다. 그중에서도 김정은이 유럽유학을 통해 경험한 서구 자본주의 사회의 풍요와 삶의 질을 생각한다면, 과거 어느 정도 개방적 정책을 펼칠 것이라는 것을, 비록 희망사항이었지만 예측하기도 했다. 그런데 그 예측은 결국 빗나갔다.

권좌에 오르고 보니 북한의 경제보다는 자신의 권력을 공고히 하는 것이 우선적이 될 수밖에 없었다. 권력에 기생하여 호의호식하는 측근들의 농간을 떨쳐버리지 못하고 20대 젊은이가 한 국가의 최고 권력자가 되었고, 권력 기생자들이 가져온 충성맹세로 김정은은 과거나 미래를 생각할 필요 없이 오직 권력의 단맛을 누리는 것에 흡족할 수밖에 없는가 보다.

　경제와 인민의 삶은 안중에도 없는 북한의 권력은 측근만을 챙기며 공포정치를 통해서만이 가능하다. 물론 그러한 권력이 얼마나 오래 갈지는 모르지만 말이다. 삐딱한 자세로 유일수령체제를 과시하고자 하는지 모르겠지만, 공포통치의 미래는 암담할 뿐이다.

　　　　　　　　　　　　　　　　- 2013/12/23 -

## 다난(多難)을 털고
## 신명나는 한 해가 되기를

2013년을 보내고 새해를 맞으면서 우리 모두는 자신을 비롯한 우리 모두의 세상살이가 좀 더 좋아지기를 기대해 본다. 지난 한 해도 예외 없이 다사다난했다. 우리 대한민국은 유사 이래 여성대통령의 정부가 출범하면서 참으로 많은 의미를 부여하며 새로운 변화를 기대하는 마음이 간절했다. 특히 다사(多事)하더라도 다난(多難)하지는 않기를 더욱 기대했는지도 모른다.

먼저 새 정부 출범과 동시에 원칙과 신뢰를 바탕으로 새로운 희망을 넘치게 했던 경제민주화와 창조경제, 그리고 일자리 창출이 그것이었다. 비록 위기적 세계 경제의 여파를 우리만 비켜갈 수는 없지만 그래도 새 정부의 창조경제에 희망을 가지고자 했다. 그런데도 우리의 기대를 그리 흡족하게 해주지는 못한 한 해였다는 아쉬움이 남는다.

시작부터 정부조직법과 인사난에 발목을 잡혀 반쪽정부라는 오명에 시달리기 시작했다. 시스템과 조직으로 움직이는 국정이 원칙을 세우지 못하고 있으니, 아무리 좋은 일도 제대로 진척이 될 리 없었다. 야당의 발목 잡는 검정도 그렇지만 큰 인물치고 도대체 도덕성을 갖춘 사람이 없다는 것은 어쩔 수 없었다.

5월이 되면서 박근혜 대통령은 세계 경제와 남북한의 문제 등을 새롭게 풀어나가기 위하여 세계최강 우방국인 미국을 방문하였다. 한미동맹 60주년의 새로운 강화, 북한 해법 등 외교적 성과는 대단했지만 윤창중 대변인의 성 추문 스캔들로 덜미가 잡혀 국제적 위신을 추락시키고 말았다.

국내에서는 국정원과 군 사이버사령부의 대선개입 댓글 사건으로 대선 불복이라는 위기까지 연출되었다. 거기에다 고 노무현 전 대통령의 남북정상회담 시 NLL(북방한계선) 포기여부 발언으로 정가는 잠잠할 날이 없이 여야 간은 치고 박는 극한대립을 빚었다. 급기야는 남북정상회담의 회의록 유무까지 번지면서 공방전으로 날을 세웠다.

다시 채동욱 검찰총장의 혼외자식 사건이 발발했다. 고위공직자의 도덕성에 대한 논쟁이 검찰총장 사퇴와 맞물려 사퇴압박논란으로 다시 정치쟁점화되었다. 정가는 한 치 앞도 안 보이는 캄캄한 터널에서 방향을 설정하지 못하고 설전에 설전만을 거듭했다.

설상가상으로 통합진보당의 이석기 의원이 NL(민족해방) 이념의 신봉자로서 RO(혁명조직)를 결성하여 국가전복을 도모한 사실이 드러나 정가는 또다시 이념논쟁을 벌였다. 이석기는 사무실의 압수수색을 거쳐 결국은 구속되었고 법적 심판에 계류 중이다. 더하여 국회에서는 통합진보당의 경선 부정선거로 이석기, 김재연 의원의 제명처분까지 논쟁거리가 되었다. 나아가 통합진보당은 민주질서를 위협하는 정당으로써 정당 해산까지 거론되고 있는 실정이다.

이렇게 혼란스런 와중에 연말이 되면서 철도노조파업사태가 극단으로 치달았다. 수서발 KTX의 면허발급과 관련 민영화에 대한 반대를 주장하며, 민영화는 없을 것이라는 정부의 확고한 입장표명에도 불신의 골은 깊어갔다. 민주노총의 파업에 야당까지 가세하면서 정부정책에 대립각을 세웠다.

코레일 파업으로 교통대란은 피할 수 없었고, 정부는 비상대책을 강구하기에 급급했다. 특히 이 파업으로 연말 관광특수를 기대했던 서민들은 울상이 되었고, 물류유통의 중단사태가 벌어지면서 가뜩이나 어려운 경제에 특정 기업은 엄청난 손실을 입을 수밖에 없는 비극이 연출되었다. 다행히도 정부의 강력한 원칙적 대응으로 파업은 막을 내렸고, 근로자들은 현장으로 복귀했지만 갈등의 씨앗은 여전히 남아 넘어야 할 산이 높다.

이 많은 사건들도 시간이 지나면서 차츰 잊혀져가기는 하지만, 아직도 많은 문제들이 미해결상태로 해를 넘기고 새해를 맞았다. 대망으로 출범한 새 정부는 경제민주화 창조경제와 일자리 창출을 통해 국민 행복의 시대를 열어가고자 했지만 도무지 민생을 챙길 틈이 없었다.

새해가 되면서 만나는 사람마다 '새해 복 많이 받으세요'라는 덕담을 나누기는 하지만, 생각하면 새해에는 또 어떤 일들이 일어날지 두렵기조차 하다. 그래도 박근혜 정부 2년 차에는 다난(多難)을 털고 창조경제와 일자리 창출로 신명나는 한 해가 되기를 기대한다.

- 2014/01/06 -

## 87헌법의
## 태생적 한계와 개헌

대한민국 헌정 이래 9번이나 개헌을 했지만, 마지막 9차 개헌 이전은 권력을 유지하거나 연장하기 위한 과정이었다. 개헌 때마다 명분은 있었지만 결국은 독재, 군부독재, 유신, 다시 군부쿠데타독재의 권력기반을 공고히 하기 위한 수단에 불과했다. 단지 1987년 마지막 9차 개헌은 대통령선출 간선제를 직선제로 바꾸는 것에 초점이 맞추어졌다. 이것이 군부독재를 종식시킬 수 있는 유일한 방법이었고, 민주화를 실현하는 중대한 정치개혁이었다.

9차 개헌은 대통령직선제와 7년 단임제를 5년 단임제로 바꾸는 것이 골자였다. 장기집권의 폐해를 염두에 두고 간신히 임기를 2년 단축시키는 선이었다. 장기집권과 군부독재로부터 벗어나고자 하는 진일보한 개헌이기는 했지만, 과도기적 임시방편적 개헌이었으며 많은 선진 민주국들이 지향하고 있는 제도와 비교할 때 너무도 미흡한 헌법이었다.

12.12쿠데타와 5.18민주항쟁 진압을 업고 탈취한 전두환 정권은 퇴임 후 자신을 담보할 후계가 필요했다. 그러나 기존의 대통령간선제가 아닌, 직선제로서는 자신을 비호해 줄 정권연장이 불가능하다는 것은 너무도 잘 알고 있었다. 그럼에도 국민의 민주화에 대한 열망과 군부독재에 대한 저항으로 개헌을 수용하는 것은 불가피했다.

5공화국 정권의 이 위기를 기회로 만들어준 것은 바로 3김의 대통령병이었다. 3김의 직선제 개헌과 민주화는 명분에 불과했고 모두 자기가 대통령이 되고자 하는 중증환자였다. 전두환 정권과 노태우는 이러한 야당의 분열을 간파했다. 비록 직선제가 된다 하더라도 야당이 최소한 양 김(김대중/김영삼)으로 분열된다면 군부정권의 승리가 가능할 것이라 믿고 싶었다.

이러한 야권분열에 대한 기대와 확신은 한편으로 구름 위를 걷는 것처럼 좀은 불안한 것이기는 했다. 왜냐하면 1986년 7월에 민추협 공개회견에서 양 김은 '두 사람의 단합을 염원하는 국민의 뜻을 우리는 결코 어기지 않을 것'을 천명하면서 4가지 약속을 공표했다. '우리는 어떠한 경우에도 단합하며, 민주화가 될 때까지 그리고 그 이후에도 협력하며, 표 대결로써 싸우지 않을 것이며, 마지막으로 80년과 같은 우매한 짓을 하지 않으며, 국민을 위해 어떠한 희생도 감수한다'는 것을 밝혔다.

또한 11월에 김대중은 '대통령직선제 개헌이 되면 사면 · 복권이 되더라도 대통령선거에 나서지 않겠다'라는 것을 다시 한 번 더 강조했다.

전두환 정권은 1987년 6.10항쟁으로 6.29선언에서 직선제 개헌을 수용할 수밖에 없었다. 직선제로는 정권을 연장할 수 없다는 것을 알고 있었지만, 군부정권에 대한 저항과 민주화에 대한 학생운동과 국민의 열망을 더 이상 거스를 수 없는 한계에 봉착한 것도 사실이다. 그러나 그들은 한 가닥 희망을 버리지 않았다. 김대중을 사면·복권만 시켜준다면 양 김은 분명히 다시 싸울 것이라는 희망과 기대였다. 전두환 정권의 정세판단과 양 김에 대한 심리분석과 예견은 정확하게 맞아 떨어졌다. 결국은 양 김에 김종필까지 더하여 3김으로 분열되어 노태우 후보는 어부지리로 대통령이 되었다.

이처럼 1987년 직선제 개헌으로 모처럼 민주적으로 대선을 치렀지만 결국은 군부정권의 연장으로 끝났다. 군부독재 정권 종식이라는 국민의 여망은 물거품이 되었다. 이것은 바로 제도만 바뀐다고 군부독재가 종식되거나 민주화가 달성된다는 것이 아니라는 것을 여실히 증명해 주는 역사적 사실이다. 즉 정치인이나 국민 모두가 민주화에 대한 진정한 의식이 깨어있지 않으면 안 된다는 사실이다.

민주정치에 대한 신념과 실천 의지가 중요하지만 제도 또한 시대적 변화에 맞추어져야 한다. 특히 권력구조에서 대통령 5년 단임제는 독재와 장기집권의 위협에는 기능적이었지만, 국정의 책임성 결여로 권력유지와 부정부패의 온상이 되었다. 정치는 권력을 유지하기 위하여 정쟁만을 일삼는다. 국책사업이 표류하고 장기정책은 일관성과 연속성이 없어 효율성 저하와 자원낭비의 문제가 심각하다. 이러한 문제를 최소화하기 위하여 대통령 임기를 4년 중임제로 개헌하는 것이 필요하다.

- 2014/01/20 -

## 선거로 날 새는 나라

　민주주의 국가는 법치주의, 대의(代議)주의를 기본이념으로 국정을 수행한다. 특히 대의주의는 지도자를 선출하는 선거라는 과정을 통해서 실현된다. 그래서 선거는 민주주의의 꽃이라고도 한다. 그렇지만 국가와 각 단체의 수장을 선출하는 선거에는 복잡한 절차와 많은 사회적 비용을 들여야 한다. 물론 이 비용은 국민의 세금으로 충당된다. 따라서 선거는 필요에 따라서 법치주의 원칙에 의해 효율적으로 치러져야 한다.

　그런데 우리나라는 너무도 잦은 선거로 인해 국민의 혈세가 낭비되고 행정력이 소모되고 있다. 6월 지방선거로 벌써 연초부터 술렁이고, 7월과 10월에도 재·보궐선거가 치러진다. 정기적으로는 대통령선거가 5년, 국회의원선거가 4년, 그리고 지방선거는 4년마다 실시된다. 이 3가지 선거가 다 동시에 이루어지는 것이 아니라서 적어도 2년 만에 한 번씩은 선거를 치르게 된다. 대통령선거를 제외하더라도 총선거와 지방선거를 통합하여 동시에 치를 수 있다면 더 효율적이겠지만, 이보다도 문제가 되는 것은 바로 매년 두 번씩이나(4월과 10월) 실시되는 재·보궐선거이다.

재선거는 당선인의 선거법 위반 등으로 당선무효형 판결을 받을 경우 불공정선거로 당선을 무효화시키거나, 당선인이 임기개시 전에 사퇴·사망하거나, 피선거권이 없게 된 때 등에 따라 다시 선거를 치르는 선거이다. 보궐선거는 선거에 의해 선출된 의원, 단체장 등이 임기 중 사퇴, 사망, 실형 선고 등으로 인해 그 직위를 잃어 공석 상태가 되는 경우, 이 궐위(闕位)를 메우기 위해 치러진다. 재선거와 달리 법원으로부터의 당선무효판결이 없이 의원이나 단체장이 사퇴한 경우가 이에 해당한다.

사실 이 두 가지 선거 중에도 불가피한 사유로 치러지는 보궐선거보다도 선거법 위반과 관련된 부정과 부패로 인한 재선거에 문제가 있다. 2003년부터 약 10년간에 실시된 재선거는 총 147건이나 된다. 이 가운데 기초단체장 재·보궐선거가 99회로 국회의원 재보선보다 배 이상이나 된다. 2002년 이후 11년간 재·보궐선거에 든 비용만 560억 1,743만 원이었다. 여기에다 시·구·군 의원 재·보궐선거까지 포함하면 더욱 많아진다.

재·보궐선거는 대체로 당선자의 선거 및 정치자금법 위반뿐만 아니라 뇌물수수 등 개인 비리로 중형을 선고받은 경우이다. 당선되자

마자 재판준비로 업무를 수행하지 못하고 파행적이 될 수밖에 없다. 그리고 정규선거나 재·보궐선거를 통해 다른 공직 선거에 출마해 한 단계 높은 직위를 갈아타려고 임기만료 전 중도에서 사퇴하는 의원들 때문에 치러지는 경우이다. 이 또한 심각한 문제로 인식해야 한다.

이러한 선거 폐해를 방지하기 위하여 2013년 7월에 민주당 박완주 국회의원(천안을)이 '공직선거법 일부 개정 법률안'을 발의하여 재·보궐선거 원인 제공자와 소속정당이 선거비용을 부담하도록 하였다. 임기 중 사퇴하고 다른 공직 선거후보자로 등록할 경우 이전 선거에서 보전받은 기탁금 및 선거비용을 반환하거나, 그렇지 않을 경우 후보자등록을 할 수 없도록 했다. 그러나 이것마저도 아직 실현되지 못하고 있다.

오는 6.4지방선거에도 현역 국회의원들이 광역자치단체장 후보로 거론되고 출마준비를 하는 의원들이 20명 이상이나 된다고 한다. 국회의원들의 중도 줄사퇴가 잇따를 것으로 예상되고 있다. 이렇게 되면 6월 지방선거 1달여 뒤 치러질 7월 재·보궐선거도 보통 큰 판이 아닐 것이다. 10월에 또 재·보궐선거가 있다면 올 한 해는 선거판만 벌이다 끝날 것 같다.

이러한 선거 폐해를 막으려면 제도적 장치를 마련해야 한다. 당선무효형의 비리연루자는 공직진출을 영구적으로 봉쇄하고, 임기 중 다른 공직 선거를 위한 중도사퇴를 단순히 금전적으로만 제동을 걸

것이 아니라 제도적으로 아예 불가능하게 하는 것이다. 효율성을 위해 선거를 통합하는 제도도 필요하다. 이것은 전적으로 법을 제정하는 국회의원의 몫이다.

- 2014/02/17 -

## 재벌기업의 수난(受難)

2008년 미국발 금융위기는 유럽으로 이어지면서 결국은 세계경제 위기를 촉발했다. 이 경제독감 바이러스는 갖은 처방을 다 하고 있지만 5~6년이 지난 지금에도 크게 호전되지 못하고 있다. 세계의 모든 나라가 역사상 그 어느 때보다도 위기경제문제를 극복하는 것을 지도자와 국가의 소명으로 인식하고 있다.

우리나라도 결코 예외가 아닌 것은 사실이다. 총력을 다해 경제민주화와 창조경제에 매진하고 있다. 그럼에도 우리의 재벌기업은 재벌총수의 사사로운 이익 챙기기에 급급하고 비리의 오명에 시달리고 있다.

2014년 2월 27일 대법원은 회사공금 465억 원을 횡령한 혐의(특정경제범죄가중처벌법상 횡령)로 기소된 SK그룹 최태원 회장에게 징역 4년, 최재원 수석부회장에게 3년 6개월의 실형을 선고했다. 재벌기업에는 물론 전문경영인이 중요한 역할을 하고는 있지만, 한국의 기업문화의 특성상 재벌총수의 경영방식이 절대적 영향을 미친다. 더욱이 재벌총수가 중형의 실형 선고를 받은 상황에서 기업의 정상적 경영을 기대하기란 어려울 것이다.

대법원의 판결은 '최 회장 측이 김원홍 전 SK해운 고문이 범행을 주도했을 뿐 자신들은 몰랐다고 주장하고 있지만, 펀드출자과정과 자금지급 정황으로 미루어볼 때 횡령범행의 공모가 이정된다'고 최 회장 측 상고를 기각했다.

이로써 대법원은 대기업비리에 대하여 더 이상 관용을 베풀지 않겠다는 의지를 보여주었다. '재계 서열 3위인 SK그룹 회장인 최태원, 부회장인 최재원이 그룹계열사의 자금을 사적인 이익을 위하여 유용한 행위 등에 대하여 엄정한 책임을 물었다는 점에서 의의가 있음'이라고 판결의 의의를 밝혔다. 또한 '현존하는 재벌그룹 회장에 대하여 실형이 확정된 사안이라는 점에서도 의의가 있음'을 강조했다.

재벌총수가 법정구속과 재판을 받는 경우가 비일비재한 우리의 경험에서 보면 기업의 경영 공백과 경영 차질은 너무도 자명한 일이다. 그럼에도 국가 경제에 끼칠 위험을 부각시키면서 지금까지는 늘 솜방망이 처벌을 해 왔다. 특히 대기업의 비리가 터질 때마다 국가 경제에 끼친 공로를 운운하며 비호해 왔던 것이다. 하여 유전무죄 무전유죄라는 국민들의 불만은 법치주의를 뒤흔든 불평등사회구조에 실의를 금할 수가 없었다.

 이번 판결의 가장 중요한 의미는 대기업의 잘못된 관행을 깬 것이다. 이에는 현 정부의 특별사면원칙이 잘 작용했다고 본다. 박근혜 정부는 특별사면을 단행함에 있어서 정치인과 기업인 등 사회지도층 인사는 배제하고자 했다. 이러한 대통령의 원칙과 소신에 대한 강한 의지를 모든 국민이 칭송했다.

 우리나라 재벌총수의 횡령·배임 범죄를 열거한다면 끝도 없다. 과거 수십 년을 되돌아보지 않더라도 지난 2월 11일 구자원 LIG그룹 회장은 사기 등 혐의로 징역 3년, 집행유예 5년을 선고받았고(상고), 김승연 한화그룹 회장은 횡령 및 배임 혐의로 징역 3년 집행유예 5년 확정, 2월 14일 이재현 CJ그룹 회장 횡령 및 조세포탈 혐의로 징역 4년(항소)의 실형을 선고받았다. 이외에도 동양그룹, 웅진그룹 등 많은 기업들이 경영부실 등으로 법정관리에 들어가 있다. 그래서 가히 재벌의 수난시대라 할 만하다. 한편 이로 인해 경제위기가 닥치지 않을까 하는 우려도 적지 않다.

 이쯤에서 우리는 미국의 포브스(Forbes) 400을 떠올리지 않을 수 없다. 미국은 1982년부터 매년 미국의 400대 부자를 선정·발표하고 있다. 지금까지 미국의 부자들은 대부분 자수성가한 유형이다. 그들은 직업윤리와 경제 윤리관이 투철하다는 평을 받고 있다. 존경과 사표로써 칭송받는 기업인들이다. 그들의 부는 지금까지도 유산으로 승계하기보다는 사회에 환원하여 국가기반의 기초가 되고 있다.

그 대신 우리나라의 현재 재벌은 자수성가보다는 거의가 유산에 의해 형성된 부이다. 주식증여나 유산도 정상적으로 이루어지는 것이 아니라 법망을 교묘히 피하거나, 세금포탈을 위한 수단과 방법을 가리지 않는다. 그들은 부의 축적과 대물림을 위해서는 도덕과 윤리, 그리고 양심을 상실한 지 이미 오래인 것 같다. 이 수난을 마지막 계기로 기업인의 도덕성과 윤리관을 회복하고, 전문경영인을 통해 정의경영의 정신으로 새롭게 태어나기를 바란다. 환골탈태하자.

- 2014/03/03 -

## 변화와 창조

2008년 미국의 대선 당시, 민주당 버락 오바마 대통령 후보가 내건 슬로건은 변화(change)였다. 오바마 후보는 'change'가 쓰인 작은 피켓의 물결에 의해 당선이 되었다. 아마도 바로 그것이 변화이고 새로운 것을 창조하는 힘이었다고 믿는다. 우리나라의 선거 때마다 화려하고 거대한 슬로건이 온 나라를 뒤덮는 것과는 다른 소박함과 단순명쾌한 키워드였다.

민주당의 승리는 8년간의 공화당 정치가 더 이상 새로운 것을 보여주지 못하고 결국은 경제위기를 초래한 부시 정부에 대한 심판이었다. 보수가 안주하는 가운데 나타난 사회 전반의 정체현상으로 한계를 드러낼 때 새로운 변화와 활력을 요구하는 미국국민들의 의지를 오바마는 확실하게 인식하였다. 그러한 현실을 가장 정확하게 읽은 민주당 오바마 후보의 캐치프레이즈 'change'는 주효했다.

2012년 대한민국의 18대 대선에서도 여야를 막론하고 한국사회의 변화를 절실히 요구했다. 야당에서는 정권교체라는 변화를 요구한 반면, 여당의 박근혜 후보는 정치, 경제, 사회 등에서 부정과 부패, 불법과 탈법, 만연한 비정상적 관행 등 모든 면에서 새로운 변화를 일으켜야 한다는 것이 절체절명의 과제로 부각시켰다. 이러한 변화는 정권교체로써만 가능한 것이 아니라 최고지도자의 정치철학과 도덕성, 그리고 확고한 사명감으로 가능한 것임을 확신했다.

특히 세계경제위기가 아직 회복되지 않은 상황이기는 하지만, 전반적으로 경제위축과 연결된 경제 활성화, 일자리, 복지 등 제반 사회적 문제는 바로 경제제도와 운용, 그리고 활성화 방안에 초점이 맞추어졌다. 키워드는 바로 경제민주화와 창조경제, 그리고 새로운 일자리 창출이었고, 이를 위한 사회 구조적 변화와 의식구조의 변화라는 새로운 변화가 요구되는 시점이었다.

이러한 변화의 여망에 따라 박근혜 정부가 출범하여 1년이 지나고 있다. 이 변화의 핵심은 창조경제에 있다. 창조경제의 궁극적 목표는 단순히 먹고사는 수준이 아니라 모두가 행복한 삶을 누리는 것이다. 물론 이 거대한 목표가 하루아침에, 1년이라는 짧은 시간에 달성될 수 있는 것은 아니다. 대통령의 의지가 아무리 강하고 확실하다 하더라도 정치 · 경제계나 그리고 관료계나, 국민의 의식에 점진적으로 변화가 일어나야 하기 때문이다.

창조경제에 이어 정치, 경제, 사회, 문화 등 사회 전반에 의식창조라는 변화가 일어나야 한다. 이념이나 정쟁을 떠나 정의나 옳음에 대한 가치의식, 그것을 실현하려는 실천 의지, 그리고 행동으로 이어가는 변화가 바로 창조로 나타나게 된다. 비록 누구나 말할 수 있는 원론적 논리이지만, 이러한 원론의 진실을 통감하지 못한다면 변화는 불가능하고 어떠한 창조도 불가능하다.

변화와 창조 정신을 바탕으로 국민 행복시대를 열어가고자 하는 정부의 정책이나 시책이 문제가 있다면 비판하고 보완책을 강구해야 한다. 단지 사사로운 감정이나 이념과 정쟁으로 발목을 잡는다면 어떠한 좋은 정책도 시행해 보지도 못하는 우를 범할 수밖에 없다.

박근혜 정부에 대한 1년간의 평가가 다양한 각도에서 내려지고 있는 가운데, 또 하나의 새로운 변화로 기획한 경제혁신 3개년 계획의 실현으로 진정한 국민 행복의 시대를 열어야 한다. 박 대통령은 지난 3월 10일 청와대 수석비서관회의에서는 불필요한 형식적 규제를 암덩어리에 비유했다. 이러한 규제를 운명적 책임의식하에 사생결단의 의지와 진돗개 정신으로 강력히 혁파하여 국가의 명운이 달린 창조경제의 활로를 열어갈 것을 단호히 주문했다.

우리 국민은 이제 발전을 역행하는 변화가 아니라 발전을 거듭하는 가치와 의식의 변화를 향한 강한 의지로 스스로의 국민 행복

추구의 열정을 다해야 한다. 이러한 변화만이 미래요, 희망이요,
창조의 길이다.

– 2014/03/17 –

아버지와 딸
대통령의 독일방문 의미


2014년 3월 26일 박근혜 대통령이 독일을 방문했다. 아버지 박정희 대통령이 1964년 12월 11일 독일을 방문한 지 50년 만에 딸이 대통령이 되어 다시 독일을 방문했다.

박정희 대통령이 그 당시 독일을 방문한 목적은 1961년 5.16쿠데타로 대통령이 되어 한국의 경제를 살리기 위하여 원조를 요청하기 위해서였다. 당시 동남아국가들의 독립과 자립을 요구하는 가운데 많은 나라들이 가난과 독재정권에 시달리고 있었다. 이러한 정세 하에 특히 미국의 케네디 대통령은 한국의 쿠데타가 성공하면 동남아 국가들의 민주화는 요원하다는 우려를 가지고 있었다.

한국은 독립과 6·25 이후 미국의 마샬플랜 원조를 받아왔지만, 쿠데타로 집권한 한국의 성공을 내심 바라지 않았다. 그럼에도 박정희 대통령은 미국을 방문하여 원조를 요청했지만 문전박대를 받고 빈손으로 돌아왔다. 오히려 경제원조가 끊어졌다.

박정희 대통령은 그 당시 미국 다음으로 경제 대국이 된 독일로부터 경제원조를 요청할 것을 기획하였다. 독일은 2차 세계대전 후 동서로 분단이 되고, 한국은 남북으로 분단이 된 나라였다. 분단의 배경은 달랐지만 어쨌든 분단국가라는 아픔을 공유한 유대감을 부여하면서 독일의 도움을 기대했다. 그러나 독일도 만만치 않았다. 한편 미국은 독일에게 한국을 도우지 못하도록 압박을 가하기도 했다고 한다.

그럼에도 박정희 대통령은 외교단을 독일에 보내 당시 독일의 경제장관인 루드비히 에어하르드(L. Erhard) 장관을 만나 원조를 성사시키도록 하였다. 장관은 만나주지 않았지만 우리 외교단은 대사관에 머물면서 이것을 성사시키지 못하면 한국으로 돌아가지 않겠다는 각오로 호소의 날을 보냈다. 그 결과 독일 경제차관은 3천만 불 상업차관에 대한 지급보증을 요구했다. 그렇지만 그 어느 곳으로부터도 지급보증을 받을 수가 없었다,

당시 그 외교단에는 독일에서 경제학 박사학위를 취득하고 중앙대학교에 교수로 재직하고 있었던 백영훈 박사가 통역관으로 대동하고 있었다. 전하는 바에 따르면 백 박사의 독일인 대학친구가 그 당시 노동부에 과장으로 있으면서 이러한 사실을 전해 듣고 대사관을 찾아와 안을 내었다고 한다. 독일은 지금 광부와 간호사가 필요하니 한국에서 근로자를 보내주면 그 월급을 담보로 차관을 줄 수 있을 것이

라 했다. 이로써 광부 5,000명과 간호사 2,000명을 보내겠다는 조건으로 차관이 성사되었다. 1963년 12월 22일 처음으로 광부 300명을 파독하게 되었다.

드디어 1964년 박정희 대통령은 서독방문을 기획했다. 하지만 타고 갈 비행기가 없었다. 하여 서독과 교섭을 한 가운데 독일의 민간 항공기를 타고 서독으로 갔다. 60년대 초 서독의 경제장관이었던 에어하르드가 아데나우어(K. Adenauer) 초대수상에 이어 독일의 수상이 되어 있었다. 박정희 대통령은 대통령으로서의 지위도 잊은 채 에어하르드 수상에게 눈물을 흘리며 도움을 요청했다. 그리고 이튿날 파독 광부들을 위한 격려방문 자리는 눈물의 바다가 되었다고 한다.

2014년 3월 26일 박근혜 대통령은 50년 전 아버지 박정희 대통령의 발자취를 따라 독일 베를린에서 요아힘 가우크(J. Gauk) 대통령과의 회담에 이어 독일의 앙겔라 메르켈(A. Merkel) 총리와도 회담 및 만찬을 통해 양국 간 교역·투자 및 통일분야의 실질협력과 확대방안을 협의했다.

이번 독일방문은 50년 전 아버지와는 다른 특별한 의미가 있다. 아버지의 독일방문이 한국의 산업화를 가속화한 것이라면, 딸의 독일방문은 25년 전 분단 40년 만에 통일을 이룬 독일의 교훈을 상기하고, 한반도 통일의 구상과 협력을 통하여 '통일 대박'을 이루어 내는 것이다.

20세기 중반 냉전의 종식과 동서화해, 그리고 독일통일의 역사적 상징성을 가지고 있는 통독의 문 베를린 브란덴부르크를 방문하여 한반도 분단의 아픔을 절실하게 떠올렸다. 동시에 통일의 의지를 새롭게 하고 메르켈 총리의 지원과 독일통일을 모델 삼아 통일 한국의 비전과 한반도의 통일을 이끌어 내야 한다. 이로써 독일통일의 행운과 대박이 한반도에 반드시 이루어지기를 기대한다.

- 2014/03/31 -

안철수 새 정치의
4전 4패(四戰四敗)

　　2014년 6.4지방선거를 앞두고 새정치민주연합의 새 정치 이슈로 내
걸었던 기초선거 무공천이 당원투표와 여론조사에 의해 철회되었다.
투표가 끝나자마자 각 언론에서는 전문가를 모시고 새정치민주연합
의 공동대표인 안철수 대표의 앞으로의 거취에 관심이 쏠려 있었다.
선거결과에 대한 새정치민주연합의 입장표명 기자회견이 있기 동안
의 다양한 평론에 따르면 안철수의 길은 크게 한 가지로 예단 되었
다. 이번 당원투표는 안철수의 새 정치에 대한 신임을 물은 것이며,
그 결과는 불신임이었다. 그렇다면 안철수 대표는 책임을 지고 대표
직을 사임할 것이다. 이로써 안철수 표 새 정치 비전이 타격을 받았
다 할지라도 백의종군과 새 정치의 길을 새롭게 모색하는 것이 바람
직하다고 안타까운 평론을 내놓았다.

　　이러한 예견을 한 많은 전문평론가들의 입장은 한국 정치에 대한
실망으로 부상한 안철수 현상이 아직도 유효하다는 것이었다, 그것

을 살릴 수 있는 정치인은 역시 안철수밖에 없다고 믿고 싶은 한 가닥 희망의 표출이었다고 할 것이다.

전문평론가들의 예견에 반해 기자회견에서는 전혀 다른 결과를 발표했다. 안철수 대표는 정당의 후보공천에 대한 폐해와 문제점만을 지적했다. 약속을 지키는 것을 새 정치의 상징인양 과신했던 자신의 패배에도 불구하고, 약속을 지키지 않은 대통령과 새누리당에 책임을 전가시켰다. 정당의 후보공천 폐해는 제도의 문제가 아님을 모르는 궁색한 변명이었다. 결국은 정치 9단들의 현실정치 설득에 패기 한번 부려보지 못하고 그리도 증오하던 구정치에 빨려들고 말았다. 오호통재라.

제1야당 대표의 위용 자리를 떨치지 못했다. 진퇴양난의 처지에서 가까스로 명분을 수습한 모습이었다. 마지막 땀 한 방울을 운운하며 6.4지방선거에 앞장서 승리하는 선거의 선봉장이 되겠다는 각오를 피력했다. 새 정치가 죽어도 권좌를 과감히 떨치지 못하여 누구나 하는 말이다.

이런 결과를 접하면서 우리는 더 이상 새 정치를 기대하기 어렵다는 결론을 내릴 수밖에 없는 씁쓸한 심정이다. 새 정치의 기대는 실종되었다. 물론 지금까지 안철수 대표는 새 정치가 무엇인지를 구체적으로 보여주지도 못했다. 너무도 실망스러운 한국의 구태정치에 염증을 느낀 국민들은 그래도 새 정치를 구현해 줄 누군가를 기다리고 있는 것만은 사실이었다. 그 사람이 지금까지 안철수 의원이었고 그렇게 해 주기를 간절히 바라고 있었다.

안철수 대표는 그간 새 정치에 대한 희망도 심어 주었다. 2011년 혜성처럼, 마치 한국 정치에 새로운 선풍을 불러일으킬 메시아처럼 부상한 안철수는 희망 그 자체기도 했다. 기대가 크면 실망도 크다는 말이 있지만, 그럼에도 지금까지 우리는 4번이나 실망을 했다.

먼저 2011년 10월 서울시장 보궐선거가 있을 무렵 서울시장에 출마하여 무언가 새로운 정치 바람을 일으켜줄 것을 기대했지만, 결국은 박원순 후보에게 양보했다. 그때는 양보의 미덕을 생각했다. 두 번째로는 2012년 대선후보로 부상했지만, 이 또한 민주당 문재인 후보로부터 밀려나 엉거주춤한 조력자로 남아 우리를 실망케 했다. 세 번째로는 2014년 이제는 독자 창당을 통해 작지만 새 정치의 희망을 심어줄 표상이 되기를 기대했다. 결국은 당명은 바뀌었지만 민주당으로 들어가는 현실정치의 한계를 드러내며 새 정치에 대한 기대를 저버렸다.

호랑이를 잡으려면 호랑이 굴로 들어가야 한다는 목소리로 떠들썩했지만, 그것은 힘없는 자의 살아남기 위한 명분에 불과했다. 민주당은 역시 호랑이였고, 힘을 키우기 위해 토끼를 한번 등에 업어준 꼴이 되었다. 위기에 처한 민주당으로써는 새 정치라는 표상의 안철수를 끌어들이는 것이 결코 손해 볼 것이 없는 꽃놀이패를 민주당은 마다할 이유가 없었다.

　어쨌든 새정치민주연합이라는 당명으로 공동대표가 되었고, 이제 무언가를 보여줄 때가 왔다고 판단하고 기초선거 무공천의 카드로 승부를 내걸었지만, 실패작이 되고 말았다. 역시 안철수의 새 정치 힘은 역부족이었고, 새 정치의 표상 안철수는 구태정치에 매몰되고 말았다. 새 정치의 희망을 버릴 수는 없지만 안철수의 소탐대실과 4전4패(四戰四敗)로 인해 새 정치는 무력해졌고, 칠전팔기(七顛八起)를 기다리기에는 너무 지쳐버린 것 같다.

- 2014/04/14 -

전과자들의
공직진출을 막아야 한다

5월 22일부터 6.4지방선거 운동이 시작되었다. 후보들 대다수가
요란한 율동이 없는 조용한 선거운동을 표방하고 있다. 한편 신진후
보들은 과거의 선거 열기가 아쉬운 듯 답답해하고 있는 것 같다. 유
권자의 입장에서는 세월호 참사의 여파로 인한 조용한 선거운동을
다행스럽게 생각한다. 이번 6.4지방선거가 우리의 감성적 선거문화
를 이성적 선거문화로 바꾸는 혁명적 계기가 되었으면 한다.

6.4지방선거에 출마한 후보들 모두가 나름대로 훌륭한 인물임을
자부하겠지만, 그중에 40%에 달하는 후보들이 전과자라는 통계가
나왔다. 공직 후보자는 누구보다도 도덕성에 하자가 없어야 한다.
법치가 정의인 사회에서는 아무리 억울한 사정이 있었다 할지라도
법적 판결을 부정해서는 안 된다. 특히 특정 인물들은 전과기록을 오
히려 별을 단 영웅처럼 행세하는 것을 결코 용인해서는 안 된다.

이번 선거는 광역단체장 17명, 교육감 17명, 기초단체장 226명, 광역의원 789명, 기초의원 2,898명, 제주특별자치도 교육의원 5명으로 총 3,952명을 선출한다. 이 자리에 출사표를 던진 후보자는 총 8,994명이다. 그런데 법치국가의 정의에 반하여 벌금과 형을 받은 전과기록이 있는 후보가 무려 3,579명으로 전체의 40%에 이른다는 사실이다. 후보 10명 중 4명이 전과자라는 것은 충격적이지 않을 수 없다. 전과자 수가 과거에 비해 많아진 것은 전과기록 적용 범위가 그 배경이라고 한다.

선관위에 따르면(2014년 2월 개정된 공직선거법) '이번 지방선거부터 일반형사범의 경우에는 전과공개범위가 기존 '금고 이상'에서 벌금형 100만 원 이상으로 확대되면서 전과기록이 많이 늘어난 것'이라며 '유권자의 알 권리 확대 차원에서 후보자의 도덕성을 더욱 꼼꼼하게 판단하는 데 도움을 주려는 취지'라고 한다.

전과 유형별로 보면 집회시위법 및 국가보안법 위반, 세금탈루, 음주운전, 도굴, 폭력, 상해, 마약, 매춘, 사기, 도박, 특수절도, 변호사법 위반 등 우리 사회 범죄의 거의 모든 종류가 포함되어 있다. 여기에 더하여 세금을 한 푼도 낸 적이 없는 후보자도 13.35%나 된다. 병역미필자는 11.2%이며, 최근 5년간 세금을 한 푼도 내지 않고 전과기록까지 있는 소위 '3관왕 후보'도 15명이나 된다.

부산지역의 후보자는 총 586명인데, 이 중에 37.5%인 220명이 전과

기록이 있는 것으로 나타났다. 이에는 정당공천을 받은 새누리당 소속이 89명으로 가장 많고, 새정치연합이 41명, 통합진보당 22명이 전과자들이다. 경기도 구리·남양주시에 출마한 후보자들 중에는 48%가 전과자로 밝혀졌다. 전남 동부지역 출마자 중에는 전과자가 전체의 45%를 차지한다고 한다. 경북 울진군 의원 출마자 중에는 전과자가 무려 50%를 넘어 네티즌들은 '슬프기 짝이 없다'라고 토로하고 있다.

1회의 전과라 할지라도 범죄의 종류에 따라 도덕성에 치명적일 수 있다. 그런데 상습적인 전과자도 수두룩하다. 충남보령시의회 모 후보는 전과기록이 15회로 최다기록을 자랑하고 있다. 전남 나주시의회와 담양군의회 후보는 공히 전과 13회, 경북 칠곡군의회와 충남 천안시 서북구의회의 모 후보는 각각 전과 10회인 것으로 나타났다.

어떠한 종류의 전과라 할지라도 범죄사실이 있다는 것은 이미 반사회적이고 도덕성을 의심할 수밖에 없다. 법을 지키지 않고 국민의 의무를 다하지 않은 자들이 공직에 나선다는 것은 풀뿌리민주주의 토양을 오염시키는 일이다. 법치와 정의, 깨끗한 정치 및 행정, 민주주의를 외치는 사회에서, 특히 공당에서 전과자를 공천하였다는 사실은 더욱 경악을 금할 수 없다. 전과자들이 얼마나 당선될지는 아직 모르겠지만 자칫 전과자들의 통치시대가 오지나 않을까 두려움을 금할 길이 없다. 우리 유권자 스스로 전과자의 공직진출을 차단해야 한다.

− 2014/05/26 −

## 우리도 '순풍에 돛을 달자'

세월호 참사 이후 두 달 반이 지나고 있다. 아직도 가족을 찾지 못한 유가족은 슬픔의 눈물마저 말라가는 안타까움을 금할 길이 없다. 진상규명을 밝히고자 국정조사를 진행하고 있지만 유가족과 희생자들의 속을 달래주지는 못하고 있다. 거기에다 모든 책임을 져야 할 유병언 회장의 체포는 오리무중이다.

이러한 답답한 상황에 더하여 사건·사고는 계속 터지고 있다. 박상은 국회의원의 비리사건, 임 병장의 GOP 총기 살인사건, 감형식 서울시 의원의 청부살해 교사사건, '철피아'(철도 마피아) 수사받던 전 철도시설공단 이사장 투신자살 등으로 하루하루가 급박하게 돌아간다. 언론사에서는 연일 전문가를 대동하고 뭔가 문제 해결의 실마리를 찾고자 하지만 도대체 보이는 것은 없다.

청와대에서는 두 사람의 국무총리 인선에 실패하고, 세월호 참사

이후 사임을 표하고 교체하려던 정홍원 국무총리를 유임하는 궁색한 결론을 내렸다. 공석이 된 정부조직 수장의 장관에 추천된 후보자에 대한 인사청문회도 순탄하지가 못하다. 특히 교육부 장관 겸 사회부총리 김명수 후보의 논문 시비로 청문회를 통과할 수 없을 위기에 처해 있다.

이러다 보니 박근혜 대통령과 정부·여당의 신뢰는 바닥으로 추락하고 있다. 7월 3일 리서치뷰에 의하면 대통령의 긍정평가는 6.4지방선거 전일 대비 36.1%로 10.8%나 떨어진 사상 최저를 기록했다. 잘 못 함의 부정평가는 54.7%로 11.3%나 올라 사상 최고치를 기록하고 있다. 대통령의 직무평가가 새누리당 지지도 36.4%보다 낮아진 것도 처음이라는 보도이다.

국민 행복의 시대를 열어가겠다고 당찬 각오로 출발한 박근혜 정부가 다시 시험대에 오른 것 같다. 정치, 경제, 사회가 너무도 불안정한 가운데 국민 행복의 체감은 날로 차감되는 현실을 바라보며 국민들은 안타까워만 할 뿐이다. 세월호 국정조사와 인사청문회, 그리고 여당의 국회 과반의석 율이 걸린 7.30재보선에도 빨간 불이 켜질 것 같아 여당의 시름이 깊어져 가는 실정이다. 여야를 떠나 대한민국 국정의 안정을 위해 새 다짐을 할 때이다.

다행히도 7월 3일에는 중국 시진핑 국가주석이 한국을 국빈방문했다. 외교의 달인 박근혜 대통령의 어려운 정국에 대한 물꼬가 트이는 기회이다. 시진핑 중국국가주석의 취임 후 첫 방한이 새로운 전기를 마련하는 계기가 되기를 기대해 본다. 박근혜 대통령과는 5번째의 만남과 4번째의 정상회담이다. G2로 부상한 거대한 중국과의 정상회담은 매우 중요한 의미를 담고 있다.

지난해 박근혜 대통령이 중국방문에서 가진 정상회담의 결과와 크게 달라진 바는 없는 것 같다. 하지만 시진핑 중국국가주석이 여러 나라를 순방하는 것이 아니라 한국만을 국빈방문하는 것은 이례적이며 펑리위안 제일부인(第一夫人)을 대동한 것도 대한민국의 세계적 위상을 인정하는 것이다. 나아가 시진핑 국가주석의 국빈방문을 앞두고 시기나 투정으로 행한 북한의 미사일 발사에 대해서도 경고성 메시지를 담고 있다 할 것이다.

공동선언문에 의하면 전략적 협력동반자로서 양국의 우의를 돈독히 하고 한반도 비핵화를 재확인했다. 물론 우리가 바라는 북한 핵폐기는 아니지만 한반도 비핵화는 바로 북한 핵을 부정하는 의미를 담고 있음은 사실이다. 시진핑 주석은 서울대학교 특강에서 '한반도의 핵무기 존재를 반대'하고 한반도 양국의 관계개선을 통해 자주적 평화통일이 최종적으로 실현되는 것을 지지한다고 강조했다.

한중 양국은 지난해 박근혜 대통령 방중메시지였던 심신지려(心信之旅)에 대한 방한슬로건 무신불립(無信不立)을 기치로 상호 협력하는 동반자가 되기를 약속하였다. 경제협력의 1순위로 한중 FTA를 연내

체결하고, 인문교류, 비자 면제범위 확대, 새로운 도전에 공동대응 등을 확고히 했다.

단지 일본의 우경화와 집단자위권의 선회에 대한 언급이 없었다는 것은 아쉬운 점이 아닐 수 없다. 하지만 시진핑 주석은 서울대학교 특강에서 임진왜란에서부터 한중일간의 과거 역사를 거론하며 '20세기 상반기에 일본 군국주의가 중한 양국에 야만적 침략을 해 한반도를 병탄하고 강점했으며 우리 양국 모두 큰 고난을 겪었다'는 것을 강조함으로써 일본의 과거사와 우경화에 대해 간접적으로나마 경고를 한 셈이다.

서두에서 언급했듯이 우리의 현 정국이 좀 어렵기는 하지만 시진핑 국가주석의 국빈 방한을 계기로 신뢰와 희망을 싣고, 그의 기대처럼 우리도 '풍호정양범(風好正揚帆)', 순풍에 돛을 달자.

- 2014/07/09 -

# 2
## - chapter -

사 회

우리 평범한 시민은 아름다운 이야기가 많은 세상에서 살고 싶다. 그 아름다운
이야기는 권력과 부를 가진 자들이 만들어 낼 때 더욱 아름답고 값지다.
서민과 약자들의 부정도 많이 있지만 그것은 가진 자들의 실천을 통한
나눔과 감시에 쉬이 정화될 수 있다.

## 금연하여 당당해지자

담배는 백해무익하다. 그럼에도 청소년과 여성의 흡연율은 높아지고 있다. 특히 미래에 잉태를 해야 하는 미혼여성들은 인류건강의 책임까지도 가지고 있기 때문에 담배는 더욱 해롭다. 이들은 아직 건강한 체질이기 때문에 당장은 그 유해성을 느끼지 못할 수도 있고, 또 그 유해성이 당장 나타나지도 않는다. 그렇지만 담배는 피운 만큼 건강에 손상이 간다.

담배는 전통적으로 우리 한국사회에서는 어른들만이 즐기는 것으로 생각되었다. 그래서 대부분 고등학교를 졸업하고 또는 대학에 들어가면서 담배와 술을 배우게 되는데, 이것은 마치 당연히 거치게 되는 성인의식처럼 되어왔다.

그러나 청소년들에게 담배를 제도적으로 금지하는 이유는 어른들의 허세 때문이 아니라 담배는 건강상 백해무익하다는 데 있다. 이 담배는 술처럼 적정량도 없는 오직 유해한 것일 뿐이다. 물론 담배에 대해서도 예찬론을 아끼지 않는 애연가도 있다. 그들 중에는 비흡연자보다 더 많은 세금을 내는 애국자라고 강변하는 사람도 있다. 그럼에도 담배는 자신의 건강뿐만 아니라 주변 사람에게 간접흡연의 해를 끼치는 등 그야말로 백해무익하다는 것이 중론이다.

따라서 이것을 실제로 경험한 많은 기성 인들은 상당한 정도로 금연에 성공하고 있다. 이러한 금연은 요즈음 세계적 추세로 되어가고 있고 전 세계적으로도 금연구역이 확산되어 가고 있다. 특히 공공장소에서 담배를 피우는 것은 대부분 금지되어 있다.

오늘날 4, 50대 이상의 남자들은 대부분이 다 담배를 피운 경험이 있다. 그런데 요즈음 그들의 모임에서 보면 담배를 끊었거나 피우지 않는 사람이 더 많다. 10명 중 8명은 금연한 사람들이다. 이들이 금연을 한 이유를 물어보면 대부분 건강상의 이유를 들고 있다. 이처럼 어른들은 금연을 시대적 추세라는 경향성을 넘어 건강을 생각하는 시대적 사명으로 받아들이고 있다.

그래도 금연하지 못하거나 스스로 애연가, 애국자라고 자처하며 담배를 피우는 사람들, 그 사람들의 모습을 보면 왠지 측은해 보인다. 구석진 곳에서 고독하게 담배를 피우는 모습은 애처롭기조차 하다. 마치 왕따를 당한 청소년처럼 안쓰럽다.

그들을 위하여 제공된 흡연공간이라고 지정된 곳은 대부분 좁은 공간이다. 그러니 한꺼번에 많은 사람이 모이게 되면 여기서는 결코 담배를 즐기는 것이 아니라, 중독자가 목숨을 부지하기 위한 절박한 심정으로 연기를 빨아들이고 있는 것 같아 보인다. 아닌 게 아니라 이 좁은 공간은 자욱한 연기로 들어차 자신이 피운 담배보다 진짜 간접흡연에 더 숨 막히는 공간이다.

그래도 한때는 담배도 '즐기는 기호품'으로 인정한 적도 있었다. 이 제는 담배 피우는 사람을 보면, 그 사람은 담배를 즐기는 것이 아니라 중독자처럼 의지가 강하지 못한 사람으로 낙인이 찍히고 있다. 담배를 피워야 하는 사람은 이제 어디에도 떳떳하게 설 자리가 없다. 더구나 4, 50대에 아직도 담배를 피우면 미개인 또는 외계인 취급을 받는다.

가정에서도 담배를 피우는 가장은 가장의 자리를 내놓은 지 이미 오래다. 담배심부름을 시키거나 방안에서 담배를 피운다는 것은 아예 생각도 못 한다. 담배 한 대 피우려면 이 추운 겨울에도 베란다로 밀려나야 하고, 그 추운 곳에서 쭈그리고 앉아 담배를 피우는 모습은 결코 가장으로서 당당한 모습이라고 할 수 없다. 이처럼 담배 피우는 남성들과 그리고 가장들은 정말 불쌍하게 되었다. 그래도 담배를 피우겠는가? 왜 담배 때문에 주눅이 들고 약한 모습을 보여야 하는가? 자, 이제 담배에 목숨 걸지 말고 금연하여 남자의, 가장의 당당한 모습을 되찾자.

– 2008. 11. 24 –

## 실천하는
## 울트라 환경의식

산업화와 동시에 우리는 이미 오래전부터 위험사회에 살고 있다. 1986년 독일의 사회학자 울리히 벡(Ulich Beck)이 현대사회를 위험사회로 진단 내린 이후 특히 환경위험의 인식과 각성이 전 세계적으로 촉구되어 왔다. 이 위험사회는 인간 스스로 보다 나은 삶을 실현하고자 하는 끊임없는 기술개발과 실험을 통해 자초한 사회의 모습이다. 산업사회 초기의 이상적 희망이 이제는 환경위기라는 대가를 치러야 하는 지금에까지 왔다.

산업화는 물질적 풍요, 편리함, 장수 등 삶의 질을 촉진시켰다. 동시에 동서양을 막론하고 산업화를 통한 국가사회의 발전은 불가피하게 환경오염과 환경파괴라는 결과를 초래하였다. 이렇게 삶의 질을 위한 희생양이 된 환경은 이제 환경문제로서 다시 삶의 질을 위협하는 것으로 위기의 사회로 인식하는 오늘에 이르렀다.

우리나라도 산업사회의 발전을 통해 짧은 시간에 세계의 G9에 속할 정도로 잘사는 나라가 되었다. 특히 우리 울산은 한국의 산업수도로써 손색없는 발전을 거듭하였다. 2008년을 지나면서 16개 시 · 도 중 울산은 1인당 GRDP 4만 달러를 달성하여(충남 2만6천, 전남 2만2천, 경북 2만1천, 서울 1만9천…대구 1만1천 달러) 16위인 대구에 비하면 4배나 많은 차이를 보여주는, 따라서 다른 어느 지역보다도 잘사는 도시로 알려지고 있다.

　물론 이러한 부의 창출은 공짜로 얻어진 것이 아니다. 그에 상응하는 많은 희생과 위험을 감수한 결과이며 위험사회의 잠재성은 여전히 높다. 그러한 가운데 회색도시, 공해도시라는 오명으로 안타까워하기도 했다. 이제 울산은 21세기형 산업수도, 즉 인간과 환경이 어우러지는 생태도시로 거듭나기 위하여 생태도시, 문화도시, 교육도시 등의 새로운 발전을 향한 지고의 노력으로 많은 변화를 거듭하고 있다. 그러나 아직도 홍보부족으로 대외적 이미지는 크게 변하지 못한 안타까운 실정이기는 하지만, 이제 산업화를 통한 사회발전에 감사하고 위기의 환경을 극복하고 보존해야 하는 것만이 필연적임을 인식해야 한다.

　우리 모두는 이미 오염되고 파괴된 환경은 자연재해가 아닌 인재로서 얼마나 큰 재앙을 초래할 것인지 잘 인식하고 있다. 따라서 현 정부는 저탄소 · 녹색성장이라는 신성장발전전략을 내놓고 있다. 청정에너지, 친환경 생태도시 등 수없는 환경구호를 내걸고 있다. 그러나 친환경정책은 말로만 되는 것이 아니다. 국가는 환경기술의 개발에 대한 과감한 투자를, 기업은 누구보다도 앞장서는 친환경 기업 경영의 모범을 보여야 하고, 지방정부는 환경에 관한 한 감시·감독을 철저히 해야 한다. 시민은 더 이상 반환 경적 행위를 자제하고 에코시민의식으로 실천해야 한다. 자연과 인간이 상생하는 삶의 질의 울트라단계를 실현하기 위해서는 환경기술의 개발과 울트라 환경의식을 갖추는 데 그 해답이 있다.

다행히 우리 울산은 태화강도 울산광역시의 적극적 에코시티정책과 투자로 맑아지고 있다. 그러나 아직도 우리의 노력은 충분조건 이전의 필요조건에도 미흡한 현실을 직시하고, 개인과 가정에서부터, 기업에 이르기까지 우리는 작은 것에서부터 시작해야 한다. 쓰레기를 함부로 버리지 않고 올바르게 처리하는, 언제 어디서나 나로부터 시작하는 환경보호의식을 갖추고 일상적으로 생활화하는 환경의식 혁명을 이끌어 내야 한다.

가을산행, 단풍놀이로 자연은 또 한 번 홍역을 치루고 몸살을 앓아야 할 걱정이 앞선다. 자연 생태계의 지킴이 동물들의 낙원인 저 포근하고 아름다운 산이 불덩이로 화할 것 같은 산불 걱정에 마음이 쓰라린다. 이제 우리 모두는 자연과 환경은 인류의 자산이며 후손에게 물려주어야 할 소중한 자산이라는 확고한 신념으로, 지역의 환경을 스스로 가꾸어 나가는 환경 지킴이로서 해야 할 역할을 다하도록 하자.

— 2008. 11. 10 —

## 포브스 400, 아름다운
## 부자들의 25년 역사

　언젠가부터 우리 사회의 덕담으로 "부자 되세요!"라는 인사가 유행하기도 했다. 요즈음도 모 은행에 전화를 걸면 그러한 인사말을 먼저 건넨다. 말이 씨가 된다는 속담은 기업경영컨설팅이나 리더십교육을 위한 특강에서 긍정적 사고와 적극적 행동의 지침서가 되고 있다. 실로 서구의 부자성공스토리에는 다소 부정적 이미지의 공격적이고 독선적이며 이기적인 면도 없지는 않지만, 그래도 대부분은 긍정적 사고와 적극적 행동, 그리고 부자가 되는 과정의 도덕성이 보편적 부자정신으로 작용한 것이 공통점으로 나타나고 있다.

　미국의 유력 경제전문지인 포브스(Forbes)는 1982년부터 매년 미국의 400대 부자를 작성하여 '포브스 400'을 발표해 왔다. 최근 1982년부터 2006년까지 25년간 포브스 400에 올랐던 1302명의 부호들에 대한 삶을 그들과 직접 인터뷰한 내용, 일화, 재산, 성공과정, 교육, 가족, 문화, 소비 등을 입체적으로 분석하여 '부자의 탄생(The Rich)'이라는 제목으로 발간되었다.

1982년 포브스가 개인의 부를 기준으로 하여 미국의 최고부자 400인을 선정하고 발표했을 당시, 그 부의 총계는 미국 전체 부의 10%에 해당하는 어마어마한 부의 집중현상임을 알 수 있었다. 그러나 지난 25년간 발표된 부자명단은 부가 한곳에 머물러 있지만은 않음을 보여준다. 최근 전 세계를 강타한 미국발 금융위기는 현재의 부의 지형을 흔들어놓을 전망이다. 지난 9월에 발표된 2008년 '포브스 400' 명단에는 막대한 구제금융을 받은 AIG의 모리스 그린버그 전 회장과 이베이의 멕 휘트먼 등 128명의 부자들이 대거 탈락하였다. 또한 흥미로운 것은 부의 원천이 변화하고 있다는 사실이다. 최초의 포브스명단에는 석유부호들이 전체의 25%를 차지하고 금융업이 9%였으나 2006년엔 금융업이 24.5%, 석유업계가 8.5%로 역전됐다. 이것은 부가 창출되는 시대적 변화를 잘 대변해 주고 있다.

미국 역사상 가장 부유했던 인물은 1937년까지 생존했던 존 록펠러다. 당시 미국의 국내총생산(GDP)과 비교해 2006년 화폐가치로 환산해 보면 재산이 3053억 달러에 달했다. 2위는 앤드류 카네기(1835~1919)로 2812억 달러, 코넬리어스 밴더빌트(1794~1877)는 1684억 달러였다. 2006년 당시 미국 최고의 부자였던 빌 게이츠는 530억 달러로 13위에 불과하고 워렌 버핏은 15위에 지날 정도였다.

포브스 400은 미국사회에서 부가 가지는 삶과 사회적 가치가 무엇인가를 잘 보여준다. 특히 미국의 부자는 많은 신흥국가에서 나타나는 것처럼 부정과 부패와 얼룩진 추악한 배경을 가지고 권력과 유착되어 상속되는 특권층이 아니라, 진취적인 기업가정신을 갖춘 존경받는 인물들이다. 개인적으로는 어마어마한 대저택과 자가용 비행기, 대형요트, 전용철도차량 등 호화스런 생활을 하기도 하지만, 그 부가 상속되는 경우는 거의 없다는 사실이다. 무엇보다도 이들은 대부분 노블리스 오블리제를 손수 실천하는 사람들이다.

　2008년 '포브스 400'의 1위와 2위는 역시 빌 게이츠와 워런 버핏이 차지했다. 록펠러나 카네기를 비롯한 이들 대부분의 부자들은 그들의 재산을 사회에 환원하는 것이 특징이다. 이들의 부의 형성과정은 또한 엄격한 도덕성에 기반하고 있다. 따라서 그들은 존경의 대상이 되고 있다. 홍콩의 최고 액션스타 성룡, 우리나라의 문근영, 김장훈 등 작은 부자들이 알게 모르게 그들의 부를 사회에 환원하는 미담은 존경심을 불러일으킨다. 그러나 우리나라의 큰 부자들은 대부분 부와 권력의 노예가 되어 윤리와 도덕성을 헌신짝처럼 팽개치고, 부정과 부패로 얼룩져 늘 법적 구설수에 오르내리는 안타까운 현실이다. 따라서 "포브스 400" 아름다운 부자들의 25년 역사를 엮은 '부자의 탄생'의 주인공인 미국부자들의 삶은 우리 한국부자들이 본받아야할 귀감이다.

－ 2008/12/08 －

## 인간답게 죽을 권리

최근 어느 날 밤 10시쯤에 한 소속단체로부터 모씨의 상이 났으니 그 다음날 오후에 모 병원으로 조문을 간다, 라는 메시지를 받았다. 그런데 그 다음날 10시쯤에 그 분이 밤새 소생하여 투병 중이라는 메시지를 다시 받았다. 그러나 결국 약 1주일쯤 후에 돌아가셨다. 사망진단과 관련한 황당한 경위야 어찌 되었던 죽은 사람이 살아날 수도 있는가 보다.

실제 병원에서는 의식이 없는 상태에서 기기에 의존하여 식물인간으로 존재하는 경우가 허다하다. 또한 시한부 암 말기 환자들은 고통으로 괴로워하며 오히려 죽음을 요구하는 경우가 많은 것으로 알려지고 있다. 소위 안락사를 스스로 원하거나, 아니면 가족들이 요구하는 경우도 있다. 그러나 우리 현행법은 '안락사'나 '존엄사'를 인정하지 않고 있다.

그런데 최근 우리나라에서도 처음으로 법원이 존엄사를 인정한 판결이 나와 화제가 되고 있다. 법원은 환자 본인이 기기로 연명하는 삶은 의미가 없다는 평소의 의지를 받아들이고 인공호흡기를 떼어낼 것을 판결했다. 이 경우 재판부는 가족들의 청구를 인정한 것이 아니라 환자 본인의 청구만 인용해서 판결을 내렸다고 한다. 이것이 의미하는 바는 가족이라 해도 치료를 중단하여 환자의 생명을 끊을 권리는 없으며, 현행법상 치료중단은 환자본인만 결정할 수 있다는 판결이다.

지난 3월에는 프랑스에서 희귀병을 앓고 있던 환자가 안락사를 요구했다. 즉 인간답게 죽을 권리를 요구했지만 현행법상으로 거부되자 스스로 목숨을 끊은 것으로 알려졌다. 이에 프랑스에 있는 많은 사람들은 법원이 더 비인간적임을 성토하는 가운데 안락사에 대한 찬반논쟁이 이어지고 있다.

지난 1980년에 로마교황청은 치료가 불가능한 환자가 치료를 중단할 수 있다고 밝혀 존엄사를 인정한 적이 있다. 2006년에는 이탈리아에서 인공호흡기로 생명을 연명해 오던 한 환자의 요구로 인공호흡기를 제거한 의사가 판결을 받았다. 이탈리아 법상 안락사에 대한 명시적 조항은 없지만 의사의 결정을 모범적 행위로 판결했다.

지난 1975년 미국에서는 식물인간이 된 20대 여성의 부모가 인공호흡기 제거를 위한 소송을 승인하였다. 이로서 미국의 대다수 주에서는 생전 유언에 따라 존엄사를 인정하는 법률이 제정되었다. 영국, 독일, 일본에서도 존엄사를 인정하고 있으며, 네덜란드와 벨기에는 안락사가 합법화되어 있다.

존엄사는 의사가 환자의 동의에 따라 치료행위를 중단할 수 있다는 것으로 소극적 안락사에 속한다. 반면, 안락사란 극심한 고통을 받고 있는 불치의 환자에 대해 본인이나 가족의 요구에 따라 약물 투여 등 적극적인 방법을 이용해 인위적으로 죽게 하는 것을 말한다. 하지만 안락사에 관한 한 남용의 여지가 있을 수 있고, 살인 혹은 살인방조죄를 적용할 수 있어 위법성에 관한 논란의 대상이 되고 있다.

지난 7월에도 존엄사를 인정해달라는 취지로 사상 처음 제기됐던 가처분 신청이 기각됐다. 이로써 우리나라는 아직도 생명을 인위적으로 중단시키는 행위는 어떤 경우에도 용납하기 어렵다는 판단이 지배적이다. 그렇지만 우리도 이제 안락사나 존엄사를 적극적으로 검토할 시점이 아닌가 생각된다.

우리는 인간답게 살 권리를 보장받고 있다. 그런데 인간답게 살 수 없을 경우 인간답게 죽을 권리야말로 가장 인간적일지 모른다. 개인이나 가족의 입장, 그리고 의사의 판단에서 보더라도 더 이상 삶의 의미가 없는 불치병, 기기에 의존한 식물인간, 암말기의 고통스런 병으로 인하여 개인이나 가족 모두가 고통스러워함을 지켜보는 것이 어쩌면 더 비인간적일 수 있다. 따라서 의사표명이 가능한 상태에서

환자의 요구가 있을 때나, 아니면 갑작스런 사고로 식물인간이 되었을 때는 가족과 의사간 합의에 따라 치료중단결정을 하거나, 생전에 본인의 유언이 있었다면 그 유언에 따라 안락사를 결정할 수 있게 하는 것이 더 인간적이라 생각된다.

- 2008/12/22 -

경제위기
우리는 어떻게 살아가고 있는가?


 2008년 한 해가 저물어가는 가운데, 모두가 마지막 마무리를 서두르고 새해의 희망을 설계하는 시점에 서 있다. 그럼에도 많은 사람들은 어려운 경제여건으로 별다른 희망을 그려내지 못하는 현실을 토로하고 있다. 이에 지난해 대선에서는 경제 살리기가 화두가 되어 소위 경제대통령을 뽑았지만, 경제는 더 어렵다는 안타까운 12월이다.

 이에 더하여 미국발 금융위기의 여파로 세계경제가 휘청거리고 있다. 환율은 급등하고 주가는 폭락하고, 대기업들도 생존의 위기에 처해 있고, 도산하는 중소기업은 날로 늘어나고, 다들 장사가 안 된다고 야단들이다. 하여 지금의 경제상황은 10년 전 IMF때보다 더 어렵다고 한다. 그렇다면 우리는 이 위기를 극복하고자 하는 어떤 나름의 노력을 하고 있는지 한번 들여다보자.

 그런데 왠지 우리의 일상은 별로 변한 것이 없다는 느낌이다. 정치권에서는 말로만 경제위기니, 극복이니 하며 밥그릇싸움이나 하고 있고, 주말만 되면 야외로 나들이 하는 차량으로 도로 곳곳에는 정체가 극심하다는 소식이고, 결혼 시즌이 좀은 지났다 싶어도 주말이면 예식장마다 호텔마다 축하객으로 붐비고, 축의금 봉투의 두께는 그대로인 것 같고, 뷔페식당에서는 호화판 음식이 흥청망청 넘쳐나고 있다. 대낮부터 취기 오른 손님들의 모습엔 전혀 어렵다는 기색을 느끼지 못한다.

12월에 접어들면서부터는 곳곳에서 송년모임과 행사가 열리고 있다. 기관이나 사회단체, 하다못해 작은 계모임까지 행사는 늘 빠짐없이 열리고 있는 것 같다. 물론 송년모임은 한 해의 많은 일들을 회고하며 마무리 짓는 데 의의가 있고 정담과 덕담을 나누는 큰 의미가 있는 행사임에는 틀림없다. 그런데 살기가 그렇게도 어렵다는 상황에서 열리는 모임임에도 불구하고, 과장으로 들릴지 모르지만 대부분 최고급이며 호화판이다. 고급음식과 술, 그리고 노래방으로 소위 음주가무가 끊이지 않는다. 물론 옛날 우리 조상들이 명절이나 농경절기에 따라 감사와 기원을 목적으로 음주가무를 즐기던 아름다운 전통문화가 있었던 것은 사실이다. 그런데 그 음주가무가 오늘날에 와서는 일상화되고, 우리나라는 마치 음주가무의 지상낙원이라는 느낌이 든다.

물론 적당한 음주가무는 우리의 삶에 있어서 잘살고 즐겁게 사는 한 단면일지 모른다. 어쩌면 그러기 위헤서 열심히 일하는 것일 수도 있다. 왜 사는지 묻는다면 각자 나름대로 삶의 의미를 말할 수 있겠지만, 결국은 즐겁고 행복하게 사는 것이 목적이 될 터다. 그 즐겁고 행복한 순간들을 만들어 가고자 다들 열심히 사는 것임에 틀림없다. 그 하나의 지표가 바로 음주가무일 수도 있다고 생각된다.

또한 빠르게 진행되는 삶의 템포에 적응하기 위하여 패스트푸드가 일상화된 현대사회의 스트레스는 젊은 사람들에게도 치명적 병원(病原)이 되는 오늘이다. 하여 이제는 슬로우푸드를 지향하고자 하는 움직임도 없지 않다. 더욱이 시간을 다투어 급변하는 복잡다단한 정보화 사회, 무한경쟁사회에서 살아남기 위하여 때로는 즐거움, 행복이 무엇인지조차 생각하지 못하고 시간에 떠밀려 자신도 모르게 스트레스가 쌓인다. 따라서 이 스트레스 해소가 음주가무의 목적인 사람들도 있다.

그렇지만 그 스트레스를 음주가무에 의존하여 해결한다는 것은 결코 바람직한 삶은 아니다. 더구나 경제위기가 코앞에 닥친 현금의 시점에서는 특히 더 그러하다. 그러니 이제 관능적이고 감성을 자극하는 저급문화에 의존하기보다는 정신적 풍요를 가져다주는 각종 전시회, 음악회 등 문화적 삶으로 정서적 안정을 찾고, 고급문화의식으로 어려움을 극복하는 삶의 자세가 필요한 때라 생각된다.

무엇보다도 비록 경제위기에 처해있어도, 어렵지도 않은 사람이 말로만 어렵다고 강변하며 표리부동한 생활을 하는 것이나 아닌지 한번 되돌아보고, 기관이나 기업, 그리고 상공인들 모두가 절제하는 마음을 가졌으면 한다. 또한 진정으로 어려운 사람들의 그 어려움을 달래주는 미덕을 생각하는 따뜻한 12월이 되었으면 한다.

- 2008. 12. 15 -

## 미네르바의 위기

검찰이 인터넷논객 미네르바의 구속적부심사 청구를 기각했다. 그러나 미네르바는 정보화 사회의 자연스런 현상이다. 누구나 익명으로 자기가 관심을 두고 있는 분야에 대해서 글을 읽기도하고 직접 쓰기도 하고 남의 글을 퍼오기도 한다. 그것은 사안에 따라 비판적일 수도 있고 동조적일 수도 있다.

오늘날은 특히 인터넷을 통하여 정치나 경제, 그리고 정부의 다양한 정책들에 대하여 많은 국민들이 관심을 가지고 여론형성에 참여한다. 이것은 한 사회의 다양한 면을 보고 토론할 수 있어 오히려 사회발전의 원동력이 된다. 그 글에 대한 선택과 결정은 당사자의 몫이다. 특히 미네르바는 인터넷상 그런 사람들 중의 한 사람일 뿐이다. 그러나 그는 특출하게 경제에 많은 관심과 박식한 지식을 갖춘 사람으로 생각된다. 현재 세계가 처한 금융경제의 위기를 진단하고 미래를 예견하고, 좀 더 나아가서는 정부정책결정과정에 단지 자신의 생각을 토로한 것에 불과하다.

　또한 그는 정부정책에 영향을 미칠 만한 위치에 있지도 않으며, 설사 그렇다 하더라도 그의 논지를 신봉한 개인이나 정책결정권자에게 책임이 있는 것이지 미네르바에게 지어질 책임은 아니다. 무엇보다도 미네르바는 '인터넷논객'이라고 칭하긴 하지만 실제 책임이 있는 언론사이트의 논평이거나 책임을 수반해야 할 종류의 글이 전혀 아니다. 더구나 폭넓은 지식과 깊이 있는 전문용어를 구사하는 것으로 보아 혹자는 대단한 학자처럼 받아들일 수도 있지만, 표현이나 개념 사용에 있어 윤리적으로 스스로 지식인으로서 또는 언론인으로서 책임을 져야 할 지위의 사람이 쓴 글이라 볼 수 없다.

　그럼에도 그러한 사람을 구속한다는 것은 참으로 어이없고 황당한 일이다. 대한민국이 어디로 가고 있는지 심히 의심스럽다. 얼마 전 국회의원들이 국회를 폭력싸움판으로 만들어 우리 얼굴에 국제먹칠을 하더니, 이제는 국회폭력방지법이라는 수치스런 법을 추진하면서 먹칠에 덧칠을 하고 있고, 서민을 위한다는 민주당 모 국회의원의 남편 생일축하를 위해 9명의 국회의원 부부가 해외에서 축하골프(나 치고, 그것도 바로 그들이 요구한 임시회 회기 중에, 그런데다 또 국세청장이라는 양반들은 뇌물사건으로 줄줄이 감옥행이고, 열거하자면 뭐 이 뿐이겠는가? 이 IMF보다도 어렵다는 현재의 이 경제위기 중에도 대한민국은 나날이 요지경이다.

　언론이 사회 전반에 미치는 영향은 대단하다. 하여 서구에서도 이미 오래전부터 언론을 제 4의 권력으로 인식하고 있다. 그러나 언론이라는 권력은 입법, 행정, 사법처럼 특정계층이 행사하는 권력이 아니라, 국민 누구나가 가질 수 있는 권력이라는 점에서 다르다. 그러나 특히 언론은 기존의 3권에서는 더 큰 영향력을 행사할 수 있지만 국민이나 일반시민이 언론을 통해 행사할 수 있는 영향은 매우 제한적이다.

그러나 이번의 미네르바 사건은 한 일반 시민이 인터넷을 통해 개인의 의견을 개진한 것에 불과하다. 그리고 그 작은 권력을 행사하는 무대인 인터넷은 익명성이라는 특성을 가지고 있어 누구나가 쉽게 접근할 수 있는 여론형성 공간이다. 그러나 언어로 표현되고, 경우에 따라서는 사회적으로 미치는 영향도 예측할 수 없기에 공적으로 윤리적이고 도덕적인 책임은 양심에 의해 통제 또는 자제되어야 한다. 따라서 사이버윤리라는 개념과 사이버수사대까지 만들어져 있기도 하다.

그러나 이번의 미네르바사건은 한 일반시민이 인터넷을 통해 개인의 의견을 개진한 것에 불과하다. 대한민국은 자유민주주의 국가이고 언론의 자유를 보장받고 있으며, 더구나 개인의 표현의 자유가 보장되고 있다. 물론 전기통신기본법 제 47조가 규정하고 있는 '공익을 해할 목적으로 허위사실을 유포'하는 것을 처벌하는 것을 문제 삼지는 않는다. 그러나 미네르바의 구속은 위의 법이 규정하고 있는 것처럼, 고의적인 목적을 가지고 있거나 어떤 경우이든 이익을 취한 사실이 없다.

　따라서 미네르바의 구속은 권위주의 시대에도 있을 수 없는 언론과
표현의 자유를 탄압하는 처사이다. 표현의 자유의 위기이다. 이 위
기가 기회가 되어 더 성숙한 국가로 거듭났으면 한다.

- 2009. 01. 19 -

## 용서와 건강

　오늘날 우리는 일상의 최고관심사로 건강을 꼽는다. 그래서 우리는 웰빙시대에 살고 있다. 누구나 더 건강하게 살기 위해 부단한 노력을 하고 있다. 금연하고, 절주하고, 보양식을 찾고, 걷고 산을 오르고, 운동기구를 사들이고, 찜질방을 찾고, 헬스클럽에 등록하고, 나름대로의 운동을 열심히 한다. 더구나 상류층의 운동이라고 생각했던 골프도 이제는 건강을 위한 운동 중의 하나로 인식되고 있다.

　그러나 건강의 최대 적은 바로 마음에 있다. 즉 육체적 건강은 정신적 건강을 지키는 데 있다. 우리의 정신적 건강을 해치는 것은 일상생활에서 겪게 되는 다양한 종류의 스트레스와 분노, 그리고 적개심이다. 이것을 마음으로 스스로 다스리지 못하면 위에서 열거한 그 무엇으로도 건강을 지킬 수 없다.

　우리는 하루에도 수많은 사람과 관계를 맺으며 살아간다. 그 일상에는 우리가 기대하는 것처럼 늘 즐겁고 좋은 일들만 있는 것이 아니다. 오히려 어렵고 힘들 때가 더 많다. 꼭이 큰 사건으로 힘들어하기보다는 사소한 일로 다투고, 화내며, 소리 지르고, 분노하며 상대방을 비난하고 욕하며 힘들어 한다. 어쩌면 겉으로 드러내지는 않지만 속으로 상대방에게 온갖 악담과 저주를 퍼붓고 있는지도 모른다.

이처럼 상대방의 말 한마디에, 행동 하나에 상처받고 힘들어하며 원망하며 욕설을 퍼붓고, 분노와 증오에 사로잡히는 경우가 허다하다. 이러한 일들로 우리는 스스로 고통스러워하고 극도의 스트레스를 받으며 건강을 해친다. 이로서 어떤 사람은 혈압이 올라 얼굴이 붉으락푸르락하기도 하고 술을 퍼마시기도 하고 줄담배를 피우기도 한다. 입술이 타고 침이 말라 결국은 입이 소태같이 쓰게 된다. 이에는 아무리 좋은 보양식도 구미가 당기지 않고 값비싼 보약도 효험이 없다.

즉 인간관계 속에서 겪게 되는 상대방에 대한 원망과 분노, 증오가 그렇게 만든다. 이것을 극복하는 길은 바로 용서하는 마음이다. 최근 미국 플로리다병원에 재직 중인 심리학자 딕 티비츠 박사가 쓴 '용서의 기술'은 용서를 통해서 고혈압질환을 치료하며 정신건강을 회복하고 자신의 건강을 지키는 방법을 제시하고 있다.

티비츠 박사는 "용서를 베풀면 당신은 승리한다."라고 말한다. 용서는 상처를 준 사람을 인정하는 것이 아니라, 그것으로 고통을 당하고 있는 자신을 자유롭게 해주고 복수하고 싶다는 갈망을 해소시켜 준다고 한다. 그래서 "용서는 내가 살아가기 위해 용서한다(forgive to live)"는 강한 메시지를 담고 있다.

용서하는 것은 잊는 것과도 다른 것이며, 우리가 상대방을 용서해도 상대방의 잘못된 행동이 정당해지는 것도 아니다. 잘못된 것은 잘못된 것으로 남아 있다. 따라서 용서는 잘못된 행동을 정당화하는 것이 아니며, 그런 행동을 묵인하거나 봐주는 것도 아니다. 단지 용서는 우리가 어떤 사람인지 규정하는 것이며, 다른 사람의 잘못된 행동을 옳은 것으로 만들지는 않는다.

또한 용서는 상대방의 행동에 대한 법적이고 윤리적인 책임을 면탈하는 것이 아니다. 용서를 통해 복수하고 앙갚음하고 싶다는 나의 고통스런 마음을 바꾸는 것이다. 이에 용서에는 3가지 차원, 즉 관계의 용서와 영적인 용서, 그리고 개인적 용서가 있다고 한다. 관계의 용서는 상대적인 것이고, 영적인 용서는 종교적이어서 늘 가능하지는 않다. 따라서 개인적 용서가 바로 나 자신을 치유하는 것이다. 개인적 용서를 실천하면 상처에서 치유로, 피해자에서 승리자로, 쓰디쓴 인생에서 더 나은 인생으로 나아갈 수 있다.

티비츠 박사에 의하면 건강과 승리를 원한다면 스스로 용서하는 기술을 배워야 하고, 그 기술을 발휘하려면 연습을 통한 부단한 노력을 해야 한다고 한다. 이제 우리 모두 용서의 기술을 배우고 터득하여 스트레스와 갈등의 굴레로부터 벗어나 평온을 얻고 희망을 가지고, 건강과 행복을 되찾기를 바란다.

− 2009/02/02 −

## 바보야의 선종

　우리는 죽음을 이야기하는 것에 대하여 별로 유쾌하게 생각하지 않는다. 죽음은 끝이기 때문에 고통스럽고 슬픈 것이라 생각한다. 그러나 우리는 김수환 추기경의 숭고하고 아름다운 죽음을 애도하며, '바보야'의 사랑과 헌신의 '바보정신'을 만인의 가슴에 새기게 된다.

　이에 메멘토 모리(Memento mori)라는 철학용어를 상기하지 않을 수 없다. 이 말은 "반드시 죽는다는 것을 기억하라"는 뜻이다. 이 말에는 또한 "죽음은 삶을 건강하게 하는 중요한 방부제 같은 것이다"라는 뜻을 담고 있기도 하다. 그래도 세상 사람들은 저마다 자기만 죽지 않을 것처럼 살면서. 어느 날 죽음이 닥치면 서러워한다.

　이처럼 생명이 태어나면 언젠가는 죽어야 하는 운명이고, 그것을 거부할 수 있는 존재는 아직까지 알려진 적이 없다. 우리는 진시황의 불노초가 아니라 불사초를 구하여 죽음을 피하고자 온갖 노력을 다

하지만, 언젠가는 다 죽는다.

결국 모두에게 주어진 선택은 죽느냐 사느냐 하는 생존의 문제가 아니라, 언제 닥칠지 모르는 죽음이라는 마지막 순간까지 어떤 자세로 살아가는가 하는 문제이다. 어차피 누구나 마지막은 한 줌 흙이 되어 자연으로 돌아간다. 그렇지만 인간으로 태어나 인간답게 죽는 것이 우리 인간의 죽음의 소망이다.

어찌 생각하면 사는 것도, 잘 죽기 위해 사는지도 모른다. 결국 잘 살자는 노력도 김수환 추기경처럼 잘 죽기 위한 하나의 과정이다. 자신의 묘비명에 "나는 아쉬울 것이 없어라"라는 글을 남긴 채, 지난 16일 선종한 김수환 추기경이야말로 이처럼 잘 죽기 위하여 한평생을 사신 유일한 분이라 생각된다.

우리 한자말에는 사람에 따라 죽음을 표하는 말이 다 다르다. 황제의 죽음은 붕(崩), 왕의 죽음은 홍(薨), 그 외에 졸(卒), 불록(不祿), 사(死) 등의 말로 애도한다. 김수환 추기경의 죽음은 선종이라 한다. 선종은 선생복종(善生福終)의 줄임말로 선하게 살다가 복되게 죽는다는 의미를 담고 있다.

아무리 황제나 왕의 죽음을 높이 기리기 위하여 그러한 고유의 개념으로 애도한다 하여도, 그들 모두가 김수환 추기경의 죽음처럼 부앙무괴(俯仰無愧)하게, 즉 하늘을 우러러보나 세상을 굽어보나 양심에 비추어 한 치의 부끄러움이나 거리낄 것 없이 죽음을 맞이한 사람은 극히 드물다.

김수환 스테파노 추기경은 초등학교를 졸업하고 33년 신학교에 진학하면서 성직자의 길을 택했고, 1951년 29세의 젊은 나이에 천주교 신부가 되었다. 1969년에는 한국 최초의 추기경이 되었으며, 이는 로마교황청으로부터 최연소(47세) 추기경 서품을 받는 것으로 기록되었다. 이로부터 평생을 사회 속의 교회, 역사발전에 동참하는 교회, 가난한 이웃을 사랑하는 교회를 실천덕목으로 살았다. 물론 이러한 신념으로 국내외 대학들로부터 명예문학, 법학, 철학, 인문학 박사학위를 받고, 훈장을 수훈했다.

이러한 분이 자화상에 스스로를 '바보야'로 칭하면서도, 사랑과 헌신, 자유와 평화, 그리고 정의를 위하여 살았다. 인간의 존엄성을 신념으로 공동선을 실천하였다. 무엇보다도 7,80년대에는 군부독재에 항거하며 한국의 민주화를 위하여 피 흘리고 쓰러지는 젊은 학생들과 함께한 시대적 양심의 거울이었다.

이 세상에는 수많은 종교인이 있지만, 진정으로 선행만을 베풀며 사는 종교인은 그리 흔하지 않다. 아직도 축재와 권력투쟁으로 세인의 눈살을 찌푸리게 하는 일이 허다하다. 그러한 세상에 김수환 추기경은 낮에는 태양이오, 밤에는 달과 별의 삶으로 세상을 밤낮으로 밝힌 유일한 사표이다. 김수환 추기경은 당연히 종교계를 뛰어넘어 우리 모두의 진정한 사표로 존경하고 본받아야 할 인물이다. 교황장으로 치러지는 추기경의 장례를 바라보면서 삼가 고인의 명복을 빈다.

- 2009/02/23 -

# 삼심(三心)으로
소통과 통합을

2008년 미국발 금융위기로 세계가 아직도 휘청거리고 있다. 2009년 새해가 시작되면서 모든 나라가 위기극복을 위한 나름대로의 새로운 희망과 처방전을 내놓았지만 믿을만한 것은 아무것도 없다. 새로운 변화와 가능성을 기치로 취임한 미국 44대 대통령, 세계의 대통령 오바마도 1조에 가까운 경기부양책을 들고 호언하지만 믿을만한 기미는 보이지 않는다.

프랑스는 철도와 항공을 비롯해 은행, 병원, 언론사, 변호사, 사법관 노동단체들의 총체적 파업으로 공공서비스까지 마비되는 검은 목요일에 흔들거리고, 유럽 최대의 경제대국인 독일도 이번 세계경제위기는 비켜가지 못하는 가운데 철도노조가 파업을 예고했고, 또한 항공노조 UFO의 임금인상을 요구하는 경고파업으로 진짜 UFO(Unidentified Flying Object)가 나타난 것처럼 흉흉하다. 아이슬란드의 연립정부는 금융위기로 결국 와해되었다. 이어 영국의 집권당도 붕괴위기에 처했고,

미국의 외교전문지인 포린폴리시(FP)는 앞으로도 그리스, 우크라이나, 니카라과 등의 나라들이 붕괴위기에 직면할 것으로 보도했다.

한국도 이명박 대통령이 21세기의 새로운 신화를 창조할 것이라는 기대로 집권했지만 1년이 넘게 지나도 경제는 더 어려워지기만 했고, 거기에다 미국금융위기의 여파로 꼼짝달싹 못하고 있다. 온갖 처방전을 내놓고 있지만 약효는 없다. 책임공방만 난무하는 가운데 오히려 갈등만 고조되고 있다. 이러한 불투명 속에서 정치인들은 국가와 민족을 위한 고뇌보다는 오히려 제몫이나 챙기고, 당리당략주의적으로 흐르고, 극단의 갈등도가니 속에서 하염없이 허우적거리고 있다.

이렇게 어려울 때일수록 우리는 더욱 냉철한 이성으로 현실을 직시하고 마음을 가다듬어야 한다. 이러한 정신과 의식을 갖출 때만이 위기를 기회로 전환시킬 수 있다. 정치인, 경제인, 지식인, 그리고 국민 모두가 허위의식을 과감히 떨쳐버리고 삼심(三心)을 갖추어 소통하고 통합하는 정신을 가져야 한다. 즉 정심(正心), 진심(眞心), 합심(合心)이 그것이다.

정심은 사회정의를 생각하는 올바른 마음이다. 누구나 사리사욕이 없는 사람은 없다. 그러나 공과 사를 구별하고, 법과 원칙에 충실한 자세로 각자에게 주어진 바 역할을 수행함에 있어 직업윤리를 다시 한 번 더 자각해야 한다.

진심은 참되고 진실한 마음을 갖는 것이다. 직업적 역할의 진정성

을 느끼지 못하고, 권력과 지위를 남용하는 오만과 이기주의와 거짓
으로 사회를 불안하게 해서는 안 된다. 진심이 담기지 않은 생각과
행동은 머지않아 드러나게 마련이다. 결국은 신뢰를 무너뜨리고 참
담한 결과를 자초하게 된다.

합심은 정심과 진심에 바탕을 하여 소통과 통합의 길로 가는 마음
이다. 둘을 하나로 묶는 마음, 둘에서 제 3의 하나를 이끌어 내는 정
신이다. 인간 세상에 갈등은 항상 있기 마련이다. 이해관계에 따라,
견해의 차이에 따라 갈등이 생성되는 것은 당연하다. 문제는 이러한
갈등을 어떻게 풀어나가느냐에 달려 있고, 그것은 바로 앞의 두 가지
마음에 달려 있다. 이렇게 진정으로 국가와 국민을 위한 정심과 진심
만 있다면 합의를 이끌어 내지 못할 일은 없다.

오늘의 세계와 국가는 정치에 의해서 움직인다 해도 과언이 아니다.
그래서 오바마 미국대통령의 취임이 세계적 이슈였고, 한국에서는 이
명박 대통령의 취임이 우리의 희망으로 부각되었다. 지금이라도 90년
전의 독일 사회학자 막스 베버가 한 말을 다시 일깨웠으면 한다. 정치
를 직업으로 삼는 사람들 중에는 두 가지 유형이 있는데, 그 중에서 정
치를 개인의 영달을 위한 수단으로 삼는 '정치로부터 살아가는 정치인'
이 아니라, 진정으로 국가와 국민을 위한 '정치를 위하여 살아가는 정
치인'이 되었으면 한다. 무엇보다도 삼심의 정치인이 되었으면 한다.

— 2009/02/02 —

## 서구자멸의 위기극복

　최근 영국의 코치와 스미스(Richard Koch & Chris Smith)가 '서구의 자멸'을 저술하였다. 아직도 많은 나라들이 서구문명의 영향권에 속해 있는 가운데, 서구자멸의 위기를 경고하고 있다.

　코치와 스미스에 의하면 서구의 자멸은 이미 20세기 초반부터 시작되었고, 두 번의 세계대전을 겪는 가운데 증명되었다고 한다. 그러나 그들은 서구는 내부의 가장 큰 적인 나치와 공산주의를 축출시킴으로써 서구 자멸의 위기를 일단 극복했다고 본다. 나아가서 20세기 중반에 들어 서구는 새롭게 전열을 가다듬고 내부의 적들을 물리치기 시작했다. 그리고 유럽의 통합이 진행되었다. 유럽의 단일시장과 화폐통합이 실시되면서 단일 경제시스템을 구축하였다. 물론 정치적으로 유럽의회를 강화하였고 군사적 통합도 이루어 내었으며, 20세기말에는 독일의 통일과 동시에 유럽의 동구권개념이 사라지고 명실상부하게 통합된 유럽이 만들어졌다. 이로써 서구의 번영이 새롭게 부각되었다.

그 후로는 과거와 같은 전쟁의 위험은 상당한 정도로 사라졌지만 지금 다시 서구의 자멸을 거론하는 것은 과거 서구의 멸망이나 위기와 같은 그러한 유의, 즉 물리적 힘에 의한 위기이기보다는 심각한 정신적 문제로 논의된다.

그들은 서구문명의 성공은 서구인의 중심개념인 크리스트교, 낙관주의, 과학, 경제성장, 자유주의, 개인주의라는 여섯 가지에 기반하고 있다고 본다. 이것이 서구문명을 번영케 한 서구인의 자신감의 근원이었다. 서구인들은 이에 대한 긍지와 자신감, 그리고 자부심을 가지고 있었다. 이로서 한때는 제국주의 식민지정책으로 세계정복에 나섰고, 서구문화 우월주의의 착각에 빠지기도 했다.

그런데 오늘날 서구인들은 자신감을 상실하고 있으며, 그들의 성공사상들을 더 이상 신봉하지 않으며, 지배세력의 정신적 지주가 변화하고 있다고 진단한다. 따라서 히틀러의 문명파괴를 막을 수가 없었고 내부의 분열, 냉소와 비관론으로 물들어 있어 이대로 간다면 서구의 자멸은 불을 보듯 자명하다고 강론한다.

서구의 자멸은 무엇보다도 서구문명의 특성에 기인한다고 본다. 지칠 줄 모르는 자기향상성, 낙관성, 합리성, 자제력, 이상주의적 개인, 자기역할에 대한 자신감 등이 서구문명의 중심가치이다. 자멸은 바로 이러한 믿음이 사라지고 있다는 데 기인한다.

이에 더하여 낙관주의에는 숙명론, 향상심에는 경계심이 뿌리내리고 있다. 절약에는 소비가, 노력 대신에 감상이, 자기 자신만 생각하는 이기주의, 이상주의에는 냉소주의가, 의의 대신에 돈이, 이성 대신에 감정이, 진지함 대신에 가벼움과 방종, 고된 경험이 아닌 얕은 경험이, 필사적 의지와 책임감이 약화되고, 신뢰의 주역이 있던 곳에 허울뿐인 유명인사가, 설득과 합의 대신에 이견과 마찰이, 공동체에는 분열이 자리하고 있다.

이처럼 서구의 자멸은 외부의 적 때문이 아니라 내적인 문제로써 우발적으로 종말을 맞게 될 수 있다고 강변한다. 즉 서구사회의 모순을 해결하여 서구의 이상을 보존하는 데 실패하고, 지금까지 서구적이라고 했던 그 '서구적'이 아닌 다른 것으로 변화될 수 있다고 본다.

그러나 코치와 스미스는 이 위기를 진단하면서도 결코 절망을 이야기하고자 하지는 않는다. 그보다도 이성적 진단을 통해 이 위기를 새로운 성공과 번영으로 나아가게 할 기회의 계기로 삼을 대안을 찾고자 하는 것이 그 목적이다.

그는 "우리는 잃어버린 문명을 애도하려는 것이 아니며 영원불변한 가치관으로의 회귀를 외치려는 것도 아니다. 어떤 개념이 공격을 받을 때는 대게 그럴만한 이유가 있다."고 강변하며, 그 공격받는 이

유를 밝히고자 하였다. 이처럼 문명의 선도역할을 해 온 서구의 자멸
은 바로 세계의 위기이며, 그것은 우리 모두의 각성을 촉구하는 경고
임에 틀림없다.


- 2009/03/09 -

## 어느 구두닦이
## 달인의 겸손을 배우자

　SBS방송은 2004년 8월 '생활도인 대발견'을 방영하고, 2005년 4월 25일 '생활의 달인'이라는 프로그램으로 시작하여 지금까지 수많은 생활의 달인을 발굴하고 있다.

　오늘날 인터넷의 위력이 대단하지만 공영방송은 역시 정보제공은 물론 다양한 프로그램으로 우리의 삶을 윤택하게 하고 있다. 그러나 아직 아쉬운 점도 적지 않다. 지나치게 단순오락에 치우쳐 연예잡기나 방영하며, 출연자들의 신변잡기로 포화해 그저 그들만이 희희낙락하는 예능프로그램, 극단적인 불륜을 소재로 하는 드라마 등은 공영방송으로서의 가치를 떨어뜨리고 있다. 그러나 몇몇 프로그램들은 매우 유익한 것들도 있다.

　그 중에서도 생활의 달인은 수십 년간 한 분야에 종사하며 남다른 열정과 부단한 노력으로 달인의 경지에 도달한 사람들의 생생한 현장을 보여주는 유익한 프로그램이라 생각된다. 이 달인들은 많은 사람들에게 삶의 활력소를 제공하고, 어려운 사람들에게는 용기를 주며 이들을 통해 때로는 삶의 경건함과 장인정신의 지혜를 배우기도 한다.

이 '특별하지 않은 사람들의 특별한 모습'에서는 삶에 대한 진지함의 결정(結晶)을 보는 것 같다. 그들에게는 그렇다고 명성도 부귀도 없다. 그들의 대단한 능력과 실력에도 불구하고 가치와 인정을 받는 직업군이라 하기에는 아직 그렇지 못한 세상이다. 어느 누구도 눈여겨 보아주지 않고, 심지어는 TV에 방영이 되지 않았다면 그러한 일이 있는지조차 모를 직업군들이다. 우리는 그러한 사람들을 통해 세상 삶의 다양한 면을 새삼 깨닫기도 한다. 달인직업의 대부분은 남들이 하길 꺼려하는 하찮은 일들로 여겨진다. 그들의 수입은 대부분이 몇몇 예외를 제하고는 그리 많지 않다. 그럼에도 그들은 그 직업을 천직으로 알고 10년, 20년 더 나아가서는 30년이 넘게 외길을 걸으며 오직 열심히 살아가는 사람들이다.

그러나 단순히 숙달된 기술을 지닌 평범한 사람들이라 하기엔 너무도 대단한 사람들이 바로 생활의 달인들이다. 우리 주변에 있으면서도 눈에 띄지 않았던 위대한 사람들이다. 그들은 하나같이 아름다운 심성을 가진 사람들이다. 그래서 그들의 진지한 삶의 자세와 평범한 일상이 무한히 존경스러워진다.

더욱이 오만과 불손의 극치로 자신과 사회를 기만하고 세상을 어지럽히는, 소위 고위직에서 명성과 부귀를 누리며 군림하고 있는 사람들이 깊이 반성하고 본받아야 할 삶의 자세가 아닌가 생각해 본다.

얼마 전 구두닦이 달인의 방송을 보고 참으로 아름다운 삶의 자세에 감동했다. 방송 후 달인에게 CF촬영제안이 들어왔지만 "저는 그정도는 아닙니다."라며 공손히 거절했다고 한다. 이 분은 평생을 구두닦이로 부끄럽지 않게 살며, 오히려 천직이라는 자부심으로 가장의 역할을 다해 온 사람이다. 자녀들도 부끄러워하지 않고 촬영에 응하여 당당하게 아버지의 자부심을 격려해 주는 모습을 보고 정말 부끄러워해야 할 나 자신을 보았다.

이 분의 겸손을 우리 모두 배웠으면 하는 간절한 마음이 떠올랐다. 지금껏 한국의 정치, 경제, 사회의 왜곡된 모습들을 못 마땅하게 바라보던 필자에게는 너무도 큰 충격과 아름다움으로 닥아 왔다. 특히 부정과 부패의 노예가 되어버린 고위공직자들이 좀 본받았으면 하는 간절한 바람이다.

아무리 직업에 귀천이 없다고들 하지만 아직도 귀천의식은 사라지지 않고 있다. 우리의 대학진학은 80%를 넘고, 그래서 이 좁은 땅에 대학은 420여 개나 된다. 좋은 직장에 취업하려 밤을 새워 취업고시에 매달리고 있는 청년들, 그리고 고학력 청년실업이 사회문제로 되고 있는 게 현실이다.

이에 필자는 새삼 겸손의 자세가 어떤 것인가를 일깨워 준 구두닦이 달인님에게 감사드리며, 달인이 되신 모든 분들에게 더없는 찬사를 보낸다. '생활의 달인' 제작진에게도 격려와 감사하는 마음을 전하면서 고위직에서도 진정한 달인이 나오는 세상을 기대해 본다.

- 2011/02/28 -

# 독일에서 온
## 친구가 본 한국

　지난주 독일에서 친구(Kurt Puschik)가 울산을 방문하고 돌아갔다. 80년대 독일유학시절 같이 공부했던 친구이다. 필자가 91년에 귀국한 이후 약 20년 만에 한국의 울산을 방문했으니 참으로 반가운 만남이 아닐 수 없었다.

　필자가 1980년에 독일에 유학을 갔을 때 한국은 소위 개발도상국이었고, 아르바이트와 독일에서 받게 된 장학금으로 공부하는 가난한 유학생이었다. 선진국의 독일에 비해 한국은 잘 알려져 있지도 않은 작은 나라에 불과했다.

　친구는 10여 일간 필자의 집에 머물면서 울산과 인근의 부산과 경주, 그리고 대구를 방문하면서 한국을 구경하였다. 그는 한국을 방문하기 전 다양한 경로를 통해 많은 정보를 가지고 있었고, 또한 한글도 뜻은 잘 모르지만 떠듬떠듬 읽고 쓸 수 있을 정도였다. 참으로 대단한 열정을 가진 친구라고 생각했다.

그는 한국의 경제발전상을 직접 경험하면서 이 정도로 대단한 나라일지는 몰랐다면서 연거푸 감탄사를 쏟아내었다. 필자도 한국과 울산이 매우 자랑스러웠고 크게 자부심을 가졌다.

필자는 신이 나서 울산을 구경시켜주었다. 석유화학공단, 온산공단, 매곡공단, 현대자동차, 현대중공업 등 울산의 산업발전과 경제발전상을 보여주었다. 그리고 문수경기장, 울산대공원을 거쳐 장생포고래박물관, 간절곶, 반구대암각화, 천전리각석, 작천정, 등억온천, 주전과 정자해변 등 나름대로 유명한 울산의 곳곳을 다녔다. 정광사와 문수사 등 몇몇 사찰도 탐방했다. 또한 울산의 고래축제에도 함께했다. 단지 울산의 역사와 발전을 한눈에 보여준다는 울산박물관은 아직 개관이 되지 않아 아쉬운 점이 있었다.

어쨌든 그는 한국은 G20의 국가로써, 때로는 리더하는 국가로서 손색이 없음을 강조했고, 한국과 울산의 방문을 행운으로 생각한다는 말을 했다. 필자로서도 참으로 기쁜 일이고 보람 있는 가이드역할을 했다고 자부하고 있다.

그런데 몇 가지 문제점도 지적되었다. 먼저 음식문화이다. 유럽은 한 접시 요리로서 버려지는 음식이 없다. 그러나 우리나라의 경우 대부분의 음식, 특히 한식은 2~30개의 반찬들이 나온다. 한편 신기하기도 하여 가는 곳마다 그 수를 세면서 사진을 찍었다. 문제는 너무도 많은 음식들이 버려지고 있다는 사실이었다.

그는 그들의 습관대로 차려진 모든 음식은 다 먹어야 한다는 강박관념을 보여주었다. 남겨 두어도 괜찮다고 했지만 그는 거의 모든 반찬을 미련스럽게도 다 먹고자 했다. 무엇보다도 한국음식에 잘 적응하여 맛있게 먹었고, 또한 체형적으로도 대식가여서 다행이었다. 때로는 깔끔하게 그릇을 비운 우리에게 식당주인이 놀라기도 했다.

또 한 가지는 교통질서였다. 양보가 없고, 방향지시등도 켜지 않고 끼어들기(특히 택시), 꼬리 물기, 화물차의 위험한 적재 등이 지적되었다. 자전거는 야간임에도 표시등이 없고, 역주행을 하는 것에 대하여 위험성을 언급하였다. 거리의 표지판은 우거진 가로수에 가려 식별이 불가능한 곳이 많았다.

도시의 밤거리는 화려했다. 수많은 주점과 노래방 등 휘황찬란한 거리는 별천지와 같은 느낌을 받았다고 했다. 특히 태화강역 주변과 삼산일대 및 등억온천의 수많은 모텔에 대해 울산은 대단한 관광도시로 부각되었다. 저렇게 많은 모텔들은 당연히 많은 관광객이 있다는 것을 반증하는 것 아니냐고 확신했다. 이에 대해서는 필자도 자신있게 대답할 수는 없는 어려움이 있었다. 저 많은 모텔들이 과연 외부관광객들로 생존하고 있는지 말이다.

이처럼 독일친구의 한국과 울산 방문을 통해 필자가 느낀 몇 가지의 단상들은 의식의 선진화와 위상 제고를 위해 우리 스스로 좀 개선해야 될 것으로 생각된다.

- 2011/06/07 -

## 인생의 반쯤에
## 왔을 때 깨닫게 되는 것 I

아프리카나 남미 오지의 부족들은 우리들에게는 원시인으로 지칭된다. 그렇다면 첨단의 문명을 누리는 우리와 이들 간의 삶의 차이는 무엇인가? 차이는 단지 삶의 방식이 다를 뿐 한 생애를 살아간다는 삶 전체에는 다름이 없다고 본다. 서구와 동양, 그리고 아프리카는 살아온 역사와 방식이 다르다. 그래서 생각도 다르고 행동양식도 다르고 많은 것에서 다르다는 것을 안다. 그럼에도 우리는 서로가 공감하는 것이 너무도 많다는 사실을 또한 경험하게 된다.

최근 두 사람의 미국인이 쓴 '인생의 반쯤에 왔을 때 깨닫게 되는 것들'이 번역·출간되었다. 미국인이 아프리카를 여행하면서 원시적 부족들과 접촉하는 가운데 그들의 삶을 되돌아보고 어떻게 사는 것이 바람직한 삶인가를 깨달아가는 과정을 기술한 책이다. 필자는 이 책을 읽으면서 인생의 반쯤에 와 있는 나에게도, 아마도 우리의 많은 한국의 중년지기들에게도 공감이 가는 글이라는 확신이 들었다.

인생의 반쯤이라는 지점이 어디인지는 확실치 않다. 수명이 짧은 부족이나 시대에는 아마도 한 3,40대가 인생의 반쯤이라 할 수 있을 것 같고, 현대처럼 수명이 8,90이 넘는 시대에서는 4,50대가 인생의 반쯤이 되지 않을까 싶다.

우리는 인생의 반쯤 왔을 때 한번쯤 진지하게 되돌아보면 그때야 비로소 그동안 너무 많은 짐을, 그것도 꼭 필요하지 않은 것들까지 무겁게 짊어지고 있다는 것을 깨닫는다는 것이다. 그리고 그렇게 깨닫게 된다면 짐을 내려 한번 점검하고 다시 꾸리게 되면 바람직한 삶을 살 수 있다는 의미를 담고 있다.

딕은 철두철미한 준비성으로 여행에 필요하다고 생각되는 모든 물건들을 배낭 가득히 채우고 있었다. 그들을 안내한 아프리카 마사이족의 족장은 그 안에 무엇이 들어 있을까 몹시 궁금하게 생각했다. 그에 딕은 그의 철저한 여행준비성의 자부심으로 그 앞에 자랑스럽게 물건들을 내보였다. 아프리카 원시부족들에게는 분명히 문명의 이기라고 할 수 있는 대단히 자랑스러운 물건들임을 확신했다.

그러나 그것을 다 보고 난 후 마사이족의 족장이 이렇게 질문을 던졌다. "이 모든 것이 당신을 행복하게 해 줍니까?"
그 순간, 딕은 온몸이 그대로 굳어버렸다. 그 질문에는 아주 강렬한 무언가가 담겨 있었다. 단숨에 마음속 가장 깊은 곳에 잠들어 있던 가치관의 급소를 훅 하고 파고드는 그 한마디. 그날 저녁, 딕은 그 질문에 대답할 수 없었다. 아니 몇 주가 지나도록 확실한 답을 찾을 수 없었다. 찰나의 순간이었지만 그의 질문은 딕에게 그때까지 짊어지고 온 짐에 대해, 그리고 그렇게 많은 짐을 지고 온 이유에 대해 근본적으로 생각하는 시간을 갖게 했다. 나아가 이번 여행에 들고 온 짐뿐만이 아니라 평생에 걸쳐 짊어져 왔던 모든 짐에 대해서도.

그리고 딕은 무겁게 꾸려진 배낭의 많은 짐들을 내려놓았다. 그래도 여행에는 지장이 없었고, 더욱 상쾌하게 웃으며 가벼운 마음으로 여행할 수 있었다. 여행이나 인생에서도 우리가 생각하는 것만큼 무거울 정도로 많은 물건이나 짐이 필요치 않다는 사실을 깨닫게 된다. 그러기 위해서는 인생의 중반쯤에 왔을 때 한번쯤 자신의 인생의 짐을 점검해 보고 다시 꾸림으로써 가벼우면서도 행복하게 바람직한 삶을 살아갈 수 있는 길이 있음을 알게 된다.

딕은 '이 낯선 경험을 통해 삶의 우선순위에 따라 짐을 덜고, 과감하게 버리며 지혜롭게 소유하는 방법에 대한 깊은 통찰의 기회를 얻을 수 있었다'고 한다. 우리도 불필요한 잡다한 것들로 너무 무거워하며 찌들려 있지 않나 잠깐 인생의 배낭을 한번 점검해 보자.

– 2011/07/04 –

## 인생의 반쯤에 왔을 때
## 깨닫게 되는 것들 II

우리는 행복하기 위해, 때로는 자신을 지키기 위해 본능적으로 걱정을 하고 온갖 수단과 방법, 그리고 물건들을 끌어 모으며 이고지고 살아간다. 누구나 살기 위해 짐이 필요하다. 이 세상에 짐 없이 훌훌 날며 살아가는 사람이 어디 있겠는가. 그런데 누구는 너무 많은 짐으로 스스로 괴로워하고 쓰러지며 삶을 망치는 경우가 허다하다.

그래도 그것을 깨닫지 못하고 끝까지 무거운 짐에 짓눌려 살다 가는 사람이 더 많다. 어떤 사람은 자기 짐도 아닌 세상의 온갖 짐을 다 짊어지고 끙끙거리며 살고 있다. 자신이 하고 있는 일을 살기 위해 그렇게 끙끙거리며 마지못해 하는 지옥처럼 생각하기도 한다. 어쩌면 그것은 사는 것이 아닐지도 모른다. 인생의 반쯤에서 한번 인생을 점검하고 다시 꾸려보자.

우리는 어떤 짐을 그리도 버겁게 지고 있는가? 누가 지운 짐인가?

그 모든 짐은 우리 스스로 짊어진 것이다. 내 욕심으로 미련스럽게 짊어진 것이다. 가족, 친구, 동료, 이웃, 동네, 사회, 국가 등 우리는 불가피하게 연결되어 살지만 그 모든 것을 자신이 다 짊어지고 가야할 짐은 아니다. 그렇다고 그들에게 물어본 적도 없다. 자기가 왜 그 모든 짐을 무겁게 지고 가야 하는지.

우리들이 지고 있는 짐에는 너무도 불필요한 자질구레한 것들이 많다. 자기 집안을 한번 둘러보라. 지금까지 살면서 모아온 가재도구며 옷이며, 생활용품, 선반이며 서랍장 등 구석구석을 자세히 들여다보라. 온갖 자질구레한 것들로 가득 차 있다.

그 중에서 일상생활에 늘 사용되는 것은 몇 가지 안 된다. 아마 있는지 없는지조차 모를 물건들로 가득할 것이다. 막상 정리하고 버리려고 하면 쉬이 결정할 수 없는 것들도 수없이 많다. 그래서 차마 버리지 못하고 있어 짐이 되고 있다. 그러나 이제 버릴 것은 과감히 버릴 줄도 알고 떨쳐버릴 것은 과감히 떨쳐버릴 수 있는 용기가 필요하다.

아파트, 땅, 자동차, 빌딩으로 부자소리 들으며 사는 날이 있다면 얼마나 좋겠는가? 그런데 그 모두를 욕심으로 빚내어 꾸린 짐에 짓눌려 있다. 은행대출에, 카드빚에 발이 묶여 끙끙거리며 빚 갚기에 허리가 휘어지고, 주변 돌볼 겨를도, 친구 한번 찾아 볼 겨를도 없는 팍팍한 날을 보내며 늙어간다. 왜 하우스 푸어(house poor), 빌딩 푸어, 카 푸어가 되어야 하는지 좀 생각했으면 한다.

어쩌면 이러한 물질적 짐뿐만이 아니라, 우리는 더 많은 정신적 짐에 찌들려 허우적거리기도 한다. 과거에 대한 회한과 미래에 대한 걱정도 마찬가지다. 진정으로 자신에 대해 고민하고 걱정하는 것보다 정치며 경제며 남에 대한 걱정과 투덜거림으로 지쳐 있다. 그렇다고 그 남에게 하등의 도움도 되지 않으면서 말이다. 차라리 세상걱정을 덜고 오늘 하루하루를 성실하게 살아가는 것이 더 중요하다.

다들 노후걱정을 하고 있지만, 당장 오늘 하루도 행복해야하는 것이 삶이 아닌가? 오늘을 열심히 의미 있게 살면 내일은 반드시 오늘이 된다는 것을 깨달아야 한다. 오늘의 두더지가 미래에는 두더지가 아닐 수 있나. 오늘을 살 수 있는 한통의 우유가 없다면 내일의 10통의 우유가 무슨 의미가 있는가?

그렇게 등이 휘어지고 병든 노후, 돈만 있다고 행복한가? 인생의 반쯤에서 인생의 배낭을 다시 한 번 점검하고 등 휘어지고 병들기 전에 그러한 욕심의 짐을 좀 내려놓자.

이처럼 우리가 인간답게 바람직한 삶을 살아가는 데에는 그렇게 많은 자질구레한 것들이 다 절실히 필요하지 않을 수 있다. 온갖 물건이며 책임을 악착같이 끌어 모으다 보면 결국 그것들을 제대로 감당할 수 없는 지경에 처하는 '피터의 법칙'에 매몰되고 만다. 더 늦기 전에 우리의 인생배낭 짐의 무게를 다시 한 번 달아보자.

− 2011/07/11 −

# 갈릴레이의
# 거짓말의 도덕성

갈릴레오 갈릴레이는 1632년 지동설을 주장하는 '두 세계 체계와의 대화'를 출간했고, 그로 인해 종교재판에 회부되었다. 로마교황청은 갈릴레이에게 자신의 이론을 부정하고 지동설을 철회할 것을 권고했다. 이미 32년 전(1600년) 브루노(Bruno)가 같은 이유로 바로 이 재판장에서 화형선고를 받았다.

갈릴레이는 교황청의 뜻을 따르기로 했다. 따라서 맹세문을 낭독했다. "나는 성무청으로부터 잘못된 견해, 즉 태양이 세계의 중심이며 움직이지 않고, 지구는 세계의 중심이 아니며 움직인다는 견해를 완전히 포기하라는 명령을 받았습니다. 이 잘못된 학설을 주장해서는 안 되며, 그것을 옹호해서도 안 되고, 말로나 글 어떠한 방법으로도 그것을 가르쳐서는 안 된다는 명령도 받았습니다. 이 학설은 성서에 위배된다는 설명도 들었습니다. 그럼에도 불구하고 나는 이미 이단선고를 받은 이 학설을 위해서, 그 어떤 결론에 도달하지 않으면서도 매우 능숙하게 이 학설에 유리한 여러 가지 근거를 제시하는 책을 써서 출판했습니다."

　그래서 처형을 면하고 살아났다. 즉 살아남기 위해 거짓말을 했다. 그렇지 않다면 진실을 그리고 확고한 신념을 주장하고 죽어야 했다. 지동설이 어떠한 경우도 불변의 진리로 존재하는 확고한 신념이라면 거짓을 말하는 것이 바람직하지 않은가? 아니 오히려 그것이 정의이지 않은가? 이 거짓으로 인해 어느 누구도 피해를 입지 않았다. 오히려 손상된 로마교황청의 권위를 회복했고, 갈릴레이는 목숨을 건졌고 지동설은 역시 유효하다. 이것이 바로 일석삼조의 효과가 아닌가?

　로마교황청이 갈릴레이를 종교재판에 회부한 의도와 궁극적 목적이 무엇인가? 로마교황청에서는 갈릴레이가 지동설을 철회한다면 지동의 진리가 바뀐다고 믿었겠는가? 그렇지는 않다. 교황청은 실추된 권위를 회복하는 것이 현실적 목적이었고, 갈릴레이도 그 정도의 지혜라면 살길을 찾을 수 있을 것이라 믿었다고 본다.

　이 경우 칸트는 갈릴레이를 살릴 것인가 죽일 것인가? 칸트에 의하면 내가 어떤 행동을 하는 것과 내가 어떤 행동을 해야 한다는 것(원칙)을 생각해 보는 것과는 다르다. 인간이의 존재하고 있는 방식과 존재해야 하는 방식이 다를 수 있기 때문이다. 당위성은 인정하지만 현실조건에서 존재하고자 하는 의지를 반하는 당위성, 즉 존재해야 할 방식은 따르지 않는다. 이것은 개인의 자유의지이다. 그러나 현실조건에서 당연히 죽어야 할 사람이 현실조건을 거부함으로써 살아남거나 이익을 챙기는 것은 옳은가?

로마가톨릭의 종교적 세계관(가치체계)은 현실조건이고 당위성이다. 이 존재해야 할 방식으로써의 종교적 세계관을 따르지 않았기 때문에 죄인이 되었고, 이러한 종교와 과학의 갈등을 평화적으로 해결할 방식을 이미 갖고 있었던 로마교황청의 제안에 따름으로 해서 살아남을 수 있었다. 그러나 여기에는 존재해야 할 방식이 이미 잘못된 것이라면 해석과 행동이 달라져야 한다. 갈릴레이의 선택은 바로 이 존재해야 할 방식의 오류에 기인한다 할 수 있다.

그러나 독일의 희곡작가 브레히트(Brecht)는 희곡 '갈릴레이의 생애'에서 갈릴레이를 신념을 저버리는 사람으로 비하하고 있다. 즉 칸트의 정의에 의하면 도덕적 가치가 떨어지는 행위로 이해된다. 결국 결과에 관계없이 살기 위해(또는 이익을 취하기 위해) 거짓말을 하는 것과 진실을 또는 확고한 신념을 주장하고 죽는 것의 차이를 생각해 볼 문제이다.

그래서 만약에 갈릴레이의 행동이 옳다고 한다면 정치나 종교적 권력 앞에서 진실이나 정의가 지켜질 수 없다. 단지 타산적으로 전체의 공익에 유익하다는 공리주의만이 정의로운 것일 수 있다.

- 2011/08/01 -

# 금융수장의
## 2천만 원 예금통장 쇼

저축은행은 서민들에게 다른 금융기관보다는 조금 높은 금리로 저축을 유도하는 기능을 가장 큰 목적으로 설립되었다. 그들의 몇 백 또는 몇 천만 원은 힘겹게 한 푼 두 푼 모은 피와 땀이 묻은 돈이다. 그런데 저축은행 경영자들은 서민들의 피와 땀을 빨아먹는 흡혈귀로 둔갑했다. 천인공노할 일이다.

조금 높은 금리로 순진한 서민들을 유혹하고, 권력과 결탁하여 사금고 역할을 했다. 급기야는 비리와 부실경영의 대표적 저축은행 몇 개를 정리하는 것으로 가닥을 잡았다. 결국 정부는 아직도 부실한 은행을 과감히 정리할 의지는 없었다. 정부나 임원의 권력자가 책임져야할 부분이니 그들 스스로 희생자가 되고 싶지 않은 선에서 마무리 할 것은 불을 보듯 명약관화하다.

오히려 공적 자금을 투여한다고 한다. 공적 자금은 국민의 세금이다. 왜 우리가 낸 세금으로 흡혈귀에게 고액연봉을 줘야 하고, 그러한 비리와 부실은행을 구제해야 하는가? 차라리 그 공적 자금으로 서민들이 피해를 보지 않도록 예금을 보상해 주고 그 외 부실은행은 모두 과감히 퇴출시키는 것이 옳다.

어쨌든 저축은행에 예금을 한 서민들은 불안하다. 그래서 나머지 저축은행의 예금자들이 일치감치 예금을 인출하는 사태가 벌어졌다. 당연한 일이다. 그러자 김석동 금융위원장이 마치 메시아처럼 나타났다. 그는 은행창구에서 방금 개설한 2천만 원짜리 예금통장을 흔들며 예금자들을 향해 안심하라고 외쳤다. 그러자 또 저축은행 경영진단을 책임진 금융당국 수장들이 줄줄이 2천만 원을 예금하는 쇼를 벌였다. 뉴스에서는 이를 열심히 홍보했다. 이처럼 갑자기 2천만 원을 예금할 여력이 그들 아니면 서민들 중에 누가 가능하겠는가? 소도 웃을 일이다. 참으로 가관이다.

금융관련기관 수장은 재력가에다 권력자이다. 만약 또 다시 위기가 온다 하더라도 그들이 예금한 2천만 원을 못 받을 가능성은 0%도 없다. 2억도 아닌 2천만 원은 누구나 보호받는 금액이다. 무엇보다도 그들은 그쯤 되면 누구보다도 빠른 정보로 대처할 것이다. 거기에다 감히 어느 행원이 그들의 우선순위를 거부하겠는가. 아니 은행원은 그들부터 먼저 정보를 제공하고 챙겨줄 것이다.

거기에다 금융관련기관 수장의 연봉은 수억대에 달한다. 업무추

진비까지 합친다면 일반국민의 상상을 초월한다. 그런 금융수장들의 2천만 원과 서민의 2천만 원은 그 가치가 다르다. 그들에게 2천만 원이 껌 값에 불과하다면 서민들의 2천만 원은 목숨을 바꾸는 가치를 가지고 있다.

따라서 금융수장들의 2천만 원 예금행동은 국민을 우롱하는 쇼에 지나지 않는다. 누구의 아이디어로 그러한 작태가 벌어졌는지는 모르지만 소위 윗사람들이 생각하는 것이 고작 그것뿐이란다. 그러한 그들이 어찌 올바로 감독을 할 수 있을 것인가. 오히려 고양이에게 생선가게를 맡기는 꼴이다. 분노를 참지 못하는 서민들의 아픔에 2천만 원짜리 예금통장을 들고 흡혈귀의 희생자가 되라고 유혹하는 것이나 마찬가지다.

정부는 공적 자금 투여로 국민의 세금을 더 이상 낭비해서는 안 된다. 은행장이 자살까지 하는 이 기회에 비리와 부실은행은 과감히 퇴출시키는 용단을 내려야 한다. 그리고 그 책임을 물어 금융관계자들도 과감히 그리고 영원히 퇴출시키는 용단을 보여주길 바란다.

- 2011/09/26 -

## 철가방 기부천사
## 김우수 정신

  2011년 9월 28일 밤부터 천애의 고아 김우수씨가 기부천사로 보도되면서, 모처럼의 아름다운 이야기에 가슴이 찡하다. 그는 중국집 배달 월급 70여만 원으로 어렵게 살다 너무도 안타깝게 생을 마무리하였다. 고아원에서 자라나 한 많은 세상에서 교도소 수감생활까지 하였다. 부정과 부패의 사건들이 연일 TV뉴스를 먹칠하는 이 세상에 철가방 하나로 기부천사의 생을 마감한 그는 무엇을 의미하는가?

  1살짜리 아기가 수십 채의 임대주택을 보유하고, 뇌물과 비리로 치부하고, 수많은 재벌들이 갖은 방법으로 탈세하고, 어쩔 수 없이 내는 기부금으로는 카메라플래시나 의식하며 으스대는 이 세상에 그야말로 희생적 나눔 정신을 보여주는 것이었다. 현재에 찾아보기 힘든 아름다운 이야기가 평범한 우리의 가슴을 더 아프게 한다.

  누가 그러한 환경의 사람으로부터 자기 자신의 돌봄을 포기하면서 기부하기를 원하겠는가. 그러한 사람은 사회에 피해를 끼치지 않는 것만으로도, 자신의 삶만을 열심히 살아가는 것도 우리로서는 다행스럽게 생각해야 한다.

사람은 아차 하는 순간에 잘못된 생각과 행동을 할 수 있고 실수를 할 수도 있다. 그 잘못을 깨닫고 되풀이하지 않는다면 그 사람은 성공적 삶을 사는 것이다. 그 한 번의 실수를 우리는 결코 매도하지 않는다. 오히려 그러한 사람의 정신과 삶을 바로 귀감으로 삼고자 할 것이다.

지금 이 순간에도 다른 한 편에서는 그야말로 귀감이 되어야 할 사람들이 부정과 부패로 구속되어 누가 거짓말을 하는지 모를 공방전을 벌이고 있다. 서로 책임을 떠넘기고 너 죽고 나 살기에 매달리고 있다.

청와대에서는 권력형 비리에 대해 성역 없는 철저한 수사를 하달했다. 이러한 일은 한 두 번이 아니었다. 또 말로만 끝날 공산이 크다. 그들은 모두 한때 권력에 아부하며 충성한 사람들이다. 이 순간만 모면하면 또 언젠가 공권력의 수장이 되어 공생할지 모르는 게 현실이다.

저축은행사건에서 보면 권력과 부의 공생은 서로가 서로를 보호해주는 가운데 부귀와 영화를 누리는 세상이다. 순진한 서민들은 그들의 먹잇감에 불과할 뿐이었다. 어디다 하소연할 곳도 없다. 사회정의실현을 위한 수많은 기관과 단체들이 있지만 한 번도 제대로 억울한 사람들의 가슴을 달래 준 적이 없다. 유권무죄요, 무권 유죄의 세상이 되어버렸으니 말이다.

또한 정치권에서는 권력쟁탈에 여념이 없다. 권력을 위해서는 아름다운 이야기를 더 아름답게 덧칠하여 마치 자신의 이야기처럼 재생산만 한다. 그것으로 부족하면 중상모략으로 끌어내리고 자신은 천사임을 부각시킨다. 앞으로 10.26재·보궐선거, 내년의 총선과 대선에서는 또 어떤 난리 굿판이 벌어질지 심히 우려스럽다. 이 필자의 예측이 제발 빗나가기를 바라지만 말이다.

난장판이 될 것 같던 서울시장선거가 한편 정리되어가는 것 같아 좀은 다행스럽기도 하다. 여권성향의 이석연 변호사가 후보를 포기했다. 이 모습은 안철수 교수의 의연한 물러남에 이어, 그나마 이성적이고 현실을 직시할 줄 아는 사람으로서의 아름다운 결정에 아름다운 이야기로 생각된다. 다른 한편 야권에서도 둘로 나뉘어 패하기보다는 이제 하나로 뭉치어 진정한 정책대결로 서울시민의 선택을 바라는 아름다운 이야기가 되기를 기대해 본다.

우리 평범한 시민은 아름다운 이야기가 많은 세상에서 살고 싶다. 그 아름다운 이야기는 권력과 부를 가진 자들이 만들어 낼 때 더욱 아름답고 값지다. 서민과 약자들의 부정도 많이 있지만 그것은 가진 자들의 실천을 통한 나눔과 감시에 쉬이 정화될 수 있다.

기부천사 김우수 정신의 아름다운 이야기가 어느 날의 해프닝으로 묻혀버리지 않기를 바란다. 특히 권력과 부를 가진 사람들의 심금을 울려주기를, 그리고 이제 그들이 진정으로 아름다운 이야기를 만들어 내는 주역이 되기를 기대해 본다.

- 2011/10/04 -

## 12월의 단상(斷想)

　우리가 만들어 놓은 시계가 움직임에 따라 시간이 지나고, 하루가 지나고, 한 달이 가고 또 한 해가 간다. 이 시간의 흐름은 누구도 어찌할 수 없다. 세월을 등지고 사는 사람도 있다지만 어떻게 세월을 비켜가겠는가? 세월을 등지고 비켜가려 하지 말고, 세월을 당당하게 보내야 한다. 그 시간과 세월이 오로지 나에게만 가고 가혹한 것은 아니다.

　그 누구든 시간의 흐름은 부정하지 못한다. 내 시계바늘을 멈추게 한다고 시간과 세월이 멈추지 않는다. 시간은 보이지 않는 가운데 흐른다. 짧은 시간 시간이 흘러감은 잘 느끼지 못하면서도, 그 시간들이 지나 한 해의 마지막 달인 12월이 되면 왠지 한꺼번에 다 흘려보내는 것 같은 느낌을 가진다.

　그래도 시간은 누구에게나 공평하다. 그럼에도 이 시간의 흐름은 사람에 따라 의미가 다르다. 누구에게는 기쁨이나 성장의 의미가 있고 누구에게는 아픔이나 늙어가는 의미가 있다. 아이와 젊은이에게서의 성장은 기쁨이다. 장년과 노년층에서는 꼭 슬픔은 아니더라도 그리 기쁘게만 받아들여지지 않을 수도 있다. 늙어 감은 약해지고 쇄락하여 결국은 죽음에 이르는 과정이기도 하다. 이것이 우리의 삶이다.

시간의 흐름은 어찌할 수 없는 것이지만 누구는 대단한 업적을 남기고, 추앙받으며 살아온 지난날을 되새기며 자랑스러워한다. 누구는 과오로 점철된 인생을 후회하기도 하고, 또 어떤 이는 뭐 그리 내세울 것 없는 세월을 허무하게 생각하는 사람도 있을 것이다. 또 누구는 아직도 살기 위해 온갖 고난의 시간에 부대끼며 그런 생각조차 못하는 고단한 삶을 살아가는 사람도 있을 것이다.

어떤 이에게는 삶이 죽음처럼 고통스럽게 생각될 것이다. 그래도 어느 한강투신자살 미수인이 쓴 것처럼 '차가운 물속에서 죽어가는 고통'처럼 큰 고통은 아닐 것이다. 정호승 시인님의 말씀처럼 산산조각이 나면 산산조각이 난 대로 살자. 의미 없는 삶이란 없다. 각자에게 주어진 삶은 누구에게나 의미가 있다. 그 의미를 찾는 것이 삶이고, 각자의 삶에 의미를 부여하는 것도 각자의 몫이다. 아무리 어렵고 고통스런 하루하루라 하더라도 그것을 견디며 살아내는 것 자체가 살아가는 의미이다. 성공하고 훌륭하게 된 사람들은 다 그렇게 살아왔다. 그것이 바로 무게 있는 삶이다. 삶은 결코 가벼운 것이 아니다. 가볍지 않은 삶을 가볍게 사는 것도 삶의 지혜이다.

12월이면 모두가 바쁘다. 저 위에서는 연일 쇄신이니 통합이니 재창당이니 하고 권력투쟁에 바쁘다. 언론에서는 보도하기에 바쁘다. 12월이면 서민인 우리도 바쁘다. 이 해가 다 가기 전에 한 해의 마무리를 하고, 한 가지라도 더 이루려 하고자 바쁘다. 한 해의 막바지에서 지인에게 안부와 위로와 희망의 문자메시지도 보내고, 전화도 하고, 선물도 보내며 열심히 마무리를 하기에 바쁘다. 각종 모임에서는 송년회로 바쁘다. 31일이나 되는 날이 모자랄 숱한 일정으로 수첩의 하루하루가 가득 차 있다.

송년회에서는 모처럼 만나는 사람과도 서로 덕담을 나누고 서로에게 새해의 만복을 기원해 주자. 송년회에 술이 빠질 수 없으니 너무 취하여 잘 쌓아 온 한해의 치적을 한숨에 망가뜨리는 우를 범하지 않도록 자신과 약속하자. 참한 송년회가 되도록 하자.

시간은 누구에게나 공평하게 주어졌는데도 결국은 시간을 잘 활용한 사람은 성공을 했고, 짧은 순간이나 시간의 의미를 깨닫지 못하고 헛되이 시간을 보내고 하루를 보낸 사람은 12월이면 착잡해지기도 한다. 그래도 아직 남은 12월의 오늘과 내일을 의미 있게 살며 보내자. 우리에게는 또 내년이 있다. 내년에도 열두 달은 누구에게나 또 공평하게 주어진다. 너무 지난 과거에 얽매여 실의에 빠지지 말고 이 순간부터 다시 시간의 의미를 되새기자.

-2011/12/12-

## 5060세대의 자화상

5060세대는 오늘날 한국사회의 눈부신 발전을 일구어 낸 주역이었다. 전후 6,70년대의 가난과 싸웠고, 정치적으로는 권리는 모르고 국가에 헌신적 의무만을 강요받으며 살아왔다. 시골에서는 사방공사에 동원되고, 식전부터 도로의 자갈 고르기에 동원되었다. 새마을운동에 동참한다고 밭이며 논이며 보상도 없이 길을 내어 주고 참으로 착하게 살았다.

'잘 살아보세' 노래가사에 맞추어 잘 살아보려고 억척같이 살았다. 못 배운 한으로 자식 대학 보내느라 무던히도 인고의 세월을 견디어 냈다. 부모에게는 받은 것 없어도 무조건 헌신적으로 효도해야 하는 사람들이었다.

그들은 가히 자신을 위한 삶이기보다는 자식을 위한 삶을 살았다 해도 과언이 아니다. 자식을 위해 살았지만 자식으로부터 가장 대우

못 받는 설움의 세대이다. 80년대 후반을 지나 90년대와 2000년대에 태어난 신세대자녀들은 지나치게 자기중심적이다. 가난을 대물림하지 않으려는 우리들의 살을 깎은 풍요로 길러진 신세들은 가난의 역사를 모르고 사회를 모르고 자랐다. 오직 자신들만을 위해 세상이 존재하는 것처럼 착각하는 세대들이다. 우리가 효도를 바라지도 않지만 효도를 모르는 세대이다.

간혹 친구들과 모임에서 효도하는 착한 자식들의 이야기를 부럽게 듣기는 하지만 그것이 예외가 되어버린 것이 현 5060세대의 자화상이다. 직장에서는 살기 위하여 순종하였고, 그로 인한 스트레스는 가정으로 가져왔고, 소주로 풀어갔다. 그런 속에 우리는 우리도 모르게 권위주의적이 되어갔다. 6,70년대 권위주의를 가장 반대하며 민주화를 외쳤던 우리가 다시 권위주의적이 되면서 자식세대와는 불가피한 갈등을 겪을 수밖에 없게 되었다.

어쨌든 그간 돈도 좀 벌었고 여유 부릴 만한 때도 되었지만, 그 돈을 의미 있게 쓰는 방법을 모른다. 그저 소주나 한 잔 하고 푸념이나 늘어놓다가 노래방에서 노래나 한 자락 하는 것이 전부다. 그래도 맘 한구석에는 허전함이 남아 있다. 이 모든 것이 소통의 문제였다. 자식들로부터 뭔가를 바라는 것보다 5060세대 스스로 풀어야 할 과제다.

우리는 말을 하며 사는 존재다. 그런데 살다 보면 이래저래 말 못하고 답답해하는 경우가 한 두 번이 아니다. 그래서 서로에게 섭섭해하고 때로는 그것이 앙금이 되어 서로를 불신하게 된다. 부부간에도 차마 말을 못하는 답답함이 있다. 자존심 때문에 말 못하고 끙끙거리다가 어떤 문제가 생기면 한꺼번에 폭발하여 크게 잘못되는 경우를 종종 본다.

특히 5060세대는 사랑한다는 말이나 미안하다는 말에 인색하다. 사랑한다는 말은 쑥스러워 못하고, 미안하다는 말은 자존심 때문에 못한다. 옛날에 가끔 연애편지 쓰던 시절을 상기하고 친구에게, 자식에게, 남편이나 아내에게 한번 편지를 써 보자. 한두 줄의 메모에도 그간 서로가 몰랐던 마음과 생각을 읽을 수 있다. 바로 그것으로 서로가 감동하고 피식 웃으며 이해하고, 그동안 섭섭하게 생각했던 모든 감정들을 봄눈에 녹여버리자.

물론 하도 정치가 거짓이나 지껄이고, 서로를 헐뜯기나 하고, 부정과 비리로 세상을 어지럽게 하는 정치인들의 모습들을 매일 보노라면 화가 치미기도 한다. 그렇다고 우리까지 못난 사람이 되어서야 되겠나.

이제 곧 봄이 온다. 아직 춥다한들 그것은 꽃을 시샘하는 추위일 뿐이다. 우리의 어렵고 칙칙했던 과거를, 응어리졌던 일들로 남겨진 상처를 우리 스스로 치유하고, 남은 여생을 진정으로 사랑하며 인간답게 살아가도록 하자. 이제 과욕부리지 말고 얄팍한 자존심으로 기싸움하지 말고 친구간이건 부부간이건 조금씩 물러서 보자. 과거에

얽매이지 말고, 차라리 고난을 딛고 일어선 영웅담으로 조금이나마
베푸는 마음으로 여유를 가지고 세상을 품자.

- 2012/03/19 -

## 잘 죽기 위해 산다

영국 이코노미스트지(誌) 산하 연구소가 2년 전 OECD 30개국을 포함해 세계 40개국을 대상으로 각 나라 사람들의 '죽음의 질(Quality of Death)' 순위를 매겼다. 죽음에 대한 사회 인식, 임종과 관련한 법 제도, 임종환자의 통증과 증상을 관리하는 치료수준과 비용부담 등 27가지를 지표로 얼마나 품위 있게 죽음을 받아들이는가를 비교한 것이다. 영국이 제일 높은 평가를 받았고 한국은 하위권인 33위였다.

또 하나의 죽음의 질을 생각해 본다. 우리는 나름대로 강한 삶의 의지를 갖고 살아간다. 보편적으로 주어진 사회화 프로그램에 의해 저마다 고유한 삶의 방식으로 살아간다. 어떤 방식으로든 잘살기 위해서 열심히 살아간다. 아마도 약 30세까지는 대부분 미래에 잘 살고자 하는 목적으로 오늘은 좀 고생스럽게 억측까지 살아도 괜찮다고 생각한다. 어떻게 생각하면 미래도 중요하지만 오늘을 인간답게 살아가는 방법을 터득하는 것이 더 중요할지 모른다. 그래서 하루하루를 의미 있게 열심히 살아가는 것이 중요하다.

그런데 나이가 한 40줄이 넘어가면 언젠가는 죽는다는 것을 생각하게 된다. 죽음은 두려운 것이기도 하지만 나이가 더 들어갈수록 죽음의 개념은 더욱 진지하게 받아들여진다. 지금까지는 잘 살기위해서 열심히 살아왔지만, 죽음의 개념을 떠올리게 되면서부터 어떻게 사는 것이 잘 사는 것인가 보다 어떻게 죽음을 맞이할 것인가를 더 진지하게 생각하게 된다. 잘 죽기 위해 산다는 말이다. 어떤 족적을 남기고 평을 받으며 죽을 것인가?

곰곰이 생각해 보면 잘 살기 위해서 열심히 사는 것이 아니라, 잘 죽기 위해서 열심히 산다는 말이 결코 잘못된 생각이 아닌 듯싶다. 특히 우리 한국사회의 문화에서는 더욱 그렇다. 누가 죽었느냐에 따라 장례예식이 달라진다. 한 국가의 위대한 업적을 남긴 사람, 즉 대통령이나 수상이 죽으면 국장이라는 화려하고 엄숙한 장례를 치른다. 생전의 사회적 지위와 역할에 따라 장례규모가 달라진다. 동서고금을 막론하고 거의 예외가 없다.

오늘날 우리 한국에서는 망자의 족적도 중요하지만 그 자손들의 사회적 지위에 따라 그 장례규모가 달라지기도 한다. 자손을 잘 둔 것도 영광스럽게 잘 죽기 위한 삶이었다 할 것이다. 얼마나 높은 지위의 조문객이 오는가, 그리고 얼마나 많은 조문객이 또 얼마나 많은 화환이 바쳐지는가에 따라 망자와 자손들이나 친족들의 삶을 가늠해 볼 수 있다.

　우리나라에서는 죽음과 동시에 위패에 지방을 써 붙인다. 그 지방에는 망자의 최고의 사회적 지위와 직위를 기재한다. 벼슬이 없는 남자에게는 학생(學生) 또는 처사(處士)라는 직위를 기재하고 그리고 벼슬을 하지 못한 사람의 아내에게는 유인(孺人)이라는 조선시대의 마지막 단계 벼슬인 문무관9품의 아내에게 주어진 직위를 붙여준다. 오늘날 공무원직의 직위에 따르면 5급 사무관 이상을 조선시대의 벼슬로써 지방에 쓰이는 관직으로 본다. 오늘날은 사회적 지위와 직위가 너무나 다양해져서 가가예법으로 예를 갖추겠지만 관행은 그렇다. 지방과 축문에 이러한 직위를 남기는 것은 바로 망자가 생전에 어떠한 삶을 살았는가를 보여준다. 그 사람은 결국 열심히 살았고, 잘 살았으며, 그것은 바로 그렇게 잘 죽기 위해 산 것이라 할 수 있다.

　이것은 바로 '죽음의 질(Quality of Death)'을 높이는 것이다. 그런데 우리 사회의 많은 사람들은 이 죽음의 질을 높이기 위해서 부정과 부패를 수단으로 벼슬을 하고자 한다. 그것으로 획득된 벼슬은 그 벼슬을 욕되게 하는 것이며 결코 잘 살았다고 할 수 없으며, 추하게 살다 추하게 죽는 것임을 명심해야 한다.

- 2011/09/17 -

개띠의 말복 우정

한여름 삼복은 해마다 맞는 것이지만 근년에 와서는 삼복답지 않은 삼복이 더 많다. 다들 이상기후변화 때문이라고들 한다. 헌데 올해의 삼복은 7,80년대의 삼복도 아닌 유별난 삼복더위가 기승을 부리고 있다. 비 한 방울 없는 삼복의 찜통더위는, 더욱이 수 주일 동안 계속되는 38,9도의 더위는 80여년 만에 처음 세우는 기록이란다.

낮에는 찜통더위, 밤에는 열대야로 잠 못 이루고 시달리는 사람들, 일사병.열사병으로 죽어가는 사람들 등 날마다 혹서가 최대관심의 뉴스거리가 되고 있다. 정부에서는 전력 비상사태를 선포하고 날마다 절전을 호소하고 있는 실정이다. 고도문명이 가져온 이상기후현상을 헉헉거리며 실감한다. 이러다 몇 일전 본 설국열차의 위기가 올지도 모른다는 생각이 들기도 한다.

그래도 다행히 초복, 중복을 무사히 견디어 내고 살아남은 것을 자축이나 하듯, 오늘 2013년 8월 12일 말복에 친구들이 모였다. 열댓 명이 모였다. 서 사장이 주선했다. 이 날까지 고향을 떠나지 않고 고향을 지키며, 아직도 돈을 잘 벌며 친구들에게 밥 사고 술 사는 서사장이다. 1946년 병술년 생 개띠 나이가 되면 오늘도 무사히 지난 것을 생각할 때도 있지만, 이번 삼복도 무사히 넘기기를 친구들과 기원하고 싶었는지도 모른다. 어쨌든 서 사장은 좋은 친구라고 생각한다. 옛날에야 다들 어렵게 살았지만, 그래도 우리의 경제발전에 편승해 돈을 많이 번 사람들도, 친구들도 많다. 그렇지만 서 사장처럼 사심 없이 밥 사고 술을 사는 그런 좋은 친구는 드물다.

　혹여 어쩌다 떠밀려 밥 한 그릇, 소주 한 잔 사면 생색내기에 급급하고, 거들먹거리고 친구도 우습게보고, 집 자랑에, 자식자랑에, 옷 자랑에, 백 자랑으로 정신없는 친구들이 더 많다. 아니면 거저 모임에서 나오는 공밥이나 먹고 공술이나 퍼마시며 과거 영웅담이나 횡설수설하고, 지금 처지가 쪽팔리기 싫어 잘사는 친구, 잘나가는 친구 비아냥거리기나 하고, 그러다 공술에 취해 허세나 떠는 것을 우리는 수없이 보아왔다. 이 보신탕 한 그릇, 소주 한잔 감사할 줄 모르는 밴댕이들이 더 많은 세상이다. 이런 세상에 서 사장은 꽤 괜찮은 친구이다.

　그래서 모인 이 말복 보신탕모임이 그런 대로 의미 있지 않겠나?

물론 그 의미를 나 혼자만 생각하는 것인지는 모르지만, 이 열댓 명 가운데 몇 사람은 이 나이까지도 심성 좋은 촌노로 살아가는 친구도 있다. 또 몇 사람은 함께 고향에 오래 살다 보니 이래저래 어울리는 친구들도 있다. 물론 오늘은 모임에 자주는 오지 않지만 가끔씩 참석하는 친구도 있다. 부산에서, 경주에서, 대구에서 온 친구들은 대체로 상대적으로 조용한 편이다. 그도 그럴 것이 술을 마시지 않기 때문에 그런 것 같다. 다들 차로 와서 다시 돌아가야 하니 술을 마실 수가 없다. 그들도 한 때는 다들 객지에서 그나마 성공한 사람들이니 풀어놓고 마시면 왜 할 말이 없겠나.

어쨌든 주도권은 고향을 지키는 친구들이 잡고 있다. 이 나이쯤 되면 한두 사람 자영업을 하거나, 아니면 대부분 벌써 직장에서 은퇴하여 내일 출근해야 하는 부담 없이 보신탕에 술 한 잔, 그것도 자기가 돈 내야 하는 부담도 없으니 양껏 먹고 마시고 즐기고픈 친구들뿐이다. 아니 오랜만에 만나 소주 한잔으로 달군 기분을 노래방으로 2차까지 가서 밤새워 노래도 하고 싶은 마음들일 게다. 이 코스가 우리 대한민국의 모임문화이니까.

초등학교동기모임이다 보니 당연히 여자들도 몇 명 있었다. 여자 친구들이 4명이라도 왔다는 것이 꽤나 다행스럽다. 이 나이에 특별한 경우 아니면 여자들이 동기회 모임에, 그것도 비정기 번개팅에 참석하는 것은 잘 살고 못 살고를 떠나 그리 쉽지 않다. 여자 친구들의 가정이나 속사정은 잘 모르지만 그래도 건강하게 얼굴을 볼 수

있다는 것은 다행이다. 더운 날에 말복이라는 핑계로 친구들의 우
정을 더해 주는 서사장의 번개팅은 아름다웠다.

- 2013/08/19 -

10월은 가을의 황금달이다. 해마다 맞는 가을이고 10월이지만 이 때가 되면 우리 모두는 결실의 계절임을 실감한다. 오곡백과가 지천에 충만함을 보고 누구에겐가 진정으로 감사하고 싶은 계절이다. 누른 배와 빨간 사과가 주렁주렁 달린 과수원을 지나노라면 절로 감탄사가 흘러나온다. 벌써부터 홍시의 단내를 풍길 것 같은 감, 탐스럽게 벌어진 밤송이, 그 속을 채우고 있는 그 토실토실하고 빤질빤질한 밤알을 보면 계절의 신비를 절로 느끼게 된다.

가을의 황금달인 이 10월에는 또한 우리의 마음과 정신을 풍요롭게 하는 문화행사들이 전국 곳곳에서 열린다. 각 지역의 자연지리적 특성과 역사성을 배경으로 풍성한 축제와, 예술행사를 비롯한 다양한 문화행사들이 열린다. 그래서 10월은 물질적 풍요에 더하여 정신적 풍요를 함께하며 새로운 역사와 문화를 재조명하는 달이라 하고 싶다.

올해도 10월을 보내면서 물질적으로 잘 사는 것만 자랑하지 말고, 진정으로 문화를 향유하고 창조하여 질적으로 승화시키는 문화시민이 되는 10월이 되었으면 한다. 무엇보다도 문화의식창조의 새로운 10월이 되었으면 하는 바람을 가져 본다. 시민 모두가 우리의 고유문화를 진정으로 느끼며 향유하는 자세를 갖추어야 한다.

문화축제의 목적과 가치를 인식하고, 공연이나 전시회의 순수한 문화적·예술적 가치를 음미하는 마음가짐이 필요하다. 당연히 관객뿐만 아니라 문화예술행사를 주관하는 기관이나 단체들의 의식이 순수해야 한다. 예를 들어 결코 요식적이거나 생색내기에 급급하지 않고, 더욱이 정치적으로 이용되어서는 안 된다.

그러자면 우리 모두에게 문화에 대한 올바른 이해가 전제되어야 할 것이다. 보편적으로 문화는 고차원적 영역으로써 미적인 것을 추구하는 정신활동의 산물인 '예술'을 의미하는 경향이 짙다. 예술의 보편적 분야로는 문학, 음악, 미술, 연극, 영화 등을 들 수 있다. 이러한 영역은 우리가 일상적으로 문화활동이나 문화적 혜택이라고 이해하는 내용들이다. 이와 같은 문화의 이해는 상당히 보편적인 것 같으면서도 전통적 시각에 지배되고 있는 협의의 문화이해라고 할 수 있다.

문화는 그러한 미적 추구의 정신활동과 산물뿐만 아니라 실로 그보다 훨씬 더 넓은 범위의 인간의 정신적 활동과 그 산물을 포함한다. 문화는 인간의 모든 일상생활에서 관찰되는 인간 활동과 관계된 현상을 지칭하는 개념이다. 그래서 문화는 인간 삶의 제 양상을 총체적으로 특징짓는 포괄성을 보여준다.

문화의 포괄성은 영국의 민속학자인 타일러(E. B. Tylor 1832-1917)가 그의 저서 '원시 문화'(Primitive Culture, 1871)에서 잘 정의하고 있다. '문화는 지식, 신앙, 예술, 도덕, 관습, 법률 등 한 사회를 구성하는 모든 구성원들의 생활양식과 이상'을 표한다.

타일러의 개념에서 보면 앞서 협의적으로 이해한 예술은 광의의 문화개념에서는 다양한 문화의 내용 중 한 영역을 의미한다고 볼 수 있다. 좀 더 정확하게 표현한다면 예술문화라고 할 수 있다. 예술영역은 우리 인간의 다양한 삶의 양식 중 하나이다.

위와 같은 내용이나 요소들을 포함하는 문화적 현상은 어느 사회를 막론하고 그 사회에 고유한 삶의 양식으로 존재한다. 각 사회는 저마다의 독특한 신념이나 관습과 제도 등의 가치체계를 가지고 있다. 그에는 종교가 있고, 고유한 형태의 결혼과 장례의 관습이 있고, 삶을 위한 인간관계의 다양한 제도들이 있다. 이러한 문화적 틀에 의하여 한 국가나 사회의 고유한 삶의 방식이 형성된다.

한 사회에 고유한 생활양식은 역사적으로 변화·발전된 산물이며 사회적 유산이기도 하다. 즉 한 시대의 생활양식을 그 사회에 의미 있고 가치 있는 것으로 받아들이고, 또한 그것이 보편적인 것으로 습

득되고 일상화 과정을 거치는 가운데 변화하고 누적되고 전수되면서
문화가 정착된다.

　끝으로 예술문화는 가장 심미적이며 감각적인 것으로, 정신세계의
안정과 아름다운 심성을 가꾸어 주는 토양임을 의미한다.

- 2013/10/28 -

## 문화의 이해 II

　문화는 한 사회의 구성원들이 살아가는 삶의 방식이다. 인간이 삶을 영위하는 가운데 행복을 추구하며 이상을 실현하는 것이 바로 문화를 창조하는 하나의 과정이다. 어쨌든 우리 인간은 끊임없이 문화를 창조하고 또 재창조한다. 이렇게 문화가 창조되고 형성되는 과정은 원시문화의 페튼 속에서 가장 잘 이해할 수 있다. 원시시대로 거슬러 올라가면 갈수록 사회는 단순하면서도 중대한 인간의 존재조건을 발견하게 된다.

　인간과 자연과의 관계에서 보면 자연은 인간의 중요한 삶의 조건이다. 문화는 바로 인간에게 주어진 환경조건에 적응하거나 극복하는 삶의 방식으로 이해한다. 문화의 고유성, 상이성, 다양성은 인간의 지적 또는 지혜의 정도에 따라 자연과 사회환경을 다양한 방식으로 적응하며 그것을 기술적으로 극복하는 현상으로 나타난다.

　먼저 인간의 외적 존재극복이다. 인간이 살아남기 위한 가장 중요한 일차적 조건은 주어진 자연환경에서 의식주(衣食住)를 해결하는 극복과정이며 다양한 능력과 방법으로 관찰된다. 이로서 자연조건에 따라 식량조달과 의류, 주거의 형태를 고안하게 된다.

두 번째로는 내적 존재극복이다. 자연은 인간에게 무한한 변화와 조화를 부린다. 그에 대하여 인간은 정신적 힘으로 도전함으로써 적응을 하거나 극복하고자 한다. 그 결과로 고유한 믿음의 체계가 형성되고 신앙이나 종교라는 의식(儀式)으로 제도화되었다.

세 번째로는 인간관계의 조직화이다. 인간은 각자의 욕구를 최대한 충족시키고자 한다. 그 과정과 결과로 빚어지는 다양한 갈등관계를 조절하고자 규범을 만들고 제도화한다. 이것을 우리는 법, 관습 도덕 등으로 이해한다.

네 번째로는 편리하고 편안한 삶을 위하여 끊임없는 합리화과정을 거친다. 인간은 힘을 절약하고자 하는 목적으로 편리성을 추구한다. 그 결과로 소통을 위한 언어를 비롯한 상징체계를 창조하고 지렛대를 이용하는 등 도구를 발명하게 된다. 인간의 합리화 정신은 기계문명의 최고단계인 산업문명을 창출하게 되었다.

다섯 번째로 인간은 환경의 물질적 조건의 극복과 변화만으로 살아갈 수 없다. 행복한 삶이라는 이상을 실현하기 위하여 사회구조와 인간관계의 방식을 구상하게 된다. 그러한 생각과 신념들을 우리는 지식, 사상, 이념 등으로 이해하며 그것을 바탕으로 이상적 삶을 추구한다. 그것은 바로 오늘날 우리들이 구가하고 있는 자본주의, 공산주의 또는 민주주의와 사회주의 등의 이념들이다.

마지막으로 인간은 정신적 활동으로써 예술문화를 창조한다. 인간은 여타의 동물과는 달리 합리적 이성뿐만 아니라 감성을 가지고 있다. 감성과 감정은 자연의 아름다움뿐만 아니라 감성과 감정을 다양한 방식으로 표현함으로써 정신적 또는 정서적 안정과 아름다움을 추구한다. 이것을 행복한 삶의 지표로 삼는다.

이렇게 인간은 자신이 처한 환경에 합리적으로 적응하거나 환경을 변화시키는 방법으로 문화를 창조하게 됨을 알 수 있다. 즉 문화창조과정은 인간의 식욕을 충족시키기 위한 역사로 이해된다. 자연의 조화나 인간의 나약성을 극복하기 위하여 신앙을 창조하는 역사이며, 인간의 무한한 성욕을 혼인이라는 방식으로 조절하는 규범창조와 제도화의 역사이다.

인간이 추구한 것은 물질적 삶만이 아니라 정신적 세계의 이상을, 그리고 미적 감각의 다양화를 추구한 예술창조의 역사이다. 이렇게 창조된 문화는 사회화 과정을 통해 습득되고 역사적 흐름에 따라 축적되고 변화한다. 문화 없는 인간사회는 없다. 가히 인간은 문화창조의 동물로써 문화를 더욱 아름답게 승화시키며 향유하는 노력을 해야 한다.

– 2013/11/12 –

우리 인간이 추구하는 행복한 삶의 궁극적 목적은 물질적 풍요와 정신적 풍요를 누리는 것이다. 인류역사를 되돌아보면 살아남기 위한 물질적 풍요가 우선이었고, 다음으로 정신적 풍요를 구가하고자 함을 알 수 있다. 이러한 과정과 결과적 산물은 한 사회의 고유한 삶의 양식으로 존재하며, 그것을 우리는 문화라고 이해한다.

물질적 풍요를 추구하기 위해 열심히 일을 하는 가운데 느끼게 되는 몸과 마음의 피로와 스트레스를 풀어주는 것이 놀이와 예술문화이다. 일을 벗어난 여가활동은 즐거움을 느끼게 하고, 정신적 안정을 되찾게 해 준다. 그것을 통해 일과 여가활동의 균형을 이루고 더욱 즐겁고 평온하게 정신적 풍요를 누리게 한다.

물질적 풍요와 정신적 풍요가 균형을 이루는 사회를 우리는 진정한 복지사회라고 한다. 먹고 사는 문제의 물질적 안정을 보장받고 일과 여가생활을 즐겁게 하는 사회, 구성원 모두가 건강과 정신문화의 풍요를 향유하는 가운데 하루하루의 삶을 의미 있다고 느끼게 하는 그 사회가 복지사회이다.

선진국으로 나아갈수록 문화에 대한 의미와 중요성을 높게 인식한다. 하여 오늘날의 문화생활은 사회복지와 매우 밀접하게 연관되어 있다. 국가나 지방자치단체에서는 다양한 문화인프라를 구축하고 확대하는 것이 중요한 사업의 일환이 되었다. 선거 때마다 중요한 공약의 영역이 되고 있는 것도 사실이다. 뿐만 아니라 기업이나 사회단체의 행사에서도 구성원을 통합시키는 최대의 관심사로써 문화행사를 기획하고 있다.

이제 복지사회의 핵심이 문화복지로 이행하고 있는 듯하다. 문화프로그램과 행사는 그 대상에 따라 다양하다. 연령이나 계층별로도 구별하여 기획되는 것이 특징이기도 하다. 각 시나 구청별로 설립·운영되고 있는 문화원, 일반사회복지관, 청소년복지관, 여성복지관, 노인복지관 등에서는 매우 다양한 문화프로그램을 기획하여 실시하고 있다. 또한 각 기관이나 기업 또는 사회단체가 제공하고 있는 사회복지의 문화적 프로그램들은 시민의 여가선용, 복지활성화, 복지의 요람이라는 슬로건으로 기획되고 있음을 알 수 있다.

특히 노령화 시대로 접어들면서 노인복지에 대한 관심이 그 어느 때보다 매우 높아지고 있다. 이러한 추세는 사회복지의 영역이 시민의 여가시간을 위한 문화활동으로 확대되어가고 있음을 반증한다. 사회복지프로그램은 유료인 경우도 있지만, 아주 저렴하거나 노년층을 위해서는 대부분 무료로 제공되어 누구나 부담 없이 즐길 수 있게 제공하고 있다.

노인복지관의 프로그램들을 보면 건강증진을 위한 프로그램으로는 스포츠댄스, 실버댄스, 실버요가, 발마사지 등이 제공되고 있다. 교양문화 프로그램으로는 노래교실, 풍물, 하모니카, 민요, 서예, 영어, 일어, 한글 등에 이어 종이접기, 주역, 사자성어, 다도, 그리고 컴퓨터교실 등을 운영하고 있다.

이 중 몇몇 프로그램들은 활성화라는 차원에서 지역단위별로 경연대회를 개최하고, 그 결과로 전국경연대회도 실시하고 있다고 한다. 경연대회에 참가하기 위해서는 각 지역단위별로 특별한 지도와 노력을 하게 될 것이다. 문제는 경연대회의 속성상 지나친 경쟁을 유발하여 노인들의 심리적 부담을 초래할 수도 있다는 사실이다.

노년의 건강을 증진하고, 동시에 여가시간을 의미 있게 즐기기 위해 부담 없이 시작한 프로그램이 경연대회 참가로 심리적 압박을 갖게 된다면 오히려 정신건강을 해하는 경우가 된다. 필자가 직접 경연대회에 관객으로 참여한 후 후담을 들은 바에 의하면, 꼴찌까지 등수를 가려 좌절감과 부끄러움을 느끼게 하는 것 같았다.

그렇게 되면 참가자와 그 프로그램을 지도했던 선생님으로서도 부담감을 가질 수밖에 없을 것이다. 따라서 심사결과 3등까지는 수상을 발표한다 하더라도 나머지 팀은 참가한 것으로도 큰 의미를 부여하고 격려해 주는 것이 바람직하다. 굳이 꼴찌를 밝힐 필요는 없다. 노년의 육체적·정신적 건강을 증진한다는 취지의 프로그램이 오히려 그것을 해하는 방향으로 진행되는 것은 본말이 전도되는 것으로 우려된다. 문화를 통해 유쾌한 복지사회를 기대해 본다.

- 2013/11/25 -

# 세월호 선장과
# 심정윤리덕목

    2014년 4월 16일 진도근해에서 발생한 세월호 침몰사고는 1852년 버큰 헤드호, 1912년 타이타닉호, 2012년 코스타 콩코르디아호 침몰사고 이래 모든 면에서 세계적 · 역사적 대형 참사로 기록될 것이다. 지금껏 아마도 수많은 선박사고가 일어났지만 이번 사고처럼 선박관리와 사후 수습과정에서 드러난 총체적 부실은 기네스북감이 되고도 남을 것 같다. 불의의 사고가 일어날 수 있다는 것은 누구나 다 알고 있다. 중요한 것은 무엇보다도 안전사고 방지와 사고발생 후 대응과 수습과정이다.

    안전사고예방을 위한 철저한 교육과 실천훈련, 관리시스템 점검, 사고발생 시 신속하고 효율적 지휘체계를 통한 대응과 수습, 사후 보완시스템 구축 등만이 인명피해와 사회적 비용을 최소화하는 길이다. 특히 많은 위험성을 내포하고 있는 직업적 역할에 대한 안전관리와 의식은 직업인의 직업윤리의 체득으로 직업적 자부심과 사명감을 갖추도록 하는 것은 우리 모두의 책무이다.

이번 사고는 한국사회의 안전에 대한 총체적 부실과 위기를 각성하게 하는 계기가 되어야 한다. 아마도 제1의 한국판 타이타닉과 콩코르디아호 사고로 기록될 세월호 침몰은 비록 수없는 원인과 부실을 총체적으로 보여주었기는 하지만 선장과 승무원이 최소한의 역할만 다했어도 대형인명피해는 막을 수 있었다.

즉 선장과 승무원의 직업적 사명감이라는 윤리적 덕목의 결여이다. 독일의 사회학자 베버(M. Weber)가 논한 두 가지 유형의 합리적 행위(목적합리와 가치합리) 유형 중 가치합리적 행위와 관련한 내용이 있다. 가치합리적 행위는 선장과 비행사 등의 특수한 직업종사자에게는 절대적으로 중요한 윤리적 덕목을 내포하고 있다.

가치합리적 행위는 개인적 또는 종교적 신념이기도 하지만 심정윤리적 덕목과도 밀접하게 관련되어 있다. 이것은 결투자가 스스로 살해당하는 행위를 자초하는 것을 비롯하여, 침몰하는 자기의 배와 운명을 같이하는 용감한 선장의 행위를 의미한다. 이 행위가 합리적인 것은 일정한 목적을 달성하려 하기 때문이 아니라, 결투에 응하지 않거나 침몰하는 자기 배를 포기하고 탈출하는 행위는 불명예라고 생각하기 때문이다.

세월호의 선장과 승무원은 이러한 덕목을 갖추지 못하였고, 최소한의 직업적 소명의식이나 사명감을 망각한 불명예스런 행동을 했다. 우리는 가치와 심정윤리라는 어려운 개념이나 전문가가 아니더라도 누구나 생각하고 행동해야 하는 상식을 알고 있다. 상식적 기대마저 저버린 채, 수백 명의 승객을 뒤로하고 침몰하는 배를 탈출한 선장과 승무원을 용납할 수 없다.

1852년 남아프리카 연안에서 640명의 승객을 태운 버큰 헤드호가 침몰하였다. 함장 알렉산더 시튼 대령은 어린이와 여성부터 탈출시키고 선장과 승무원 모두는 마지막 떠나는 구명정에 손을 흔들며 장렬하게 침몰하였다. 오늘날엔 버큰 헤드 정신으로 전해 내려오고 있다.

또한 1912년 4만 6천 톤 급의 호화 유람선 타이타닉호가 승객 2,200여명을 태우고 대서양에서 빙산과 충돌하여 침몰하였다. 1,500여명이 희생을 당한 희대의 대형참사였다. 그러나 타이타닉호의 선장 에드워드 스미스와 승무원은 배의 침몰과 동시에 가능한 모든 수습을 다하고 침몰하는 배와 함께 장렬한 죽음을 택했다. 그는 '영국인답게 행동하라'(Be british)는 위대한 명언을 남기고 있다. 이 가치합리적이고 심정윤리적인 위대한 행위를 높이 기리기 위하여 그의 고향에 동상까지 세웠다.

하지만 2012년에 발생한 이탈리아의 코스타 콩코르디아호의 스케티노 선장은 배를 버리고 도망쳤다. 결국 그는 과실치사, 직무유기, 대량학살죄로 2,697년의 형을 구형받았다. 침몰하는 배와 승객을 버리고 탈출한 세월호의 선장과 승무원들은 인간으로서 최소한의 양심과 도덕성, 그리고 윤리적 덕목을 저버린 것은 물론 정복도 착용하지 않은 채 신분을 속이고, 거짓말과 책임전가 및 회피 등으로 위대한 선장들의 명예를 실추시켰다. 국제적 수치이다. 지금 우리는 그들에게 돌을 던질 수밖에 없다.

– 2014/04/28 –

## 위험사회와 안전의식

우리가 1990년대를 기억한다면 아마 문민정부가 탄생하여 민주공화국의 출범을 자축하는 시대였다고 말할 것이다. 한편으론 유별나게 많은 대형사고가 발생하여 대한민국은 '사고공화국'이라는 오명이 회자한 불안한 시대의 경험을 잊지 못한다.

신행주대교 붕괴(1992), 1993년의 우암상가아파트 붕괴, 구포열차 전복, 아시아나 항공기 추락, 서해 훼리호 침몰, 1994년의 성수대교 붕괴, 충주호 유람선 화재, 아현동도시가스폭발, 1995년의 대구지하철 폭발, 삼풍백화점 붕괴 등 붕괴, 전복, 화재, 추락, 침몰, 폭발의 사고로 1천여 명이 사망했다.

김영삼 정부가 들어서면서 우리나라는 군부권위주의 시대를 청산하고 민주화 시대로 나아가던 그러나 희망의 문민정부가 직면한 육해공의 대형참사들은 참으로 가슴 아픈 기억으로 남아 있다. 민주화의 산고라 하기에는 너무도 큰 대가였다.

사고의 위험은 유독 우리나라에만 국한된 것이 아니라 어느 나라에
나 잠재하고 한다. 그러나 우리나라처럼 어처구니없거나 위기대처에
황망하지는 않았다. 무엇보다도 대형참사의 사고는 못사는 후진국에
서 발생하기보다는 고도로 산업화되고 잘 사는 선진국에서 나타난다.

1986년에 이러한 위험현상을 인식하고 각성하며 안전을 위한 노력
이 절실한 시대임을 경고한 연구서가 나왔다. 바로 독일의 사회학자
울리히 벡(U. Beck) 교수가 출간한 '위험사회(Risikogesellschaft)'이다. 이
책이 우리나라에서도 1997년에 번역되어 위험사회의 현실을 재인식
하고 각성하게 했다.

영국의 산업혁명 이래 200여년이 지나며, 인류역사상 유례없는 물
질적 풍요를 향유하고 있지만 그에 못지않게 인간의 생존을 위협하
는 위험이 도처에 도사리고 있다고 벡은 진단하고 있다. 과거에도 위
험은 늘 존재했지만 지금처럼 치명적이거나 대규모적이지 않았다.
현대산업사회의 기술과 과학발전은 인류가 달성하고자 했던 최소한
의 3가지 측면에서는 성공적이었다. 그것은 바로 물질적 풍요와 편
리함, 그리고 장수이다.

그러나 기술과 과학발전에 비례하여 증가하는 위험은 감내할 수밖
에 없는 것이다. 현대사회의 발전에 따른 위험은 단순히 비례한 것이

아니라 오히려 상상을 불허할 정도의 엄청난 파괴력의 위험을 증가시키고 있다. 핵이나 화학무기의 위험은 상식적으로 인지하고 있는 위험의 정도 그 이상이다.

위험은 우리의 일상생활 전반에 내재하고 있다. 장거리이동의 가장 대표적 수단인 비행기와 선박의 사고는 불가항력이 될 수도 있다. 모든 교통 및 유통수단이 이미 위험을 내포하고 있다. 어떠한 직장과 가정에도 안전사고의 위험은 있다. 최첨단기술의 결과인 전기, 전자, 심지어 식단에까지 안심할 수 없거나 안전하지 못한 위험성은 상존한다. 단지 시간과 공간, 그리고 일의 종류에 따라 정도의 차이가 있을 뿐 위험성이 내재하고 있다는 것을 부정하거나 과소평가해서는 안 된다. 물론 일상에 항상 위험만을 생각한다면 위험노이로제로 꼼짝도 못하고 질식할지도 모른다. 바로 그 자체가 또 위험이 될 수도 있다.

이처럼 사회의 위험성을 비록 알고는 있지만 그것을 포기할 수 없는 것이 오늘날 우리 현대인의 문명화된 삶의 방식이다. 풍요와 편안함과 편리함을 향유하고자 한다면 그만큼 위험을 감수해야 하는 것이 우리의 숙명적 삶이다. 많은 삶의 이기가 언제 위험한 살기로 변할지 모르는 위험을 감내해야 한다.

그렇다면 대안은 없는가? 대안은 바로 이러한 위험에 대한 인식과 대응만이 위험을 예방하고 피해를 줄이는 것만이 최상의 적극적 삶이다. 기술적으로나 제도적으로, 윤리의식화 함으로써 위험을 피하거나 피해를 최소화할 수 있다. 세월호의 참사도 바로 이러한 안전의식의 결여에서 빚어진 것이다.

차도를 건너는 보행자와 운행자의 안전의식에서부터, 각종 직업역할에 따르는 안전수칙의 철저한 교육과 준수만이 위험사회에서 우리 자신을 지키는 유일한 길이다. 세월호 참사와 같은 악순환의 고리를 끊으려면 자기만의 안일과 이윤만을 좇는 이기주의와 각자에게 주어진 직업윤리를 성찰해야 한다. 벡 교수가 2007년 한국을 방문했을 때 '한국은 아주 특별한 위험사회이며, 내가 지금까지 말해 온 위험사회보다 더 심각한 위험사회'라고 한 경고를 다시금 되새겨야 한다. 이로서 우리의 일상적 안전불감증부터 치유해야 한다.

— 2014/05/12 —

3
- chapter -

대학 · 교육

대학은 지성인을 배출하는 곳이다. 지성인은 전문인과 동시에 교양인이 되는 것
이다. 따라서 지성(知性)과 교양의 겸비는 대학인의 필수조건이다. 전문인은
특정영역에 대한 고유한 능력과 체계화된 지식, 그리고 기술의 보유자를 의미
한다. 교양인은 전문학식과 덕망 그리고 도덕적 품성을 갖춘 사람을 의미한다.

# 선택과 집중의
## 장학제도

최근 모 기관에서 대학생들에게 장학금을 수여한 기사를 접하고 우리의 장학제도나 실태에 대해 안타까워한 적이 있다. 그 액수가 많든 적든 미담이 아닐 수 없고, 그 기관의 사회발전 기여에 찬사를 보내야 하는 것이 마땅하다. 그럼에도 필자가 이 글을 쓰는 이유는 이제 장학금에 대한 인식의 전환이 이루어져야 할 때라고 믿기 때문이다.

장학금 수여의 목적은 학생들의 학업능력을 치하하고 지속적 노력을 하도록 장려하며, 잠재능력을 일깨우고 계발하여 한 개인으로 하여금 국가와 사회발전에 기여할 것을 기대하는 데 있다. 또한 그러한 능력은 있으나 경제적 조건에 의해 그 능력이 사장되는 것을 방지하기 위하여 개인에게 도움을 줌으로써 미래에 국가와 사회의 자원으로 활용하고자 하는 목적이 있다. 그렇다면 그러한 능력을 가진 학생에게 적어도 한 과정을 마칠 수 있도록 지속적 지원을 해 주는 것이 바람직하다.

그런데 우리의 장학제도나 장학실태를 보면 그렇지 못하다. 통계상으로 그 숫자를 다 알 수는 없지만, 우리나라에는 수많은 장학재단이 있다. 국가와 대학은 물론 기업체, 기관, 단체, 심지어는 각 파문중에 이르기까지 수없이 많은 장학기관들이 있다. 이들의 실태를 보면 몇몇 기관들을 제외하고는 거의가 '생색내기'(?)에 불과한 장학금으로 자원을 낭비하고 있다. 이제 장학금 지급에도 선택과 집중의 장학시스템으로 운영되어야 한다.

장학금을 수여하는 기관으로서는 사회에 기여한다는 순수한 장학정신 외에 기관의 이미지와 홍보에도 중요한 기능을 수행한다. 그렇다면 수여받는 학생들이 그 기관에 대하여 고맙게 생각하고 자부심을 가지고 언제 어디에서도 "나는 00장학재단의 장학생이다"라는 것을 자랑스럽게 말할 수 있어야 한다. 그 장학증서를 평생 간직하고자 하는 자부심을 심어주어야 한다. 그런데 대부분 중소 장학기관들은 1년에 한두 번 수많은 학생들을 모아놓고 몇 십 만원씩 나누어주고 있는 실정이다.

최근의 모 기관에서도 대학생들에게 40만원에서 50만원을 지급하면서, 앞으로는 더 많은 학생들이 혜택을 받을 수 있도록 하고 싶다는 포부를 전했다. 대학생들이 어쩌다 한번 받는 몇 십 만원은 생각만큼 크게 보탬이 되는 돈이 아니다. 물론 그 순간에는 감사하겠지만 평생 동안 감사하며 자부심을 가질 만한 것은 아니라고 생각한다. 이러한 현실에서 주변에는 많은 학생들이 장학생이라는 이름으로 부모들은 자랑하고 있다. 서울대학교에서도 학기마다 성적에 따라 불과 몇 십 만원을 장학금이라는 명목으로 지급하고 있는 것으로 알고 있다. 이것은 실로 아무런 의미 없는 자원낭비이다.

필자는 독일에서 유학 당시 카톨릭장학재단(KAAD)으로부터 석사학위를 마치는 2년 동안 장학금을 받았다. 그리고 박사학위를 위하여 독일정당장학재단(프리드리나우만재단: FNS)으로부터 3년 동안 장학금을 받고 학위를 마쳤다(독일에는 등록금이 없기 때문에, 오직 공부만 하며 가족이 살아갈 수 있도록 생활비를 매월 지급한다). 필자는 이 두 기관에 대해 항상 감사하는 마음을 가지고 있으며 매우 자랑스럽게 생각한다.

이처럼 이제 우리나라의 장학기관도 장학에 대한 진정성으로 자원을 낭비하지 않고, 비록 소수이지만 장학의 의미가 유지될 수 있도록 하는 것이 중요하다. 그리고 특별히 장려해야할 학생이 아니라면, 장학금은 능력과 잠재력, 그리고 비전이 있는 학생 혹은 그러나 가정형편이 어려운 학생을 대상으로 수여해야 한다. 특히 대학에서는 학기마다 지급하는 성적장학금은 경제능력이 충분한 학생에게는 지급하지 않고, 차점자에게 그것으로 도움을 줄 수 있는 학생을 선발하는 것이 장학금의 의미를 유지할 수 있다. 성적장학금도 몇 십만 원짜리는 폐지하고 한 과정을 마칠 수 있도록 하는 것이 바람직하다. 이제 우리나라도 선택과 집중의 장학제도로 거듭나기를 기대해 본다.

- 2008/10/22 -

## 기성세대들이
## 받아야 할 인성교육

오늘도 교육을 위해 열정을 다하고 계시는 모든 분들에게는 매우 미안한 말씀이기는 하지만, 우리의 교육현실은 너무도 답답하기만 하다. 그래도 있는 자들은 고액과외도, 조기유학도, 방학만 되면 연수교육도 보내고, 편법 이민 등으로 영주권을 취득하여 외국인학교에도 보내며 그나마 답답한 현실을 피해갈 길이라도 있지만, 대다수의 평범한 시민들은 그냥 생활에 찌들려 이러지도 저러지도 못하는 가운데 갈피를 못 잡고 있는 게 사실이다.

우리의 교육열은 세계에서 1위이지만, 교육의 질은 최하위일 것이라 확신한다. 왜냐하면 일상적으로 듣고 있는 교육위기, 교육갈등, 교육이민, 교육누수현상, 입시지옥, 입시교육정책의 혼란 등 수없이 많은 교육비판과 비관의 개념들이 우리를 슬프게 하기 때문이다. 이러한 교육의 현실은 꼭이 교육시스템이나 교육제도의 문제에만 기인하는 것은 아니다. 오히려 이것을 운용하는 우리의 마음과 인성에 달려 있다고 봐야 한다. 한마디로 교육자, 정치가, 공무원, 경제인 등 사회지도계층들이 자신의 직업적 역할수행에 진정성이 없어 사표(師表)가 되지 못하는 인성결함에 그 원인이 있는 것이다.

이러한 현실에서 청소년들에게 버릇이 없느니, 이기적이니 하고 나무라는 것은 바로 자신을 질타하는 것임을 알아야 한다. 아이들에게 책임을 전가하는 기성세대들이 먼저 새롭게 인성교육을 받아야 하고 자기 정리를 해야 할 때이다.

산업사회의 발전으로 누리고 있는 이 풍요가 결코 교육과 무관하지 않을 진데 아이러니하게도 교육부재, 교육빈곤의 넋두리를 할 수밖에 없다. 이것은 교육에 대한 가치인식의 부재에서 오는 현실이며, 이는 곧 올바른 인성형성을 통해서만이 극복할 수 있다. 교육에 있어서 지식교육도 중요하지만 인성교육이야말로 교육발전뿐만 아니라 사회, 정치, 경제 모든 영역에서 발전의 원동력이 된다.

인성교육은 인간을 만들어 가는 과정이다. 인간은 동물과는 다르다. 동물은 거의 완벽한 본능시스템에 의해 생을 영위한다. 그러나 인간의 본능은 동물에 비해 매우 불완전한 시스템이다. 그것은 먼저, 욕구의 무한성에 있다. 채워도 채워도 채워지지 않는 권력욕, 부욕, 명예욕이 있기 때문이다. 또한 이러한 욕구를 충족시키기 위한 자원은 한계적이고 희소하다. 이처럼 인간을 본능상태로만 둔다면 동물세계보다 더 잔인한 아비규환(阿鼻叫喚)의 상태가 될 것이다.

그래서 인간에게는 이성이라는 메커니즘을 통해 인간의 불완전한 본능시스템을 통제할 수 있도록 되어 있다. 즉 인성교육을 통해 우리 인간은 우리의 이성을 활성화시키고 더불어 살아가는 삶의 방식을 터득하게 한다. 법과 도덕과 윤리를 칼날처럼 두려워하고 교육적 가치를 인식하고 실현하게끔 하는 인성을 갖추도록 하는 것이 교육이다.

인성교육은 또한 우리가 터득한 지식을 어떻게 사용할 것인가 하는 판단을 하게 한다. 우리 인간의 인성은 프로이드(S. Freud)에 의하면 본능(id)−자아(ego)−초자아(superego)로 구성되어 있다. 초자아는 이성, 도덕적 자아 또는 사회적 자아를 의미한다. 초자아는 자아가 행위함에 있어 주변과 타인을 고려하지 않는 이기적 본능에 지향되는 것에 반하여 감시하고 통제하여 공동체 삶의 사회적 자아를 지향하도록 한다.

이처럼 도덕적 자아를 형성하지 못하고, 오직 자기 자신밖에 모르는 이기주의자들이 사회지도계층의 사람들이라는 데 교육의 문제가 있다. 이러한 사람들이 대부분 권력을 가지고 영향력을 행사하기 때문에 그들의 인성과 사고의 변화 없이는 교육의 발전이나 사회발전을 기대하기는 어렵다. 그럼에도 우리나라가 G9에 속할 정도의 발전을 하였다는 것 또한 참 아이러니가 아닐 수 없다. 이것은 물론 비록 영향력은 적을지라도 그나마 올바른 인성을 가진 사람들이 있기 때문일 것이다. 그렇다면 우리의 교육발전이 그렇게 비관적일 수만은 없다. 우리 모두 새롭게 태어난다는 각오로 진정한 사표가 되도록 각성할 때이다.

− 2008. 11. 03 −

## 청소년 흡연
## 어른들이 앞장서야 한다

청소년의 흡연은 이제 국민건강의 문제로 인식해야 한다. 모 일간지(08.11.14)의 보도에 의하면 최근 울산지역 청소년의 흡연율이 9.1%로 사회이슈화되고 있다. 전국의 청소년흡연율 13.3%에 비하면 좀 떨어지기는 하지만 역시 심각한 문제임에는 틀림없다. 그 중에서도 남자는 12.4%, 여자는 5.0%를 차지하고 있는 것으로 나타났다. 또한 일반고와 전문고별로 나누어 볼 때 전문고학생의 흡연율은 18.3%이며 일반고학생의 흡연율은 3.8%로 나타나 계열특성상 상당한 차이를 보여주고 있다.

특히 청소년들이 출입하는 업소(PC방, 게임방, 주점 등)에서는 마치 담배가 허용되는 곳처럼 스스럼없이 담배를 피우는 곳으로 인식되고 있다. 또한 길거리에서도 대놓고 담배를 피우는 '길빵'이라는 유행어까지 나돌고 있는 실정이다.

그렇다면 청소년들이 담배를 피우는 이유는 무엇일까? 무엇보다 환경적 요인이 많이 작용한다. 일상적으로 많이 접하는 영상매체들(TV드라마, 영화 등)에서 담배를 피우는 장면들이 남발되고 있다. 오늘날 어른들은 상당한 정도로 금연추세로 나아가고 있지만, 그러나 아직도 가정에서는 많은 부모들이 담배를 피우고 있어, 그 영향은 결코 작지 않다.

　또한 민주화의 진전에 따라 개성이 강조되고 자유로운 사회적 분위기가 조성되는 가운데 담배에 대한 어른들의 관용적 태도도 한 몫 한다고 보인다. 청소년들에게는 담배판매가 금지되어 있지만 어른들이 상업적 유혹에서 벗어나지 못하고 청소년인 줄 알면서도 담배를 판매하는 경우도 있고, 더 나아가 담배자판기는 늘어나는 추세 등 현실적으로 효율적 통제를 할 수 있는 여건이 못 되는 경우도 많다. 청소년들은 호기심에 담배를 피운다는 응답률이 매우 높게 나타나며, 담배를 피우는 것이 멋있어 보인다고 강변한다.

　청소년들이 담배를 피우는 데는 청소년심리가 크게 작용한다. 이에는 청소년들의 성인지향성을 들 수 있다. 청소년들은 하루라도 빨리 어른이 되고 싶어 한다. 왜냐하면 그들에게 비추어진 어른은 그들에게 금지된 모든 것을 마음대로 할 수 있는 자유가 있다고 생각한다. 즉 청소년들에게는 어른들이 즐기고 있는 많은 것들이 금지되거나 유보되어 있고, 그들의 행위는 매우 종속적이고 복종적이라는 자신들의 구속성으로부터 탈피하고자 하는 심리가 강하게 작용하고 있다. 이러한 심리로 어른이 되고 싶어 하는 것은 어쩌면 당연하다.

그들은 어른의 세계를 마치 모든 것을 마음대로 할 수 있는 자유와 권위와 권력의 주체로 인식하고 착각하고 있다. 따라서 청소년들의 무력증을 극복하는 것은 어른이 되는 것뿐이다. 물론 시간을 기다리면 되겠지만 청소년들의 심리는 그렇게 느긋하게 기다릴만한 여유가 없다. 모든 것을 가능한 다해 보고 싶어 한다. 물론 이러한 것들에는 담배뿐만 아니라 술과 그리고 사랑과 성도 포함된다.

그러나 오늘날의 청소년들도 담배가 유해하다는 것은 다양한 매체를 통해서 잘 알고 있다. 그렇지만 그러한 유해성이 당장 나타는 것도 아니어서, 그 유해성을 그들은 직접 인식하지 못한다. 어쨌든 어른들의 금연추세로 전체흡연인구는 줄어들고 있지만, 청소년의 흡연율은 계속 증가하는 것으로 보고되고 있다. 이러한 청소년의 흡연을 줄이고 미래의 국민건강을 지키기 위해서는 흡연 없는 무공해공간을 확대해 나가야 한다. 이를 위해 무엇보다도 우리 어른들의 각성이 필요하다. 특히 어른들의 상업적 악용을 자제하고, 제도적으로 금연구역을 확대해 가는 것도 필요하다. 학교에서는 흡연청소년들에게 과거처럼 유기 및 무기정학과 같은 과격하고 과중한 규제보다는 끊임없는 설득과 교육 등 지속적 캠페인을 전개해야 한다. 강압에 의하기보다는 스스로 흡연을 기피하는 분위기를 조성하도록 한다.

-2008/12/01-

## 대학 교양학문의 절실성 Ⅰ

　우리가 살아가는 데 있어서 직업은 당연히 중요한 부분이다. 그러나 단순히 직업을 가진다고 행복하게 살지는 못한다. 그 직업을 수행함에 있어 어떠한 자세로 인간관계를 맺으며, 어떻게 진정한 삶의 의미를 인식하느냐에 달려있다.

　이러한 의미에서 우리는 자주 지식보다도 먼저 인간이 되어야 한다고 한다. 인간이 되게 하는 것은 바로 교양이다. 이 교양은 물론 대학 이전에 가정과 교육사회화 과정을 거치는 가운데 이미 갖추고 있다고 본다. 그러나 대학에서 요구하는 대학교양은 조금 차원을 달리한다. 즉 교양은 세상을 해석하고 이해하며 인간다운 삶을 영위하는 데 필요한 정신적 양식이다. 또한 사회에서는 지도자로서의 자질을 갖추는 것을 의미한다.

　대학은 지성인을 배출하는 곳이다. 지성인은 전문인과 동시에 교양인이 되는 것이다. 따라서 지성(知性)과 교양의 겸비는 대학인의 필수조건이다. 전문인은 특정영역에 대한 고유한 능력과 체계화된 지식, 그리고 기술의 보유자를 의미한다. 교양인은 전문학식과 덕망 그리고 도덕적 품성을 갖춘 사람을 의미한다. 이러한 지성인에 대한 견해는 비록 전통적 시각이라고는 하지만, 오늘날과 같은 위기적 상황에서는 더욱 절실히 요구되는 것이기도 하다.

이러한 대학인의 교양은 학문의 연구에서 우러나는 것이며, 대학 캠퍼스의 지적(知的) 탐구로 학문적 견해를 형성하고 사회적 지도자로서의 인격을 도야하는 것이다. 그러한 지도자로서의 덕목은 학문의 성취와 더불어 형성되는 것으로, 특히 민주사회의 문화적 가치를 내면화하는 것이다. 인간존중, 자유와 평등에 대한 이해, 규범적 태도, 그리고 책임의식 등은 바로 민주시민으로서 그리고 교양인으로서 갖추어야 할 자질이다. 이로써 도덕적, 윤리적 품성을 갖추는 것이다.

오늘날 대학은 순수한 의미의 학문과 교양에 지향되기보다는 졸업 후 취업을 위한 직업교육의 장으로 강화되고 있다. 이러한 대학교육에 대한 현실은 결코 미국도 예외는 아니다. 미국의 시카고대학 앨린 블룸(A. Bloom)교수는 '미국정신의 종말(1987)'이라는 저술에서 미국의 대학이 현대사회의 현실적 필요성으로 전문직업과 기술교육에 지향되어 교양교육을 등한시하는 경향을 지적하고 있다. 이로서 대학 교양교육의 핵심분야인 인문학에 대한 관심이 약화되고 있음을 문제시 한다. 즉 대학의 학제가 대학생들로 하여금 '정신없는 전문인(M. Weber)'을 만들어가고 있는 현실에서 대학생들이 정신적 위기에 처했다고 진단했다. 이것을 바로 미국정신의 종말로 경고한다.

그의 논지에 의하면 인문교양교육은 학생들에게 개괄적이면서도 정확해야 하는 것이 학문이고 또 그럴 수 있다는 감각을 심어줄 수 있어야 한다. 교양학문은 학생을 삶과 학문을 영원한 의문으로 인도하고 인식할 수 있도록 한다. 이러한 기능을 수행하는 교양학문으로는 고전작품이 있다. 이 고전을 통해서 학생들은 스스로 의문을 찾아 그 의문에 접근하는 방법을 알아낼 수 있다.

그런데 오늘날 이러한 인간의 정신과 심미적 능력을 함양하는 인문학문은 천편일률적으로 거부되고 있다. 인문교양교육의 위기는 최정상의 학문이 위기에 처했다는 것을 반영하는 것이고, 우리가 세상을 해석하고 이해하는 데 첫 번째의 원칙들이 뒤틀리고 모순된다는 것을 의미한다. 즉 지적으로 가장 심각한 위기를 맞고 있다. 이는 우리 문명의 위기를 뜻한다. 무엇보다도 이 위기를 인식할 능력마저 갖지 못한다는 것이 더욱더 위기를 느낄 수밖에 없다고 함이 맞을 것이다.

이 위기를 극복할 수 있는 유일한 방법은 자연과 사회 속에서의 인간의 위치에 대한 통일된 시각을 구사할 수 있는 토론의 길을 터주고, 그 문제를 가장 훌륭한 지성들이 모여 높은 수준의 토의를 가능하게 하는 인문교양교육의 강화라고 본다. 이제부터라도 직업교육이나 기술교육이 아닌 교육은 대학의 장애물로 보는 경향으로부터 벗어나야 한다.

- 2009/04 -

# 대학 교양학문의 절실성 II

대학에서의 교양은 독일의 철학자 칼 야스퍼스에 의하면 인간의 정신을 연구하는 학문으로서 인문학문의 중요성을 강조한다. 그에 의하면 인문과학은 인간의 과거를 깨닫고 전통에 참여하고, 인간이 지닌 가능성의 폭을 인식하게 해 주는 교육적 가치를 가지고 있다. 이것은 바로 인간이 인간으로서 학문을 하는 중요한 자아의 인식을 의미한다. "왜 알아야 하는가?"에 대한 해답이 가능해진다.

특히 19세기로 들어서면서 점차 산업사회와 대학의 관계는 역동적이 되었다. 자유대학과 인문교양학문의 중요성이 부각되었다. 이로써 자유주의 이념의 실현을 위해 대학은 새로이 지적 권위를 되찾기 시작했다. 대학은 '자유대학(Liberal University)'이라는 이름으로 새로운 대학의 이념과 목표를 설정했다. 자유대학은 전문가의 배출이나 과학적 지식의 창출보다도 지적 전통, 즉 문화적 자산을 보존하고 전수하는 것을 가장 중요한 역할로 인식했다.

물론 이 두 가지는 전혀 배타적일 수는 없지만 과학보다는 지적 전통이 우선가치로 추구해야 할 자유대학의 목적으로 설정되었다는 특성을 가지고 있다. 따라서 자유대학의 주요 학문영역은 철학이었다. 자유대학은 학문과 지식의 분열성보다는 포괄성과 통합성을 강조했다. 이러한 의미에서 철학은 분업화, 전문화가 가져올 분열성에 대비하여 지적 통합을 형성할 수 있는 것으로 인식되었다.

이처럼 자유대학은 산업사회의 발전과 관련한 현실적 요구도 중시했지만, 중세 이후 자유주의 이념의 실현과정으로 새롭게 출발한 대학은 점차 교양교육을 주요한 대학의 기능으로 강조했다.

이 자유대학이 지향하고자 했던 교양교육의 목적을 스코트(P. Scott)는 다음과 같이 기술하고 있다. "전문적인 기술자가 아닌 일반교양을 지닌 교양인, 행정가, 또는 교수, 학자들을 위한 교육을 대학이 갖는 최우선의 책무로 보았다."

그러기 위해서는 학문을 통해서 이성과 감성의 차이를 인식하고, 주관성과 객관성을 터득해야 한다. 이러한 학문적 견해는 단순히 전문학문을 통해서만 달성되는 것이 아니라, 교양학문을 필수적으로 겸해야 한다. 따라서 대학의 낭만문화도 그 자체가 목적이 아니라 대학의 이념과 목적을 달성하기 위한 하나의 과정이다. 특히 다양한 형태의 대학문화(낭만문화, 동아리문화, 학생운동, 현대사회의 이해 등)는 젊은이들로 하여금 역사적 맥락을 인식하고 현실을 직시하며, 정서적 자아를 형성하며, 미래와 이상을 가지게 하는 중요한 기능을 수행한다.

영국의 뉴맨(Newman)경은 대학교육의 목적이 실현되려면 교양교육이 필수적으로 이루어져야 함을 강조하고 있다. "대학교육의 목적은 사회에서 지식인의 목소리를 높이며, 시민정신을 함양시키며, 국가적 취향을 순화시키며, 대중적 정열에 부합되는 진정한 원칙과 대중적 열망에 맞는 확실한 목표를 제공하며, 시대정신에 부응하는 넓은 포용심과 냉정을 갖게 하며, 정치권력을 신속하게 행사하도록 하며, 사생활에 있어서 교제를 세련되게 해 주는 데 있다."

뉴맨경의 지론에 따르면 대학인은 교양교육을 통해서 '사회에서 지도적 위치를 차지할 정치 · 행정 관료들이 받아야만 할 지적 수단'으로 간주하였다. 이처럼 대학의 교양교육의 목적은 학생들을 특정한 학문 분야에 맞게 훈련시키는 것도 중요하지만, 학생들로 하여금 지적이며 심지어는 심미적이고 도덕적 인성을 형성하도록 하는 데 있다.

우리는 한때 도덕성으로 승패를 걸겠다고 호언하며 출범했던 참여 정부로부터 부패의 고리가 끊어지고 새로운 변화가 일어날 것으로 예상했다. 그러나 최근에 드러난 노 전 대통령 가와 측근들의 금품수수와 관련한 도덕성 추락에 대한 고백으로 우리 모두는 단순히 충격의 차원을 넘어 망연자실할 수밖에 없는 현실이다. 이러한 현실에서 대학교양교육의 의미를 되새기는 일이 더욱 절실히 요구된다.

— 2009/04 —

## '대학생들이 본받고 싶은 인물'의
## 재정립을 위하여

　지난 2008년 10월 07일자 조선일보에 게재된 '대학생들이 본받고 싶은 인물, 이효리' 제하의 칼럼은, TV에서 '대학가요제'의 막간을 통해 대학생 1,000명을 표본으로 설문조사를 한 내용이다. 설문결과에 의하면 1위는 없고 2위는 아빠, 3위는 부모, 4위는 이효리 등 순위였으며, 혈연관계가 없는 외부인으로는 연예인 이효리씨가 1위를 차지했다고 한다. 이러한 결과는 대학생들뿐만 아니라 청소년들이 느끼고 있는 감정과도 매우 일치한다. 이효리는 노래 잘하고 춤 잘 추고, 예쁘고, 섹시하고, 서글서글하여 꾸밈이 없고, 돈 잘 벌고 등등 이효리는 청소년들뿐만 아니라 대학생들에게도 거의 우상의 대상이다.

　물론 이 설문조사는 학술적 여론조사에서처럼 과학적 신뢰성을 담보할 수 있는 것은 아니다. 어떻게 보면 재미삼아 한 설문조사에 불과한 것이라 할 수 있다. 그러나 그렇다고 이 글이 아무런 의미가 없는 것이 아니라, 우리의 사회적 현실과 이효리씨가 오늘의 젊은이들에게 얼마나 큰 관심의 인물인가에 대한 확실한 메시지를 던져주고 있다. 또 한 가지는 '대학생이 가장 본받고 싶은 인물'과 '가장 선망하는 대상'의 차이를 올바르게 인식하지 못한 개념도입의 문제이다. 이효리는 가장 선망하는 인물로는 설득력이 있지만 가장 본받고 싶은 인물로서는 적합하지 않다.

마지막으로 1위는 없고 2위가 아빠, 3위가 부모였다는 결과에는 설문지 구성상의 문제가 지적될 수 있다. 즉 가장 본받고 싶은 인물로 설문상 주어진 대상이 엄마, 아빠, 부모라는 한정된 조건에서는 충분한 선택권이 주어지지 않았다는 한계를 가지고 있다. 또한 엄마와 아빠 그리고 부모는 동일 개념군으로서 이러한 설문에서는 그렇게 세분화해야할 필요성이 없으며, 따라서 별 의미가 없다고 보아진다.

엄마와 아빠, 그리고 부모는 설문대상자의 개인에 따라서는 자신을 낳아주고 키워주는 엄마, 아빠 그리고 부모가 가장 본받고 싶은 인물이 될 수 있음을 누구도 부정할 수 없을 것이다.

그러나 실제 모두에게 모든 엄마와 아빠 그리고 부모가 다 가장 본받고 싶은 인물이 되지는 않을 수도 있다. 특히 요즈음 자식을 두고 이혼하는 부모, 과거나 현재나 자식을 버리는 부모, 또 어떤 가정에서는 자식을 폭행하는 부모들, 부모의 알코올중독이나 무능력으로 인한 가정파탄 등으로 많은 자녀들이 부모에 대해 실망하고 원망하는 경우도 있다. 이러한 상황이 개인에게는 물론 피할 수 없는 숙명적이기는 하겠지만 자신을 낳아주고 길러주는 부이기 때문에 공경하고 효도해야 하는 의무감은 갖고 있어야 한다. 그러나 그러한 부모 모두가 '가장 본받고 싶은 인물'이 될 수는 없으며, 그러한 부모들이 가장 본받고 싶은 인물이 되어서도 안 된다.

혈연관계를 제외하면 이효리가 가장 본받고 싶은 인물로 1위였다는 결과에 대해서는 먼저 개념적으로 선망의 대상과 본받을 인물을 혼동할 수 있었다는 점이다. 왜냐하면 설문문항 자체가 이미 그 이상의 선택을 할 수 없게 구성되었기 때문이다. 즉 설문문항이 '가장 선망하는 인물은 누구인가'였다면 이 답변은 설득력이 있다.

따라서 대학생들을 대상으로 하는 설문문항이 개념적으로 정의되지 않은 가운데 수행된 것은 문제로 지적되어야 한다. 이러한 연유로 해서 대학생들의 의식이 왜곡되어 여론화될 뿐만 아니라, 대학생들의 가치관과 지적 수준이 국민들로부터 의심받게 된다면 이는 전적으로 기획사가 책임져야 할 부분이다.

특히 오늘날 인터넷시대의 언론은 엄청난 파장을 가져올 수 있다. 따라서 언론은 표현과 활자화에 대해 항상 신중해야 한다. 결론적으로 필자가 '대학문화의 이해' 강좌의 수강생들에게 2학기에 걸쳐 이 칼럼에 대한 평을 받아 본 결과, 이러한 지적을 한 학생들도 다수 있었다. 그러나 대부분의 학생들은 이효리에 대한 평가에서만큼은 매

우 긍정적 반응을 보였다. 교육적으로 우리 모두가 본받아야 할 인물
을 재정립해야 할 것이다.


− 2009. 03. 16 −

## 박 군의 등교를 바라며

2009년 3월 초, 강릉 모 중학교 1학년 반장선거에서 박 모 군이 선출되었다. 그러나 박 군의 성적이 상위 40%에 속하지 않는다는 이유로 반장으로서의 자격이 박탈되어 새로이 반장을 선출하였다고 한다. 이로서 결국 박 군은 자존심에 상처를 입었고 현재 등교를 거부하고 있단다. 박 군의 부모는 전학을 시키는 방법을 강구하는 한편, 학생은 검정고시를 보겠다는 생각까지 하고 있다고 한다.

박 군의 부모는 답답한 심정으로 성적이 조건이라고 한다면 사전에 반장자격기준을 제시했어야만 옳았다고 주장했다. 그러나 학교 측에 따르면 성적제한기준은 학생회장과 부회장 등 학생회임원에만 해당되는 규정인데 잘못 적용됐다고 밝혔다.

박 군의 반장자격박탈과 새로운 선거를 치르게 되기까지 선생님과 학교 측에서는 어느 정도 학생 개인의 입장을 고려한 가운데 내부적 논의나 고민의 과정을 거쳤는지 묻고 싶다. 또한 담임선생님 혼자서 내린 결정인지 아니면 적어도 학교장님과의 논의과정을 거치는 가운데 신중하게 내린 결정인지 말이다. 교육자라면 그러한 상황에서 선생님의 일방적 결정에 따라 학생이 겪어야 할 심리적 상처를 먼저 생각했어야 했다. 더욱이 학교규정을 제대로 숙지하지 못한 가운데 내려진 결정은 너무도 권위주의적으로 밖에 보이지 않는다.

어쨌든 박 군으로서는 청소년들의 민감한 감성의 시기에 부푼 마음으로 중학교에 진학하여, 새로운 환경에서 나름대로의 각오로 지도력도 기르고 공부도 열심히 하려고 했을 것이다. 반장선거 출마와 6명의 경쟁에서 당선은 매우 희망적인 계기가 되었으리라 생각된다. 그런데 청천벽력과 같은 자격박탈의 충격은 그 학생에게는 평생 동안 잊혀 지지 않는 아픈 기억으로 자리하고 있을 것으로 걱정이 앞선다. 다행하게도 이러한 시련을 딛고 참으로 훌륭한 사람으로 자란다면 하나의 추억이나 영웅담이 될 수도 있을 것이다. 이것이 계기가 되어 꼭 그렇게 되기를 바랄 뿐이다. 그러나 그러기 위해서는 성적까지 공개되어 자존심이 상하여 등교를 거부하고 있는 것에 대하여 학교와 이 사회는 어떤 형태로든 책임을 지고 그 학생의 진로를 제시해 주어야 한다.

실로 학교반장은 공부를 잘해야만 하는가에 대한 문제는 충분히 논란의 여지가 있다. 반장은 성적보다도 좋은 인성에 근면성실하고 지도력이 중요하다고 생각하는 사람들도 많다. 학교에서나 인생을 살아가는 데 있어서 "공부가 전부는 아니다"라고 생각하는 사람도 많다. 또한 자리가 사람을 만든다는 말도 있듯이 성적이 하위그룹에 속한다 해도 반장이 됨으로써 공부도 더 열심히 하는 계기가 될 수도 있다는 것을 부정할 수는 없다.

이 문제와 관련하여 "공부 잘해서 명문학교를 나온 정치인들을 보라"라는 말까지 나오기도 했다. 참으로 안타까운 일이다.

보편적으로 학교의 반장이나 회장은 대부분 성적이 상위그룹에 속한 학생들이 맡고 있는 것으로 생각된다. 적어도 반장은 친화력과 지도력도 중요하지만 역시 공부 잘하는 학생이 되어야 한다는 데 큰 이견을 제시하고 싶지는 않다. 그러나 반장은 학교나 선생님과 학생들 사이에서 가교역할을 담당하고 학생들의 여론을 수렴하고, 학급회의를 주재하는 등 매우 중요한 역할을 수행한다. 따라서 신뢰할 수 있는 모범성이 필요하다. 그렇다면 공부를 너무 못해도 문제는 있다. 따라서 학업과 지도력이 뛰어나면 좋다.

사회생활을 하는 현실에서는 그렇지 않을 지라도 보편적으로 학교에서는 공부를 잘하는 학생이 인성 면에서도 모범이 되어야 한다고 본다. 이후 설문조사 결과에 의하면 성적제한에 대한 찬성이 32%, 반대가 63%로 반대가 월등히 높게 나타났다. 그러나 학생들에게 직접 물어본 결과에 의하면 공부도 잘해야 모범이 될 수 있다고 생각하는 것이 거의 지배적이었다. 중요한 것은 이 찬반의 논리를 떠나서 선생님의 따뜻한 위로의 말 한마디가 박 군을 학교로 돌아오게 할 수 있다고 믿는다.

## 대학축제와 술

오늘날 대학은 마치 취업을 위한 기술교육장으로 또는 취업전쟁장으로 인식되어, 학문이나 낭만이라는 단어가 사라지고 삭막한 바람만 불고 있는 것 같다. 졸업을 연기하고, 공무원시험에 매달리고, 대졸자가 전문대학에 재입학하는 모순현상이 나타나고 있다. 이러한 각박한 현실에서는 사랑이니 우정이니 아니면 낭만이니 하는 것은 찾을 곳도, 생각할 겨를도 없는 것 같아 보인다.

그렇지만 대학에서는 20대의 젊은이에게 희망과 용기, 그리고 무한한 가능성의 자신을 발견할 수 있는 4년간의 시간과 자유가 주어져 있다. 이러한 대학의 또 하나의 매력은 축제에 있다. 축제를 통해서 우리 대학인은 지적 자아뿐만 아니라 정서적으로 새로운 자기를 발견하고 가꾸어 나갈 수 있다.

5월은 삼라만상이 새롭게 살아나고 약동하는 계절이다. 더욱이 젊은이들의 끓는 피와 박동의 소리는 지구를 흔들어 깨우는 힘으로 들린다. 고교시절에 읽었던 민태원 님의 '청춘예찬'의 그 솟구치는 정열은 대양을 헤엄쳐 가로지르는 희망과 용기와 무한한 가능성을 펼치는 힘으로 고동친다.

이러한 5월에 열리는 대학축제는 잠시 서안을 떠나 젊음과 열정을 불태우는 낭만의 의미를 가진다. 한잔의 막걸리에 인생을, 철학을, 그리고 이상을 담아 마신다. 이 축제를 통해 새 친구를 사귀고, 우정을 쌓고, 사랑을 속삭이는 것도 우리 젊은 대학인의 낭만이다. 내일의 희망과 지혜의 터득을 위하여 잠깐 목마름을 축여주는 사막의 오아시스를 마시고 즐기는 것이다. 이 젊음의 축제에서 잘 못될 것은 아무것도 없다.

그런데 최근 모 대학에서는 올 5월에는 절주캠페인으로 술이 없는 축제를 추진 중이라는 이야기가 있다. 이것은 대동제가 술로 인하여 빚어진 대학축제의 잘못된 관행을 바로 잡겠다는 것을 시사하는 바일 것이다. 그렇다고 축제에 술이 빠져서야 되겠는가? 확실한 것은 술이란 잘못 마시면 독이지만, 잘 마시면 약이 된다.

우리 대학인은 누구나 술을 '잘' 마실 수 있다. 그렇다면 문제될 것은 없다. 우리는 있는 것을 없앰으로써 문제를 해결할 수 있다고 생각하지는 않는다. 남용하지 않고, 악용하지 않고 약으로 만들어 가는 것을 배우고, 연구하고 터득하고자 하는 사람이 곧 우리 대학인이다.

최근 대학생 90%가 술을 마신다는 통계가 나왔다. 그러한 그들에게 막걸리 한 잔 없는 축제는 찬 서리 내리는 초겨울 새벽과 같다. 우리 대학인에게는 단지 술이 있기 때문에 문제가 되어서는 안 된다. 한잔의 막걸리를 놓고, 이성과 감성을 조절하는 나를, 열정이 타오르는 이 뜨거운 가슴을 시험하자. 한 잔의 술이 삶의 여유를, 젊음의 아름다움을, 그리고 철학하는 힘이 되도록 할 것을 이번 축제의 과제로 삼자.

우리 대학인은 술을 탓해서는 안 된다. 좋은 것을 더 좋은 것으로 승화시키는 자아를 찾아 축제의 술을 마셔야 한다. 술을 이기지 못한다면, 술을 탓할 것이 아니라 자신을 탓하여야한다. 그리고 자아를 새롭게 할 각성을 통하여 새롭게 태어나야 한다. 이번 5월의 축제는 우리 대학인의 새로운 대학축제문화를, 음주문화를 만들고, 새로운 대학인의 상을 구축하자. 술을 이기면 이긴 대로, 지면 진대로 변화해야 될 나를, 진정한 대학인이 되기 위한 나를 발견하는 계기가 되기를 바란다.

그리고 학문의 마당에서는 항상 냉철한 이성을 일깨우자. 우리 젊은 대학인은 진리를 논하고, 정의로운 사회를 구현하고, 세계를 향한 무한한 가능성을 지닌 유일한 존재의 이유를 터득하도록 하자.

(울산대 신문)

– 2009/05/14 –

# 정장패션 졸업식 일고(一考)

매년 2월은 학교마다 행하는 졸업시즌이다. 졸업식은 한 과정을 무사히 마무리하고 다음 과정으로 넘어가는 의식이다. 중학교졸업은 대부분 고등학교를 진학하는 기쁨도 있지만 더 높은 수준의 공부에 치중해야 하는 고등학교의 현실을 생각한다면 한편으론 마음이 무거울 수도 있다.

그러나 고등학교의 졸업식은 엄격하게 통제된 시스템으로부터 자유로워지고, 청소년의 시절을 마무리하는 해방의식일 수 있다. 또한 성인으로서의 자유를 보장받으며 직업생활에 들어가기도 하고 대학에도 진학하게 된다. 뿐만 아니라 졸업식은 성장과 성숙함을 의미하기도 하여 가족과 친지들이 축하해 주고 자축하기도 한다.

따라서 과거에는 졸업식이 기쁘기도 했지만 정든 교정을 떠난다는 아쉬움에 눈물을 흘리기도 했다. 가족과 친지들로부터 꽃다발과 선물을 받기도 하고 자장면 한 그릇으로 풍성한 졸업식을 느꼈다.

그런데 어느 때부턴가 졸업식이 사회문제로 부각되었다. 졸업식 뒤풀이로 밀가루를 뿌리며, 교복을 찢어 거리를 활보하고, 계란투척, 알몸뒤풀이 등 막장졸업식이라는 표현까지 등장하는 일탈행위로 사회문제화 되었다.

이러한 일탈을 방지하기 위하여 올해는 급기야 졸업식을 거행하는 학교마다 경찰이 동원되고 학부모들이 감시를 하는 등 축제마당이 되어야 할 졸업식이 오히려 살벌한 분위기를 연출하는 시점까지 왔다. 이러한 강력조치로나마 올해는 큰 문제없이 졸업식행사를 잘 치르는 것 같아 다행이라면 다행이다.

그런데 몇 년 전인가부터 졸업식에는 또 다른 이색풍경이 일어나고 있다. 얼마 전 한 학부모로부터 고민거리를 들었다. 아들이 졸업식을 하는데 입고 갈 정장을 사야한다는 것이다. 졸업식을 앞두고 있는 학생들의 걱정이 또한 그것이라고 한다. 정장을 입는 것이 의무화된 것인지는 모르지만 서민들에게는 보통의 걱정을 넘는다.

정장차림을 하려면 모든 것이 갖추어져야 한다. 정장은 물론 와이셔츠, 넥타이, 구두까지 아무리 싸게 구입을 한다고 하드라도 상당한 지출이 예상된다. 물론 옷이야 입는 것이니까 하겠지만 졸업을 하더라도 그들이 정장을 하고 다닐 경우가 그렇게 많지 않다. 아직도 성장하는 단계이기 때문에 오랫동안 입지 못하는 경우도 많다고 한다. 더욱이 중학교졸업식에도 정장을 입는다고 하니 학교당국은 신중히 검토해 보아야 할 일이다.

그렇다면 졸업식에 양복을 입는다는 것이 사치성이며 낭비에 불과한 것은 아닌가? 실로 요즈음은 교복도 형식적인 면에서도 성인의 양복과 유사하며 질적으로도 결코 모자람이 없다. 졸업식에는 마지막으로 교복을 입고 후배들에게 물려주는 것이 자원절약뿐만 아니라 사회적 낭비를 줄이는 것이다. 학교당국은 이러한 사치성 낭비를 종용할 필요도 없거니와 묵인할 이유도 없다. 의무는 아니더라도 묵인한다는 것은 학생들 심리로서는 그 방향으로 흘러가게 만드는 것이다.

양복은 경건하고 엄숙한 분위기를 조성할 수도 있다. 옷이 날개다, 라는 말이 있어 어떤 옷을 입느냐에 따라 심리적으로 행동이 달라지는 현상을 느낄 수 있다. 정장을 입으면 깔끔하기도 하지만 행동을 조심하는 경향이 있다. 캐주얼한 옷은 활동에는 편안하지만 정장을 착용했을 때와는 달리 뭔가 가벼워지는 느낌을 가지게 된다. 그래서 값비싼 옷을 찢거나 계란을 투척하거나 하는 일탈을 방지하는 효과가 있을 것 같기도 하다. 그래도, 서민들의 어려운 살림을 더 어렵게 하도록 방치하는 것은 바람직하지 않다.

만약에 그러한 효과를 기대한다면 대학의 학위수여식과 같이 대학에서 제공하는 학사복을 입고 식이 끝나면 반납하는 것처럼 학교가 졸업식복을 제작하여 활용하는 방법을 생각해 볼 수 있을 것이다. 인터넷상에 글을 올린 학생들의 견해를 종합해 보면 모두가 다 정장을 원하는 것은 아니다. 상당수가 교복을 선호하고 있다. 졸업식장의 정장패션은 한 시대의 유행일 수도 있지만 다시 한 번 깊이 생각해 보는 기회가 되었으면 한다.

- 2011/02/21 -

## 왜곡된 교육경쟁의식
## 으로부터 해방

　우리나라 사람의 독특한 교육열은 세계최고이다. 교육의 주체인 학생보다 부모의 교육열이 더 높다. 이는 과거 자신이 배우지 못해 사회적으로 냉대 받았던 아픔과 쓰라림을 대물림하지 않고자 하는 부모의 심정에서 나온 것이라 본다. 이 정신이 우리에게는 유전인자처럼 전해지고, 이러한 과정을 통해 성공한 사람들은 그들의 성공신화를 오직 교육열에 있다고 확신한다.

　그들은 단순히 공교육에만 만족하지 못하고 사교육에 매달리게 된다. 그러다 보니 과도한 사교육경쟁은 사경제와 가계를 휘청거리게 할 정도이다. 있는 사람이야 사교육비가 한 달에 기백만 원이 들어도 문제가 아니겠지만, 일반서민인 부모들은 교육비 걱정에 밤잠을 설친다. 몹쓸 바이러스처럼 번진 사교육비용은 과거 5,60년대 끼니걱정보다 더 큰 걱정이다.

우리나라 여성근로자들 가운데 전문직을 제외한 주부노동의 대부분이 경제적 필요성이나 더 나은 삶을 위한 것이기보다는 자녀의 사교육비 부담에 기인하는 것으로 거론되고 있다. '식당에라도 가서 아이들의 학원비라도 벌어야지'가 대세가 되고 있다. 심지어는 극단적으로 유흥도우미를 해서라도 자녀의 교육비를 마련하고자 하는 갸륵한 우리 부모의 심정이다.

전 세계가 놀라고 미국의 오바마 대통령이 부러워하는 한국의 높은 교육열로 얻은 것은 무엇인가? 물론 한국의 급속한 산업발전과 경제성장이 이 교육열과 무관하지 않다. 그러나 경제발전의 이면에 내재한 모습들은 또한 추하기 짝이 없다. 남을 뛰어넘어야 하는 치열한 경쟁의식은 결국 강한 이기심과 집단이기주의를 잉태했고, 왜곡된 경쟁구조를 만들었다. 죽기 아니면 살기식의 극단적 경쟁의식은 결코 올바른 인성을 형성할 수 없었다. 아예 인성교육은 없었다 해도 과언이 아니다. 날마다 구호와 외침은 있었지만 실천의지와 진정성은 없었다. 따라서 우리는 관용과 배려, 그리고 이해라는 개념은 익히지 못했다. 법의식과 윤리와 도덕이라는 상식적 개념도 안중에 없었다. 그러한 개념은 못난 바보나 중얼거리는 것이었다.

그래서 입시제도가 자주 바뀌었다. 우리의 입시제도는 교육수장이 바뀔 때마다 '교육은 백년지 대계'라는 구호 아래 바뀌었다. 어떻게 생각하면 이것도 더 나은 교육방법을 추구한 결과로 볼 수 있을 것이다. 또한 우리의 독특한 교육열정에 기인한다고 볼 수도 있을 것이다. 그러나 교육수장의 무책임한 한건주의의식 그리고 권위주의가 무엇보다 한몫했다고 보인다.

사교육의 범람은 교육열에 기인하지만, 실제로는 공교육의 부실과 무책임성에 기인한다고 보는 것이 타당하다. 공교육 내실화와 사교육비 경감을 위해 노력은 했지만 결국은 제자리걸음에 있다. 진정으로 교육발전을 위해 노력하시는 분들에게는 대단히 죄송한 말씀이지만 현실이 이렇게 밖에 느껴지지 않는 안타까운 심정이다.

최근 서울대 음대교수 파면사건처럼, 그나마 마지막 보루로 믿었던 대학교에서, 그것도 대한민국 최고의 국립대학인 서울대학교에서 우리의 믿음은 천 길 낭떠러지로 추락했다. 사람들은 타 대학 음대도 마찬가지라고 이구동성으로 말하고, 나아가서 예술대학의 대부분이 그렇다 하니 참으로 암담한 마음이다.

이처럼 대학교수라는 최고지식인의 윤리가 땅에 떨어져가는 모습을 보면서, 우리가 받은 교육이 아름다운 심성을 가지고 직업인의 윤리적 소명을 다하는 것이 아니었다는 안타까움을 떨쳐버릴 수가 없다. 우리의 교육에 대해 다시 한 번 재고해야 될 시점이다.

- 2011/04/18 -

## 대학의 거대규모와
## 경쟁력

　1999년 김동훈은 '대학이 망해야 나라가 산다'에서 한국대학의 많은 문제점을 지적했다. 구구절절 옳은 말이지만 대학관계자는 누구도 고민하지 않았다. 한국에는 400여 개가 넘는 대학이 있고 200여 개가 넘는 4년제 대학이 있다. 그 중 많은 대학은 학생 수가 1만 명이 넘는 거대한 규모를 자랑하고 있다.

　대한민국의 발전이 한국인의 남다른 교육열에 기인했다는 것을 인정한다면, 많은 대학의 설립과 대학의 기능을 결코 부정적으로만 생각할 수는 없다. 그러나 많은 대학들은 진정한 교육이념보다는 돈벌이의 기업으로 착각하고 있는 것 같다. 거창한 교육이념을 앞세우고 있지만, 설립 이후부터는 돈벌이수단으로 전락하여 학생 수를 늘이고 등록금만 높이고 있다.

　60년대 클라크 커(Clark Kerr)가 '대학의 사명'이라는 저술에서 지적한 것처럼 현대의 대학은 더 이상 유니버시티(University)라는 전통적 대학 개념으로써는 이해할 수 없는 거대한 규모의 대학이 되었다. 그는 이러한 대학을 두고 멀티버시티(Multiversity)라는 새로운 개념이 필요하다는 지적을 하였다. 특히 산업사회에 부응하는 기술과 지적 원천을 공급하는 산업주의형 대학관이 지배적이 되면서 대학운영에도 기업 경영의 방식이 도입될 수밖에 없는 일종의 대학의 기업화가 되어간다는 비판을 하였다. 이로부터 대학은 진리탐구라는 대학본연의 임무를 다할 수 있는 변화가 필요함을 강조했다.

이러한 비판적 추세에도 1990년대 초반 서강대학교 이 모 총장은 대학을 완전히 이윤극대화를 추구하는 기업경영방식을 도입하는 시도를 한 적이 있다. 총장은 기업의 회장이고, 학장은 사장이라는 호칭변경까지 거론했다. 또한 아주대학교에서도 졸업생에 대해 불량 제품을 생산한 책임을 통감하고 애프터서비스를 하겠다는 등 학생을 상품으로 취급하는 몰인본주의적 발상으로 대학의 위상을 실추시키는 일이 있었다. 그러한 시도는 당연히 실패해야 하고 실패할 수밖에 없었다.

대학을 학문의 장으로 보지 않고 기업의 경영효율성만을 강조하는 것은 바람직하지 못하다. 당연히 행정적 효율성과 학문성과의 효율성은 어느 기관이나 필요한 것이다. 그러나 대학은 모든 제도와 조직이 학문적 성과를 드높일 수 있는 방향으로 기획되어야 한다.

먼저 1만 명 이상의 거대대학은 학문적 성과를 기대하기 어렵다. 초중고에서는 학생 수를 줄여 가는데 대학은 전공마다 4,50명이 넘는다. 무엇보다 20명이 넘으면 심층적 토론식 강의를 실현할 수 없다.

국가는 국가와 사회, 그리고 국제적 현실을 분석하는 가운데 큰 틀속에서 미래지향적 대학교육정책을 입안하여야 한다. 그러나 국가는 대학을 국가의 정치적 이해관계로 이끌어가서는 안 된다. 대학의 자유 또는 학문의 자유를 보장하고, 자율성에 맡겨야 한다. 그리고 대학을 대학외부의 여타의 위협으로부터 보호해 주어야 한다. 이것은 대학과 진리탐구, 그리고 학문의 발전을 위하여 절대적 가치이다.

대학재정의 지원은 나라마다 다르긴 하지만, 사립대학이 대부분인 한국은 건전한 대학육성을 위하여 공정하게 재정지원을 배분해야 한다. 무엇보다 국가정치적 목적의 재정지원은 대학의 자율성을 저해하는 병인이 된다. 많은 유사 대학은 통폐합하거나 과감히 정리되어야 한다. 특히 재정이 건실하지 못하거나 편법운영의 사기업적 대학은 퇴출되어야 한다.

서구의 산업화가 최고조에 달한 시점인 슈마허(E.F. Schumacher)의 '작은 것이 아름답다'(1973)에서는 거대주의의 비극을 경고하고, 규모의 산업화로부터 급격한 변화에 대한 유연한 변화와 적응력, 그리고 효율성을 추구할 것을 역설했다. 대학의 경쟁력도 거대한 규모에 있는 것이 아니다. 소규모의 전문적 효율을 높이고 심층적이며 학생 개

인의 적성과 특성을 살피어 스스로 학문적 연구와 경쟁력을 키울 수
있어야 한다.

- 2011/04/25 -

## 한국사회의
## 대학열병 신드롬

 진리, 자유, 자주, 민주, 봉사 등을 대학의 이념으로 삼는 대학은 우리 인간의 삶을 이상세계로 나아가게 하고자 하는 지고한 이념이다. 따라서 어느 나라도 이 이념에 대해 의문을 제기하지 않는다. 그 누구도 대학교육의 역할과 기능에 대해 부정하지 않는다.

 1999년 김동훈 교수의 '대학이 망해야 나라가 산다'는 저술도 대학교육을 부정한 것이 아니라, 대학의 시스템과 운영, 그리고 교육의 방법에 대한 문제를 지적하고 혁신할 것을 천명하고 있다.

 어떤 대학도 우리의 현실과 이상을 완벽하게 충족시켜주지는 못한다. 세계의 많은 대학들도 나름대로의 문제점은 갖고 있다. 그 중에서도 우리의 대학은 전통적 신분제 사회의 보루 역할을 하고 있다. 산업사회를 지나 21세기 정보화 사회에서도 대학졸업장이 그 사람의 신분을 고착화시켜준다. 상위 몇 퍼센트에 속한 대학졸업장만이 군립하고 지배하는 종신신분을 보장받는다.

우리 사회에서는 어떤 이름 모를 대학이든 대학졸업장이 없다는 것은 전 생애의 그늘진 삶을 의미한다. 이처럼 신분사회의 버팀목이 되고 있는 대학의 사회구조에서는 대학을 가지 않고는 결혼도, 신분상승도, 돈벌이도 제대로 할 수 없다.

그러니 너도 나도 대학은 필수다. 재수, 삼수를 해서라도 신분이 보장되는 대학에 들어가야 한다. SKY대학이 최상의 선택이지만, 그것이 아니면 어떤 대학이라도 들어가야 한다. 그래야만 취업을 할 수 있고, 사람 구실을 할 수 있고 대접받는다. 집집마다 어린아이까지 대학졸업의 상징인 학위복 사진을 걸어두고 있다.

그래서 아직도 대학의 수요는 충분하다. 이러한 열병적 대학관 하에서는 세계 어느 나라보다도 많은 대학이 필요하다. 한국은 전문대학, 특수대학을 포함해 대학이 400여 개가 넘는다. 거기에다 주부대학에 노인대학까지 만들어 학위복에 학사모를 자랑한다. 이처럼 한국은 대학과잉사회가 되었다. 어쩌면 다행스런 현상인지도 모른다. 대학에 안 가면 못 사는 사회에서 그나마 누구나 대학을 갈 수 있도록 많은 대학이 있으니 말이다.

문제는 등록금이다. 학력의 사회적 가치가 높은 만큼 당연히 등록금은 비싸질 수밖에 없다. 그래도 거액의 등록금은 문제가 안 된다. 비싼 등록금 때문에 많은 사회문제가 일어나기도 하지만, 언론에선 며칠만 떠들면 잠잠해진다. 비싼 등록금에 대한 불만의 원인은 한 개인의 못난 탓이기 때문이다. 그 못난 탓으로부터 해방되려면 어떻게든 자식은 대학에 보내야 한다. 그야말로 빚을 내서라도 대학등록금은 마련해야 한다. 이것이 한국부모들의 갸륵한 자식사랑의 의무이다.

그러니 아무리 등록금을 인상해도 대학을 안 갈 방도는 없다. 대학은 일단 거창한 교육이념을 내걸기만 하면 잘 나가는 기업이나 마찬가지로 돈벌이가 된다. 대학이념의 실현보다는 기업적 수익성이 더 큰 관건이다. 그러려면 정원을 늘이고 학생을 많이 모집해야 한다. 엄청난 비용을 들여 광고판을 제작하고 지하철역에, 길거리에, 매스컴에 온갖 미사여구를 총동원하여 홍보를 하며 학생들을 유혹한다.

학생정원의 한계에 도달하면 야간과정을 개설하고, 지방캠퍼스를 열고, 특수대학원을 만들고, 평생교육원을 개설하는 등 학생들을 끊임없이 유혹한다. 21세기 첨단사회, 정보화 사회, 자격증시대를 빙자하여 온갖 자질구레한 교육과정을 개설하고 학생을 모집한다. 이제 대학은 대학다워져야 한다. 대학을 간판의 장이 아니라, 진정한 대학의 이상과 권위를 되찾아야 한다.

- 2011/05/09 -

## 대학 졸업유보의 시대

지난해 기말고사가 끝나고 성적처리가 완료되어가는 시점에 한 4학년 학생으로부터 전화를 받았다. 성적을 F학점으로 처리해 달라는 것이었다. 성적은 상위권이었다. 왜 그러냐고 물으니 졸업을 유보하기 위함이라는 것이었다. 왜냐하면 졸업을 해도 취업할 가능성도 없는 상황에서 졸업만 할 수 없다는 것이었다.

대학교 3학년을 마치면 대부분의 학생들은 마지막 학년 등록을 앞두고 깊은 고민에 빠진다. 졸업을 할 것인가 유보할 것인가에 대한 고민이다. 필자의 아들도 3학년을 마치고 휴학을 했다. 외국경험과 어학(영어)을 익히는 기회를 가지겠다는 것이다. 필자는 그래도 졸업할 것을 권유했지만 결국은 휴학하고 워킹홀리데이를 준비하고 있다.

졸업을 유보하거나 어학연수를 다녀오면 약 1~2년 정도 시간을 벌 수는 있다. 그러나 그 후에는 취업이 보장되는가? 졸업 후 취업은 지금이나 1~2년 후에도 국가나 사회도 그 누구도 보장해 주지 않는다. 결국 젊은이들의 역동적 자원이 사회적 낭비로 이어질 수밖에 없다.

왜냐하면 대학졸업 유보가 장기화되고 있는 상황이기 때문이다. 그러나 언젠가는 결국 졸업을 해야 한다. 우리는 현재 대졸백수 300만의 시대에 처해 있다. 국가나 사회적으로 특단의 조치가 있거나, 특별한 사회적 변화가 없는 한 대졸실업자 수는 계속 늘어날 수밖에 없다. 지난 4월의 통계청에 따르면 비경제활동인구 가운데 4년제 대학졸업자가 200만 명을 넘었고, 전문대학을 졸업한 젊은이는 약 1백만 명이라 한다.

4년제 대학졸업의 비경제활동인구는 2001년부터 10년간 무려 79.5%로 급증했다. 고졸 이하에 비해 압도적 수치를 보여준다. 이에는 정치, 경제, 사회의 구조적 문제도 있겠지만, 어쨌든 학력인플레이현상을 보여준다.

이러한 대졸학력의 실업사태를 이해하려면 몇 가지 원인을 들 수 있을 것이다. 그 중에서도 가장 큰 문제는 한국사회의 고학력 지향적 임금과 사회적 지위의 피라미드구조에 있다. 높은 교육열이 국가와 사회발전에 기능적이라는 점에서 보면 고학력의 기회가 많이 주어진다는 것은 긍정적으로 평가해야 한다. 그러나 80%가 넘는 대학진학과 대학고유의 기능을 발휘하지 못하고 대졸학력만 양산하는 대학이 넘쳐나는 것은 결코 바람직하지 못하다.

국가는 나름대로 대졸실업자를 흡수하기 위하여 다양한 정책을 펼치고 있지만 인기영합적이고 임시방편적이어서 실질적이고 효과적이지 못한 것에도 원인이 있다.

학생들의 직업의식도 변해야 한다. 많은 학생들이 졸업과 동시에 성취할 수 있는 직업이 아닌 고시나 자격시험에 매달리는 현상이다. 물론 고시나 고위급 자격시험의 합격은 가장 안정된 취업의 지름길이다. 그러나 이 과정은 많은 시간과 경비를 필요로 하는 쉽지 않은 길이다.

뿐만 아니라 요즈음은 가장 안정된 직업을 보장한다는 공무원시험이나 공기업시험에 많은 관심을 가지고 있다. 따라서 결과적으로 이 시험에 응시하는 수가 급속도로 증가하면서 몇 십대 일을 넘어 때로는 백 단위를 넘는 치열한 경쟁률에 맞서게 된다. 그러다 보니 대학생과 300만 대졸자가 이제는 고난의 취업고시생이 되고 있다.

직업에 귀천이 없다고 하지만 어느 사회도 직업의 귀천이 없는 사회는 없다. 그렇지만 우리도 이제 어떠한 직업이든 이 사회가 필요로 하는 직업이라면, 진정으로 개개인의 직업에 대한 가치인식과 존중의식을 가져야 한다. 아직도 산업현장에는 많은 일자리들이 있다. 졸업을 유보하고 휴학을 하는 것만이 최상은 아니다. 일단 정상적으로 졸업을 하고 사회에 부닥치면서 다양한 경험을 통해 직업을 굳혀가는 여유로움을 가지기를 바란다.

- 2011/05/16 -

## 우리 사회와 대학문화의
## 현 주소와 대학인의 시대정신

 총리·장관후보의 도덕성 시비, 고위공무원의 부정특채, 국회의원의 수백억 원 공천헌금 시비, 뇌물수수 모 시장 구속, 공짜술 검사 기소, 기업대표의 수백억 횡령, 모 금융경영진의 공금횡령비리, 국새제작사기, 묻지 마 살인범, 중장비학원 면허증 부정발급, 대기업 임원 및 공무원 룸살롱 성매매, 초등학생 이웃돕기성금 교원회식비로 꿀꺽, 대학의 유령회사설립과 취업률조작으로 교과부지원금 착복, 전 교육감 골프장 비리, 전교조·민공노 간부 시국선언 유죄판결, 쓰레기통에 버려진 영아, 짝퉁비아그라, 4억 명품녀, 공기업 1인당 47만원자리 체육복세트와 돈잔치 체육대회, 추석선물 고가품 연일 매진, 1천 9백만 원짜리 위스키 매진, 해외여행 최대, 연간 수천만 원 고액과외 등은 2010년 9월 중순 모 일간지를 메우고 있는 문제성 큰 사건들만을 간추린 것이다.

 이러한 일들이 그렇다고 특별히 이날에만 일어난 것이 아니다. 이것이 요즘 우리나라 언론방송매체들의 첫 단을 장식하는 일상적 현상들이다. 그래서인지 2,30대의 60% 이상이 우리 사회를 정의롭지 않다고 생각한단다. 이것이 어찌 그들만의 견해이겠는가? 이러한 문제들은 이 나라 소수의 권력과 부를 차지하고 있는 사람들의 소행이다. 일반국민들은 생각도 못할 일이다. 그래서 이명박 정부는 이처럼 공정하지 못한 사회를 인식하고 공정한 사회를 연일 강조하고 있다. 그나마 다행이다.

이러한 문제를 야기한 그들은 이미 자정능력을 상실했는지도 모른다. 그렇다고 대학인들에게 이 문제를 풀어달라고 떠넘길 수도 없다. 비록 이상과 정의, 패기와 용기를 힘으로 하는 그들에게 호소하고 싶지만, 그들에게도 현실적으로 너무 많은 부하가 걸려 있다. 살아남기 위한 취업이 대학생활의 최대 관건이 되었으니 말이다.

따라서 그들 스스로도 진정한 대학문화를 생각할 겨를이 없다. 이 풍요와 다양한 삶의 정보화 사회에서도 그들은 정신적 빈곤과 고독에 시달리고 있다. 오직 취업이라는 굴레 속에서 개성도 없이 이기주의적이 되어가고 있다.

대학의 학생회, 학과, 동아리행사에는 왜곡된 술문화가 범람하고, OT나 MT에서도 술로 밀리면 안 된다는 오기로 패기를 자랑하고, 진정한 대학문화를 경험하기도 전에 죽음으로 내몰린다. 공강시간은 PC방, 노래방, 오락실, 만화방으로 달려가 자아를 감추고 고독과 실의를 달래려 한다.

대학문화의 꽃이라 할 5월의 축제는 잠깐 서안(書案)을 떠나 적재(積載)된 감성을 활성화하고 진정한 낭만을 향유하는 기대로 기다려지는 것이 아니라, 적당히 강의를 빠지고 논다는 데 축제의 존재의미가 주어진다. 축제는 한순간의 유흥과 음주와 오락일변도로 일관되고 있다. 천편일률적으로 수천만 원을 들여 연예인쇼, 가요제나 즐기고, 길에 죽 늘어선 주점은 상업적 호객행위와 돈 벌기에 급급하여 대학의 이념이 쓰러질 지경이다.

현실적으로 취업이 최대화두가 되는 가운데 학술, 연극, 농활, 풍물 등 대학문화동아리에는 회원이 줄어들고, 학생들은 영어, 공모전, 해외인턴십 등 취업 관련 행사나 동아리에 더 많은 관심을 가진다. 물론 이러한 현상을 꼭이 부정적으로 인식하기보다는 대학의 시대반영이라 볼 수도 있다. 그러나 문제는 현 대학문화의 존재양식, 의미, 목적이 전도되어 대학의 궁극적 목적인 학문을 향한 열정을 활성화하는 창조적 대학문화가 형성되지 못하는 데 있다.

창조적이고 미래지향적 대학문화는 기성의 소비, 향락적 대중문화에 매몰되지 않고 혁신적이어야 한다. 이는 무엇보다 우리 대학인이 자신과 대학, 그리고 사회에 대한 올바른 인식과 지성인의 양식과 진리 추구를 위한 이성적 비판을 통해 정의로운 사회로의 변화를 주도하는 시대정신을 갖추어야 한다. 우리 대학인이 가진 가장 큰 힘은 바로 그것이다.

　세계 어느 나라에서나 대학에 대하여 최고의 권위를 인정한다. 대학은 사회를 발전적으로 변화시키는 전문지식을 창출하는 원동력이기 때문이다. 전문인 양성뿐만 아니라 지성인을 육성하여 사회의 지도자를 배출하는 최고의 기관이다. 대학은 진리를 연구하는 가운데 사회정의를 제시하고 바로세우는 최후의 보루이기도 하다.

　이러한 대학의 목적과 진리를 추구하는 학문의 장으로써 대학의 자유가 보장되어야 한다. 연구와 교수의 자유, 그리고 학생들의 배움의 자유는 권위주의시대가 끝난 이후 어느 정도 보장되고 있다.

　또한 대학교육의 방향과 운영에 대한 자율성이 보장되어야 한다. 그렇다고 반지성적이 되어가는 대학을 국가도 사회도 그냥 자율이라는 명분으로 묵과할 수는 없다. 이러한 대학의 사명을 오늘날 많은 한국 대학들은 잊어가고 있다. 이윤이나 장삿속만을 채우며 반지성적일 뿐만 아니라 비도덕적이 되어가고 있다

　최근 교과부는 비리와 부실운영으로 대학을 파국으로 몰라간 2개의 대학에 대하여 폐쇄명령을 내렸다. 명신대는 4년제 대학교로써 설립자가 40억 원의 공금을 횡령했고, 수업일수가 미달된 학생 2만 2794명에게 학점을 부여했다. 수강인원 중 27.5%만이 강의에 참석했고 강의를 아예 하지 않은 과목이 36%나 되었다.

성화대는 교과부가 지적한 20개 사항을 거의 이행할 수가 없었다. 특히 횡령액 65억 원의 회수명령과 수업일수 미달학생 2만 3848명에 대한 학점취소를 이행하지 못하였다. 두 경우 공히 강의가 진행된 과목도 거의 파행적이었다.

이러한 대학을 대학의 자율이라는 이름하에 방치한다면 젊은 청년 대학생들과 한국의 정신을 좀먹게 한다. 여기서 논해진 진리나 정의는 대학운영자만을 살찌우는 수단과 명분만 되었을 뿐이다. 대학만 퇴출할 것이 아니라, 대학을 돈벌이수단으로 치부한 설립자는 앞으로 이 사회에서 영원히 퇴출되어야 한다. 대학의 권위를 실추시키고 학문을 하고자 하는 젊은 지성을 우롱한 죄를 결코 용서해서는 안 된다.

지금부터라도 교과부가 경영부실대학을 전반적으로 구조조정하겠다는 의지에 찬사를 보낸다. 무엇보다 앞의 두 대학처럼 중대비리가 발생하고 있는 대학은 빠른 시간대에 퇴출시키고, 그 다음으로 운영상태가 부실하면 경영부실대학으로 선정해 퇴출시킬 방침이라 한다. 경영부실대학으로 판정된 대학은 학자금 대출제한 대학 17곳이다. 이 중 2년 연속 대출제한을 받은 7개 대학(4년제 3곳, 전문대 4곳)이 구조조정의 1순위에 오를 것이다.

이들 경영부실대학은 앞으로 구조개혁 컨설팅을 받게 된다. 이 과정에서 재정투자의 확대와 건전한 경영, 입학정원 적정성 유지, 교수충원 등의 자구 노력을 할 것이지만, 실제로 부실대학으로 낙인이

찍히게 되는 것은 사실이다. 그야말로 뼈를 깎아 내는 자구노력이 아니면, 낙인이 찍힌 이들 대학은 모집인원이 줄어들 것으로 예상되어 자연스럽게 퇴출될 것이라는 전망을 해 본다.

그러나 이 기회에 강도 높은 구조조정이 이루어져야 한다. 대학의 사명과 기능을 다하지 못하는 대학도 가려내어야 한다. 적당히 겁이 나 주는 솜 방망이식 구조조정은 안 된다. 대학교육의 정상화와 경쟁력 강화를 위하여 인정사정없는, 좀은 가혹한 퇴출의지를 보여야 한다. 경쟁력 없는 대학은 과감히 퇴출시켜야 한다. 그래도 대학은 충분하다. 아니 그래도 우리나라 대학은 너무 많다. 그래서 경쟁력이 없다.

부실대학퇴출이 결정되면 적을 두고 있는 학생들에 대해서는 불이익이 돌아가지 않도록 최대한 보호해 주어야 한다. 학생들은 타 대학으로 편입할 수 있으므로 크게 걱정할 필요는 없다. 오히려 새로운 대학에서 새롭게 출발하는 계기가 되기를 바란다. 다른 한편 폐교의 재활용과 기존 대학주변의 지역경제가 문제로 부상하지만, 정부와 지자체, 그리고 지역주민이 함께하는 지혜로운 위기극복이 있기를 바란다.

- 2011/08/31 -

## 대학의 낭만

　참으로 긴 세월을 인내하며 대학인이 되었다. 구속과 통제에 반항하며 일탈의 충동을 가까스로 견디어내고 오늘에 이르렀다. 많은 이들이 부러워하는 최고의 지성인, 엘리트가 되었다. 그간 그려왔던 대학이 학문이라는 개념으로 좀 무겁기는 하지만, 그래도 통제와 구속이 없어진 것은 축복이다. 이 대학의 자유로움을 만끽하며 인생과 새로운 세계를 설계하자.

　OT와 MT에서 번뜩이는 지성들의 활력과 역동성에 새로운 각오도 해 본다. 교수님의 그 해박한 지식이 강물처럼 출렁이는 강의실에서, 이 경이로운 세상에 들어온 나를 보고 우쭐해지기도 한다. 이 세계가 바로 또 하나의 새로운 미지의 세계를 개척해 가는 지혜의 샘터임을 깨닫는다.

　진리, 자유, 창조, 봉사 등의 심오한 대학의 이념을 실현하기 위하여 우리에게 주어진 대학의 자유는 참으로 값진 것이다. 연구의 자유, 가르침의 자유, 그리고 배움의 자유는 우리 대학인에게만 고유하게 주어진 자유이다. 독일의 볼프와 야스퍼스가 말한 학문의 연구는 어떠한 물리적 속박으로부터도 자유로야 하며 오직 대학인의 양심과 책임에 있다는 말이 가슴을 뭉클하게 한다.

미네르바의 올빼미로 학문의 장에서는 냉철한 이성을 소진하는 엄숙한 시간을 보내고 잠깐 캠퍼스 잔디밭에 누워 긴 심호흡을 해 본다. 한 점 구름이 온 세상을 내려다보며 새로운 세상을 향해 여유롭게 떠간다. 나도 같이, 사회와 학문의 사이에서 겪던 갈등을 제치고 이상의 향기가 피어나는 미지의 세상으로 나아가 본다. 민태원님의 '청춘예찬'이 생각난다. 가슴이 벅차다. 뭔가 위대한 작품을 만들어 낼 것 같은 혈기가 끓어오른다.

무딘 내 감성에도 시상이 떠오를 것 같고, 한 편의 노래를 작곡하며 흥얼거리고 싶어진다. 이처럼 따스한 봄날 잔디에 누워 푸른 하늘을 바라보는 여유로움이 감미롭다. 푸른 하늘처럼 한없이 맑아지는 감성이 잔디 사이로 피어난 노오란 민들레 같은 색깔이 된다. 부러울 것이 없다. 천하가 내 안에 있다. 시기도 원망도 다 잊어버린다. 금방 몇 치나 커버린 것 같은 새로운 나를 발견하고 잠깐 흥분한다. 그리고 북적이는 젊은 지성들의 소리를 들으며 다시 강의실로 돌아간다.

강의실, 도서관, 동아리방 등을 바쁘게 돌아다니는 사이 5월이 왔다. 이제 대학낭만의 장인 5월의 축제에 나는 흠뻑 빠져보고 싶다. 진리추구라는 거창한 개념의 무게로 짓눌린 가슴을 5월 축제로 덜고 싶다. 무척이도 기대했던 축제, 캠퍼스에 늘어선 주점에서 한잔의 막걸리를 들이키며 밤새워 인생과 삶을 향한 개똥철학을 펼쳐 본다. 청소년시절의 유치한 베이비언어를 애써 떨치며 그간 습득한 유식한 개념들로 열심히 설을 펼쳐 본다. 이런 날에 좀 취하면 어떤가? 20대의 순수한 철학이 좀은 거칠고 허황하여도, 그러한 철학에 우리 대학인의 지성은 성숙해 간다.

인류문명의 위대한 역사가 이 대학에서 창조되고 있다. 누구도 거역할 수 없는 지성과 진리의 힘으로 나의 이야기를 만들고, 우리의 역사를 만들어 가고 있다. 영국 매킨타이어(A. MacIntyre) 교수('덕의 상실' After Virtue, 1981)의 역사를 발전시켜가는 '서사적(敍事的) 존재'로서의 지혜를 다하는 날까지 바람이 불고 비가 오고 눈이 와도 캠퍼스는 잠들지 않는다.

대졸백수 3백만의 암울한 미래로 고통스럽긴 하지만, 그래도 우리에게는 학문과 청춘을 살찌우는 대학의 낭만이 있다. 대학의 낭만이여, 영원하라! 세파에 시달린 영혼을 일깨우고 칼날 같은 지성으로 세상의 정의를 바로세우는 마지막 보루의 대학인을 위하여. 낭만과 매혹이 넘치는 이 축복의 대학캠퍼스에서 우리는 하루하루를 유쾌하게 소요하자.

　　　　　　　　　　　　　　　　　　　　－ 2012/04/30 －

## 대학의 시장화는 안 된다

2012년 8월 27일 정부는 '대학자율화 추진계획'을 발표했다. 자율화 추진 내용은 6개 분야에 66개에 달하고 있다. 이렇게 보면 우리 대학이 지금까지 얼마나 많은 규제를 받고 있었던가를 예측할 수 있다. 사립대학 측에서는 반기고 있지만, 다른 한편 '대학의 자율화'라는 의미보다 '대학의 시장화'라는 논리로 받아들여지고 있다. 대학이 더 이상 학문의 연구라는 본질적 목적을 벗어나 경영상 이익창출의 장이 될 것이라는 우려의 견해가 더 많다. 그에 대한 어떠한 대안도 담보되어 있지 못한 상태이다.

지엽적인 문제의 자율화보다 본질을 훼손할 우려가 높은 정책을, 더욱이 현 정부의 말기에 시행한다는 것은 차기정부가 책임을 떠맡아야 할 매우 무책임한 것으로 보일 수 있다. 이러한 정책은 정부 초기에 시행하여 스스로 책임질 수 있는 것이어야 했다. 책임소재를 떠나서도 한국대학의 역사와 문화적 측면에서 볼 때 너무도 심각한 문제를 야기할 것이라는 많은 전문가들의 논평을 간과할 수 없다.

대학도 시대적 변화에 따라 논점과 방향이 변화되어야 한다는 것은 불문가지의 사실이다. 그러나 대학이 경영의 효율화만을 추구한다면 결코 본래의 목적을 달성할 수 없다. 우리는 그간 그 엄격한 제재 하에서도 상상을 초월하는 대학의 부정과 부패와 부실을 경험했다. 급기야는 대학구조조정이라는 처방을 내리고 수많은 대학들이 퇴출의 길을 걸었다. 지난 8월31일 교과부는 2013학년도 정부재정지원 중단 대학 43곳을 발표했다. 이처럼 대학경영의 문제가 전혀 해결되지 않은 상황에서 단지 지엽적인 자율화의 필요성을 앞세워 대학의 본질과 근간을 흔들어버릴 대학의 시장화는 결코 바람직한 변화가 아니다.

경향신문에서는 대학의 수익사업의 족쇄를 풀어 대학이 상업화되는 것을 우려하며, 사설에서는 '캠퍼스 안에 호텔 짓는 게 대학자율화라니'라고 비판했다. 한국대학교육연구소 논평에서는 '자율로 포장된 대학시장화 계획'이라고 일침을 놓았다. 전체적으로 보아 대학교육과 학문적 발전보다는 특히 사립대학의 경영의 효율성만을 강화하여 사학재단과 경영자에게는 수익사업에, 부실대학에는 부정과 부패의 새로운 활로를 열어주는 것에 우려를 금할 길이 없다.

교육용 기본재산을 수익용으로 바꿀 수 있고, 대학 내에 호텔을 지어 관광숙박업을 할 수도 있고, 고도제한 없는 초고층 건축, 교육시설의 용도변경으로 상업시설 임대나 매각 등은 오직 경영자의 수익을 위한 것으로만 보인다. 우리 대학의 고질적인 문제가 자율화가 부족해서 일어난 것만은 아니다. 그간 많은 한국대학 운영자의 실태를 기억한다면 '심지어 부패까지 포함한 방임'이며, '비리사학재단을 모두 복귀시킨 것도 부족해 이제는 그들에게 본격적인 돈 벌이를 위한 날개까지 달아주겠다는' 것으로 보인다.

대학의 자유와 자율은 보장되어야 한다. 이것은 진리탐구와 학문연구의 발전을 위한 요체 중의 요체이다. 특히 연구와 가르침, 그리고 배움의 자유가 보장되지 않으면 대학의 본질적 목적은 구현될 수 없다. 이러한 목적을 달성하기 위해서는 역시 대학의 제도나 그것을 운용하는 경영차원의 자율성 또한 대학의 자유 못지않게 중요하다.

이러한 대학의 자율화는 우리 한국대학이 처한 역사나 문화적 환경을 고려한 가운데 탄력적이면서 점진적으로 추진되어야 한다. 우리의 많은 재벌기업들이 천민자본주의적 속성으로 존경받지 못하는 현실에서, 대학경영자까지 대학의 사명은 없고 대학을 돈벌이의 수단으로 착각하고 있는 지난 과거를 아직 탈피하지 못했다고 본다. 그러니 아직도 설익은 대학경영의식 하에 대학의 자율화가 경제논리의 시장화를 부추기는 것만은 안 된다.

- 2011/09/03 -

## 이 시대 청년의
## 책임과 역할

　우리가 이만큼 잘살게 된 것은 우리 국민의 잘살기 위한 강인한 인내와 열정이 있었기 때문이다. 60년대부터 시작된 한국의 산업화, 권위주의체제 하에서도 오직 "잘 살아보세"라는 기치 아래 억척같이 일하는 의지가 있었기 때문이라 본다.

　이러한 열정에도 불구하고 국가는 위기에 처할 때가 많았다. 그때마다 거기에는 바로 청년의 희생이 따랐다. 청년의 정의감이 바로 구국의 힘이었고 오늘이 있게 한 힘이었다. 전쟁 시에는 군인으로서 역할과 책임을 다했고, 민주주의의 위기 시에는 독재정권에 저항하며 민주화를 위해 투쟁했다. 이로써 1987년 6.10항쟁과 6.29선언으로 한국사회의 민주화를 지켜내고 오늘에 이르고 있다.

　서구 유럽사회에서도 기성세대들이 권력과 부에 안주하여 곰팡이 슬어가는 민주주의를 되살리기 위하여 청년들이 시대의 각성과 새로운 세계를 열어 갈 68혁명(1968년)을 주도하였다. 이처럼 어느 역사에서나 사회에서도 청년의 역할과 책임은 막중했다.

이 세상은 기성세대가 주도하고 지배하고 있는 것 같지만, 오늘날의 청년은 과거처럼 기성세대에 순응하는 존재가 아니라 무한히 새로운 것을 추구하고 창조하는 힘의 원천이다. 기성세대가 보수적이고 권위주의적이 되어갈수록 신세대의 청년은 진보적이고 변화를 시도하는 힘이 되고 있다. 비록 기성세대들은 신세대들을 성숙하지 못하고 아직 세상을 알지 못하는 나약한 존재로 치부할지라도 신세들의 새로운 세상을 열어갈 무한한 잠재력을 결코 간과하지 못한다.

그렇다고 기성세대와 신세대가 분리된 공간에서 살아가는 것이 아니라 한 시대를 함께 사는 공동체로 살아갈 수밖에 없다. 이로써 기성세대와 신세대 간에는 불가피하게 갈등이, 세대갈등이 존재한다. 현실을 이해하고, 세상을 바라보는 관점이 견해차이로 부각되고 때로는 공존할 수 없는 것 같은 극단의 상황이 벌어지기도 한다. 그러나 우리는 이러한 갈등을 조화롭게 조정하고 역동적 힘으로 변화시키는 그러한 가운데 역사는 발전해 왔다.

세계경제위기의 여파로 한국경제와 사회의 침체현상이 지속되는 가운데 심각한 청년실업의 문제는 풍요 속의 빈곤으로 피로감을 점증시키고 있다. 현실적으로 취업이 삶의 최대 관건이 되어 대학의 낭만이라는 단어가 사치스런 개념이 되어버린 삭막함이 대학캠퍼스를 배회하고 있다. 거기에다 풍요의 세상에 태어나 아쉬운 것 없이 자라난 젊은이들은 그저 좋은 것, 쉬운 것만을 지향하며 삶에 대한 고뇌가 없는 것 같다. 선진국이라는 한국사회, 그러나 한편으론 부정과 부패와 비리의 모순으로 점철된 그늘진 사회현실을 탓하지 않을 수 없을 것이다.

현금은 대한민국의 새로운 대통령을 선출하는 대선경쟁으로 후보들은 각기 장밋빛 희망을 쏟아내고 있지만 청년들에게 아니, 우리 국민 모두에게는 신뢰와 진정성을 담보할 만한 믿음을 갖지 못하고 오히려 혼란스러울 뿐이다. 정치쇄신, 경제민주화, 일자리 창출, 사회복지의 확대 등 말은 많지만 결국은 그들의 권력을 획득하기 위한 미사여구에 지나지 않는 불신의 정치를 바라보는 청년세대들은 그저 답답할 뿐이다. 보수도 그렇고 진보도 그렇고 모두가 우리를 불신의 수렁으로 빠져들게 하고 있다. 청년세대를 대변한다는 정치인들도 오만에 막말이나 쏟아내며 빗나간 이념으로 갈팡질팡하는 것 같다.

그러나 우리 청년들은 결코 무관심으로 냉소적이거나 실의에 빠져서는 안 된다. 오히려 그러한 기성세대들을 자성과 자각으로 이끌어 낼 예리한 지성과 이성적 비판을 가해야 한다. 이 위기가 새로운 세상을 열어갈 마지막 기회로 여기고 냉철한 이성을 일깨워야 한다. 그래야 올바른 비판과 올바른 방향 설정, 그리고 올바른 선택을 할 수 있다.

- 2013/12/09 -

# 4
## - chapter -

## 세 계

유엔과 세계는 자국의 이권과 이해관계에만 머물지 말고 중동의 민주화혁명이
성공하는 그날까지 총력을 다 해야 할 것이다. 이것이 바로 진정으로 세계평화
를 구축하고 세계의 정치와 경제를 반석위에 올리는 길임을 명심해야 한다.

## 미국의 세계민주화
## 프로젝트

       21세기 새로운 패권전략을 구상 중인 미국은 세계를 민주화하고자 하는 열정으로(21세기의 새로운 패권전략으로) 분주하게 움직이고 있다. 이에 세계(특히 중동과 구소련 권)는 지금 민주화의 열병을 앓고 있다. 미국은 '2005년 민주주의 확산법안(Advance Democracy Act of 2005)'을 통해 세계의 민주화 프로젝트를 추진 중이다. 이 법안은 2025년까지 45개 독재국가의 민주주의의 확산 및 증진을 추진한다는 미국정부의 장기적 세계민주화 프로젝트다. 여기에는 물론 북한도 포함되어 있다.

  구체적으로는 독재국가의 미국 내 자산동결 또는 몰수를 대통령권한으로 시행할 것이며, 독재세력에 저항하는 외국의 민간단체들에 재정적 지원도 검토할 것으로 알려지고 있다. 미국의 이와 같은 대외정책은 세계의 민주화라는 명분으로 미국의 패권주의를 확산 및 강화하고자 하는 의도로 비추어질 수도 있어 비판의 여지가 없지 않다.

특히 중국과 러시아가 미국이 2005년 2월 28일 발표한 인권보고서에 대해 미국사회의 인권문제도 해결하지 못하고 있는 실상을 통해 세계의 민주화를 앞세우는 것은 일종의 내정간섭이라는 어조로 강하게 비판했다.

그러나 한 사회의 민주화는 미국만의 관심이 아니라, 이 지구에 존재하는 우리 모두의 여망이기도 하다. 우리가 염원하는 이 민주주의는 그리스시대부터 시작하여 2천 년이 넘는 역사를 가지고 있다. 그러나 진정한 민주주의는 그 어느 시대에도 그 어느 곳에서도 이루어지지 못한 이상향이기도 하다. 민주주의야말로 우리 인간사에서 그 무엇보다도 중요한 이념이지만 그만큼 실현하기도 어렵다는 것이 세계사적으로 증명되고 있다. 비록 지난한 과제라 할지라도 결코 포기할 수 없는 지고한 가치를 지닌 이념이다.

이라크전쟁은 미국의 경제적, 군사적 패권주의에 기인한다는 설이 지배적이기는 하지만, 다른 한편 진정으로 세계평화와 민주와 자유를 향한 세계민의 염원에서 발로한 것이어야 한다. 이러한 전제 하에서 보면 행복추구권과 인권이 제한되고 있는 아니, 단순히 제한되고 있는 것이 아니라 유린당하고 있는 나라들에 대한 민주화의 확산프로그램은 그 누구도 거부할 수 없는 세계평화의 길이어야 한다.

미국은 이라크의 민주화를 추진하는 가운데 무장단체들의 저항을 슬기롭게 극복해야 하고 진정한 민주주의를 하루 속히 정착시킬 수 있는 모든 역량을 다해야 한다. 그러한 가운데 이라크 TV가 테러에 대한 비판적 시각을 방영함으로써 테러와의 전쟁을 시도하고 있으며, 이로써 무장단체들의 무장해제 압력이 이라크국민들로부터 일어나고 있다. 어떠한 이유에서든 전쟁과 테러는 인간의 존엄성을 부정하고 사회적 혼란을 극화시키며 인간의 행복한 삶의 추구권을 말살하는 행위이다. 전쟁과 테러로 지친 국민들은 이제 진정한 민주주의가 실현되기를 열망하는 방향으로 선회하기 시작했다.

특히 이라크전쟁 이후 왕정(王政)과 신정(神政)이 일반적이었던 중동에 민주선거를 받아들이는 민주화 도미노현상이 나타나고 있다. 이것은 민주주의가 역사의 대세로 인식되고 있음을 알려주는 징후이기도 하다. 이와 같은 현상은 많은 외신들의 해석에 따르면 집권 2기를 맞은 조지 W. 부시 미국대통령의 강력한 '중동민주화'정책의 결과라고 평하고 있다. 그렇지만 미국은 "민주주의에 대한 진정성을 져버리지 않을 때에만 민주주의는 반드시 승리한다"는 것을 결코 잊어서는 안 된다.

중동민주화의 시작에서부터 미국이 추진하고 있는 북한의 인권문제에 대한 관심은 세계사적으로나 우리의 역사성에서 볼 때 매우 중요한 의미를 가진다. 특히 우리 한국의 현대사는 바로 민주화를 향한 투쟁의 역사이기도 하기에 더 많은 관심을 가져야 하는 정치적·역사적 과제이다.

우리의 현실에서 보더라도 진정한 민주주의의 실현은 국민의 인간다운 삶을 보장하기 위해서 다른 어떠한 정책보다도 우선되어야 하는 당위성을 가지고 있다. 따라서 우리는 모든 정치사회적 역량을 다하고 있다.

　특히 북한사회의 민주화와 인권문제는 보수와 진보의 이념적 정쟁을 떠나 적극적으로 접근해야 할 사안이다. 개혁을 추구하는 진보적 성향의 정부는 대북정책에 있어서 북한의 인권문제를 좌시해서는 안 된다. 한국사회의 민주화는 바로 북한사회의 민주화에 직결되는 것이다. 무엇보다도 과거 독재정권에 의한 인권유린과 부정부패 청산을 향한 길이 현실정치의 가장 중요한 개혁과제라고 인식한다면, 미국의 세계민주화 프로젝트에 관심을 가지고 심도 있는 논의장을 마련해야 할 것이다. 따라서 현실적으로 북한의 핵문제도 풀어야 할 중요한 과제이지만 동시에 인권문제를 해결하기 위한 적극적 대안을 동시에 모색해야 한다.

- 2005/03/08 -

## 이집트의 민주화
## 혁명과 한반도

 

세계사적으로 위대한 4대 문명의 발상지이며 문명의 보고인 이집트에 30년 독재체제에 저항하는 민주화 혁명의 바람이 거세게 몰아치고 있다. 그 동기는 바로 독재와 경제적 빈곤이다. 이집트에 이어 북아프리카와 중동의 많은 신흥국가들의 독재정권에 맞선 민주화시위가 성공하기를 기원해 본다. 많은 희생을 요하는 혁명이라 쉬이 단언할 수 있는 일은 아니다. 그러나 이미 수백 명의 희생자가 발생했다. 그들의 희생을 값지게 하기 위해서는 더 이상 물러서지 않는 민주화의 전진으로 나아가야 한다고 믿는다. 혁명의 성공은 그들을 분명 위대한 시민으로 역사에 기록할 것이다. 이러한 변화가 우리 한반도에서도 일어났으면 하는 간절한 바람이다.

전근대적 3대 세습, 굶주림, 인권유린이 자행되고 있는 우리 한반도의 북한에도 진정한 민주화 혁명이 일어나야 한다. 북한의 조선민주주의인민공화국(DPRK)은 이집트나 6,70년대의 한국독재체제의 유형에도 속하지 않는, 그렇다고 과거 소련을 위시한 유럽공산주의의 일당독재체제도 아닌, 1인 세습독재체제이다.

유럽의 사회주의 또는 공산주의는 정치학적으로는 1당 지배체제와 경제학적으로는 공동생산과 필요에 따른 공동분배로, 자본주의사회의 모순으로 지적된 부익부 빈익빈의 모순을 극복하고자 하는 대안으로써 탄생했다. 그러나 이 시스템은 이론적 명쾌성에도 불구하고 인간의 다양한 능력과 욕구를 이해하지 못한 하나의 실험시스템으로 종말을 고했다.

유럽공산주의 국가들은 그나마 자본주의 국가에 맞서 경제발전을 위한 나름의 노력을 기울였다. 그럼에도 그들은 정치·경제적으로 패배자로 전락했다. 결국 그들은 70여 년 만에 그들의 패배를 인정하고 자본주의 사회로 전환을 시도했고, 이제 점진적으로 발전을 구가하고 있다.

그러나 한반도의 조선민주주의인민공화국은 정치나 경제발전, 그리고 인민의 삶에는 관심이 없고, 오직 세습독재를 유지하고 강화하기 위한 무력적 공포통치를 자행하고 있다. 다른 어떤 독재국가에도 비교가 되지 않는 유일무이한 폐쇄사회를 강화하고, 그 마지막 보루로 핵위협을 무기화하고 있다. 이러한 상황에서 인민은 무력할 수밖에 없고, 민주화 시위를 한다는 것은 결코 쉬운 일은 아닐 것이다.

왜냐하면 여기에는 철통같은 감시와 통제를 위한 강력한 메커니즘이 있기 때문이다. 그것은 바로 구소련에 존재했던 북한의 노멘클라투라(Nomenklatura: 당관료특권계급)이다. 북한은 절대적 평등과 노동자들의 천국이라는 무계급의 사회를 선전하고 있지만, 결국은 마르크스의 자본가 계급보다 더 무서운 노멘클라투라계급을 만들어 내었다. 이처럼 노동자의 피를 빨아먹는 흡혈귀적 특권계급의 나라를 만들고 말았다.

구소련과 동구권 국가에서도 노멘클라투라는 무소불위의 특권을 누리는 계급이었고, 일반인민들은 접근하지 못하는 그들만의 삶의 무대가 있었다. 그들의 호화로운 삶을 위한 높은 봉급, 호화주택과 별장, 그들만의 특별식당, 특별백화점 등으로 결국은 소련을 비롯한 구 공산주의 사회는 바로 그들 노멘클라투라의 사회였다. 전체인구의 불과 1~2%에 해당하는 지배계급이었다. 이는 자본주의 사회에서의 중산층이 부재하는 전체인구의 98%를 지배하는 특권계급이었음을 시사한다. 지금의 북한은 이보다 더 비참한 세계에 속한다.

북한은 과거 절대왕정의 국가관이었던 홉스(Th. Hobbes)의 레비아탄(Leviathan)을 넘어, 노멘클라투라가 바로 레비아탄이다. 홉스의 레비아탄에서는 국민은 국가를 위해서 존재했지만, 북한의 인민은 바로 노멘클라투라계급을 위해 존재한다.

무엇보다도 북한의 민주화 혁명은 80년대 후반부터 생성하여 90년대 한총련의 주사파들이 왜곡된 한국사회구성체론으로 한국을 변혁시키고자 했던 NLPD혁명(National Liberation People's Democratic Revolution)이 아니라, 북한인민들을 옥죄는 1인 세습독재와 인권유린, 그리고 굶주림으로부터 해방시키는 민주화혁명이 일어나기를 기대해 본다.

- 2011/02/08 -

# 중동의 시민혁명바이러스

칼 마르크스(K. Marx)의 공산주의 혁명론은 자본주의 사회의 모순구조에서 비롯한다. 즉 자본가계급이 노동자계급을 착취한다고 본다. 노동자의 잉여노동으로부터 결과는 잉여가치를 착취하는 가운데 자본가만 살찌우는 부익부빈익빈의 모순이 내재하고 있다. 착취의 대상으로써 노동자가 인내의 한계에 도달하게 되면 봉기하게 된다. 이 노동계급의 혁명으로 자본주의시스템은 무너지고 노동자의 천국인 공산주의가 도래한다는 것이다. 이것이 아래로부터의 혁명이다.

그러나 역사적으로 이러한 이론적 과정을 거쳐 사회변화가 일어난 적은 단 한 번도 없다. 1917년 소련의 사회주의 혁명도 마르크스의 이론에 따라 자본주의체제의 모순으로부터 일어난 것이 아니라, 레닌의 주도하에 소련의 구 왕정체제를 뒤엎고 사회주의체제가 탄생했다. 이것은 아래로부터가 아닌 위로부터 주도된 혁명이었다.

이후의 많은 역사적 혁명적 사건들은 대부분 정치적 독재체제로부터 해방되고자 하는 욕구에서 시작되었다. 물론 현대사회에 들어 독재지배체제가 국민의 신뢰를 얻고 잘 사는 나라가 없었다. 따라서 국민의 봉기는 정치적 독재와 경제적 빈곤이 주된 동인이었다.

지금 중동에서 진행 중인 시민혁명은 1인 독재자의 통치모순과 부패로 인한 억압과 빈곤에 기인한다. 시민들은 억압과 빈곤을 참아내는 한계에 도달한 것이다. 이것은 분명히 마르크스가 논한 자본주의 체제의 모순구조에서 비롯된 것이 아니라, 정치적 독재체제의 부정과 부패에 있다. 정보화 시대의 시민은 정보가 미흡하고 차단되었던 과거처럼 더 이상 속지 않는다.

그러나 억압과 빈곤을 극복하기 위해서는 누군가에 의하여 동기가 주어져야 하고 대단한 용기와 희생적 각오가 요구된다. 튀니지, 이집트, 리비아 등에서는 이미 수백, 수천 명의 소중한 인명피해가 발생했다. 이 희생에 대한 보상이 필요하다.

이집트에 이은 리비아시민혁명으로 미국을 비롯하여 유엔(UN)안전보장이사회의 상임이사 15개국은 카다피 타도에 대한 결의를 내려야 한다. 이들 나라는 그나마 혁명의 바이러스가 스며들 수 있는 열린사회이기에 민주화의 꿈을 실현할 가능성이 매우 높기 때문이다.

그러나 북한은 어떤가? 생각만으로도 김정일과 김정은이 전전긍긍

하는 모습이 떠오른다. 그럼에도 그들은 안심할 수 있다고 자부하고 큰소리치고 있다. 왜냐하면 북한은 산업화 시대에 산업을 모르는 사회이며, 민주와 자유의 시대에 민주와 자유가 없는 사회이며, 정보화 시대에 정보가 없는 사회이기 때문이다. 이 '삼무(三無)의 사회'에는 오로지 강력한 감시와 통제시스템과 억압과 빈곤만이 있을 뿐이다.

이러한 완벽한 통제시스템으로 북한주민들은 아직도 김일성과 김정일을 우상화하고, 마치 '유토피아 세계'에 살고 있는 것처럼 착각하고 있다. 정보가 차단되고 없으니 정보화 세상을 모른다. 아는 것이라곤 중세의 암흑시대를 보는 것 같은 북한의 모습 뿐, 그것이 바로 그들의 천국이라고 믿는다.

이처럼 북한을 아직도 민주화 혁명바이러스가 스며들지 못하는, 정보에 오염되지 않는 영원한 '청정지역'으로 남겨둘 것인가? 정보가 없고 아는 것이 없으면 어떠한 새로운 방향을 설정할 의지도 없고, 그를 향한 동기도 없으며 자극도 없다. 변화를 위한 용기도 생겨나지 않으며 필요성도 느끼지 못한다.

그야말로 무지몽매한 북한주민이 불쌍할 뿐이다. 이런 참혹한 현실에서 벗어나려면 무지몽매한 인민들을 영원히 노예로 묶어 두고자 날조해 낸 거짓말을 맹신하는 어리석음으로부터 깨어나야 한다. 중동시민혁명의 바이러스가 북한을 변화시킬 마지막 기회일지도 모른다. 꿈도 기회도 가져보지 못한 무지몽매한 북한주민을 일깨워 줄 리

비아의 인권변호사 페시 테르빌((39세))은 없는가? 북한주민이 민주와
자유를 찾고, 그들을 빈곤으로부터 해방시킬 위인을 기대한다.


- 2011/03/14 -

## 중동의 민주화혁명을
## 성공으로


우리는 이 시대를 석유자원의 위기를 예상하여 '에너지개발전쟁시대'라고 칭하기도 한다. 그럼에도 아직 오일이라는 에너지가 개별국가뿐만 아니라 세계경제에 미치는 영향은 지대하다. 세계는 몇 번의 오일쇼크를 겪으면서 심각한 경제위기를 경험했다. 그러나 우리는 더 이상 오일의 노예가 되어서는 안 된다. 오일가격 때문에 중동독재국가들의 눈치나 살피는 기회주의자가 되어서는 안 된다.

그동안 많은 강대국들이 중동 오일국가들에 대해 그들의 이권과 이해관계로 인해 방관의 자세를 취해 왔다. 이제 중동의 민주화를 통해 공정한 오일거래가 이루어지도록 해야 한다. 그러기 위해서는 중동의 민주화혁명을 성공으로 이끌어야 하고, 그 결단은 유엔(UN)과 선진국들의 의지에 달려 있다.

뉴욕타임스의 칼럼리스트인 토머스 프리드먼이 2011년 3월 1일자

동아일보에 기고한 '아랍민주화를 응원하는 이유'에서 그는 중동의 나라들이 왜 폭압과 부정부패의 독재정치가 그토록 오래 지속될 수밖에 없었던가를 잘 지적하고 있다. "석유를 계속 퍼 올리고, 유가는 낮은 상태로 유지해. 이스라엘은 너무 괴롭히지 말아줬으면 좋겠어. 우리 신경을 거스르지 않는 수준에서 하고 싶은 대로 맘껏 해 봐. 인권 따위는 무시해도 좋아. 부정부패도 눈감아 주지. 모스크에서 원하는 대로 설교해. 신문기사에 맘껏 음모론을 펼쳐내도 좋아. 원한다면 여성들을 문맹으로 내버려둬도 좋아. 복지국가를 만들건, 국민들을 교육시키지 않건 상관하지 않겠어. 단지 석유를 계속 생산하고, 유가는 낮게 유지해. 그리고 유대인들은 너무 들볶지 말아 줘."

그는 세계의 이러한 태도가 바로 50년이라는 긴 세월동안 아랍 국가들을 독재의 늪에 빠뜨린 것이라 진단한다. 이처럼 우리가 오일의 노예가 되어 중동의 석유국가들을 세계로부터 단절시켰다. 그런데다 그 큰 부를 그 나라 국민들의 삶을 윤택하게 하는 자원으로 활용하지 못하고, 몇몇 독재자의 사금고로 만들고 부정과 부패를 만연시키게 했다.

그는 또한 중동국가의 국민들이 겪고 있는 가장 근본적인 문제는 교육의 부족, 자유의 부족, 그리고 여성권한의 부족으로 꼽았다. 한 사회의 발전은 천연자원에만 있지 않다. 정치적으로는 자유가 보장되어야 하고, 주어진 자원을 활용하여 부를 재창출하는 교육이 필수적이다. 우리 대한민국이 교육에 관한한 많은 문제점을 안고 있지만, 그럼에도 교육에 대한 열정과 투자가 곧 경제발전에 크게 기여하였다는 사실을 결코 간과할 수 없다.

또한 중동의 독특한 종교적 세계관으로 여성의 역할이나 지위가 잠자고 있었던 것도 경제발전을 저해한 요인 중의 하나일 것이다. 자연자원의 활용뿐만 아니라, 인적 자원의 활용이 더 역동적이고 생산적 발전을 가져온다. 더욱이 인류의 절반은 여성이다. 그럼에도 여성의 인적 자원을 잠재우고 있었던 것은 그 나라 정치의 크나큰 문제이다.

자유가 보장되지 않는 독재정권, 전통적·종교적 우리에 갇혀 있는 여성의 사회는 발전할 수 없다. 아이나 낳고 키우며 부엌데기로 전락해있는 여성의 사회, 여성의 사회적 참여가 제한된 사회는 발전하지 못한다. 세계역사를 보더라도, 특히 서구사회에서도 여성의 정치사회적 권한과 역할이 보장되던 시대부터 역동적 발전이 이루어졌음을 잘 안다.

이제 중동의 민주화혁명을 기점으로 여성의 사회적 참여와 권한이 신장되고 보장되는 여성해방의 새로운 전기를 마련하는 기회로 삼아야 할 것이다. 민주화는 누구나 바라는 것이지만 이 여정은 길고도 험난하며 많은 희생이 따르기 마련이다. 그렇지만 이 위대한 혁명시민들은 결코 멈추거나 좌절해서는 안 된다. 희망을 가지고, 강한 의지와 용기를 가지고 전진해야 한다. 그에 우리는 끊임없는 격려와 성원을 보내야 한다.

유엔과 세계는 자국의 이권과 이해관계에만 머물지 말고 중동의 민주화혁명이 성공하는 그날까지 총력을 다 해야 할 것이다. 이것이 바로 진정으로 세계평화를 구축하고 세계의 정치와 경제를 반석위에 올리는 길임을 명심해야 한다.

- 2011/03/08 -

## 중동의 민주화 혁명과
## 중국의 역할

중동의 민주화 혁명을 향한 민주화도미노는 크게 두 가지 이유에 근원한다. 하나는 장기독재정권의 폭정으로 인한 민권이다. 이로써 중동의 많은 나라에서는 인간의 존엄성과 자유가 유린되어 왔다. 다른 하나는 독재정권의 부정과 부패이다. 독재권력의 부정과 부패는 사회적·절차적 평등을 부정하고 소수지배자의 특권계층만을 살찌우고 시민의 민생은 외면했다

이제 중동의 민주화 혁명을 계기로 중국과 북한의 민주화도 이끌어 내야 한다. 특히 중국은 오늘날 눈부신 경제발전을 구가하고 있다. 1980년대 중반 등소평의 등장과 중국의 개방정책을 통해 오늘의 경제발전을 추구하였다. 결과적으로 등소평의 '흑묘백묘론'은 주효했다. 같은 시점에 소련에서는 미카엘 고르바초프(M. Gorbachev)의 페레스토로이카(Perestroika)라는 정치시스템의 개혁과 글라스노스트(Glasnost)의 경제적 개방을 통해 사회주의를 포기하고 민주사회로 전환하

였다. 동시에 소련의 위성국가로 알려진 동독과 동구권 사회주의 국가를 해방시켰다. 이러한 소련의 변화는 동서의 베를린장벽을 무너뜨리고 동·서독 통일을 이루는 결정적 계기가 되었다.

중국은 새로운 경제대국으로 부상하면서 비록 중국인민을 빈곤으로부터 해방하고 민생을 해결하는 것 같기는 하지만, 진정으로 모두가 잘사는 나라가 되기에는 아직도 멀다. 특히 중국을 전통사회에서 근대사회로 나아가는 기틀을 마련한 1911년 신해혁명의 위대한 지도자 손문의 삼민주의(민족, 민권, 민생) 중 민족과 민권은 아직도 요원한 것 같다.

중국은 정치적으로 소수민족의 독립을 부정하고, 공산당 관료계급이 권력을 독점하고 부정과 부패를 일삼고 있다. 지금까지 중국에서 시도된 재스민혁명운동은 당의 강력한 통제로 성공하지 못하고 있다. 중동의 민주화 바이러스는 역시 공산당의 막강한 통제와 감시시스템으로 침투할 틈이 없다. 그러나 이 중동의 민주화 혁명이 바로 중국민주화의 기회이다.

이에 중국은 공산주의 정치개혁을 위한 과감한 의지와 용기가 필요한 시점이다. 신해혁명과 1980년대의 경제개혁에 이어 지금이 제 3의 정치개혁을 이끌어낼 절호의 기회이다. 빵 몇 조각에 현혹되거나 둔감해져서는 안 된다. 역사적 기회는 자주 오지 않는다. 민권을 챙겨야 한다.

또한 중국은 자국의 민주화뿐만 아니라 북한에 대한 책임도 져야한다. 더 이상 북한을 두둔하거나 방조해서도 안 된다. 북한은 중동의 나라들과도 비교가 되지 않을 정도로 지구상 최악의 나라이다. 여기에는 민권은 물론 민생도 없다.

이 지구상에 북한처럼 폐쇄적인 나라는 없다. 단지 실상이 제대로 알려져 있지 않기 때문에 묵인되고 방관되고 있다. 어떤 형태로든 중국이 감싸고 두둔하는 한 북한은 더욱 최악의 수렁으로 빠져들게 될 것이다. 이러한 북한을 방관하는 것은 세계의 민주화에 대한 책임회피이며, 역사의 과오를 자초하는 것이다.

미국을 비롯한 유엔안전보장이사회의 상임이사국들이 리비아의 카다피를 응징하는 결의를 내렸다. 이에 중국도 만장일치에 손을 든 것으로 알려져 참으로 다행스럽게 생각했으나 북한문제에 대해서는 또다시 머뭇거리고 있다. 카다피보다 몇 배나 더 참혹한 폭정을 일삼고 있는 김정일 세습체제를 응징하는 결의를 내려야 할 때이다.

이제 2,700만의 인민을 인질로 삼고 있는 반인륜적 국가를 변화시키는 것이 우리의 책무이며, 이것이야말로 진정한 세계평화를 구축하는 길이다.

– 2011/03/21 –

# 일본대지진과
## 세계인의 기원

 

 

이번 일본의 대지진과 해일은 전 세계인을 경악케 한 대재앙의 사건
이다. 전쟁이나 테러와 같은 인재도 아닌 대지진과 쓰나미, 그리고
원전파괴 등을 몰고 온 자연재해의 가공할 위력 앞에 우리 세계인 모
두가 공포분위기에 휩싸였다. 그러면서도 날마다 좋은 소식이 있기
를 기대하며 TV 뉴스를 시청하고 있다.

대지진 발생 후 벌써 2주일이 넘게 지나고 있지만 원전문제는 아직
도 비상상태로 전해오고 있다. 최첨단기기로 원전복구를 시도하고
있지만 격납용기 온도의 상승, 방사성 오염 등으로 더욱 불안할 뿐
이다. 원전복구를 위해 총력전을 펼치는 가운데 조금씩 진전을 보여
주는 것 같기도 하지만 안전을 담보할 수 있는 상태는 아닌 것 같다.
이러한 상황에서 이재민의 삶의 문제나 재난복구가 적극적으로 진행
되지 못하고 있다. 이재민들은 먹을 것과 식수, 전력과 석유 등 모든
것이 부족하고, 먹을거리의 방사능오염까지 검출되는 가운데 불안

속에서 하루하루를 버티고 있다.

이에 더하여 추위를 막아주지 못하는 열악한 대피소의 이재민생활은 참혹할 뿐이다. 쓰나미가 쓸고 간 초토화된 참혹한 현장은 뉴스로 보는 이들의 마음을 아프게 한다. 이미 산화된 망자는 말이 없지만, 살아남은 자는 망연자실할 수밖에 없는 안타까운 현실이다. 그러나 이 위기를 일본인들은 슬기롭게 잘 극복하기를 기원하고 그러리라고 믿는다.

인간관계에서든 국가관계에서든 과거나 역사를 잊을 수는 없지만, 국난의 현실을 외면하는 것은 도리가 아니다. 특히 우리 한국인의 자세가 중요하다. 단순히 과거에 얽매여 일본의 업보처럼 치부해버리는 태도는 바람직하지 않다. 더욱이 세계화라는 지구촌의 시대를 살아가고 있는 우리로써 동반적 관계를 이끌어 내고 함께하는 세계인의 자세를 가져야 한다. 일본인의 아픔을 위로하고 격려하며, 가능한 지원을 통해 새로운 미래의 변화를 구축해 가는 계기가 되어야 할 것이다.

그러나 일본도 변화하는 모습을 보여주어야 한다. 특히 원전상태와 관련해서는 정확한 정보제공으로 국난을 국제적으로 함께 풀어나가는 진솔한 자세를 취해야 한다. 원전폭발의 문제는 결코 일본만의 문제가 아니라는 것을 너무도 잘 알고 있는 사실이다. 핵 위험성을 은폐하거나 축소하는 것은 세계의 강대국으로써 취할 자세가 아니다.

이미 알려진 바에 의하면 원전폭발 위기 시에 미국이 제안한 전문가 지원을 거절했다는 것은, 대단히 잘못한 정치적 판단이다. 일본의 원전안전성에 대한 믿음만의 결과라면 너무도 안이한 재난대처행위이다. 아니면 일본의 자존심 때문에 내려진 결정이었다면, 이것은 더욱 원전위협의 세계적 영향을 무시하고 세계를 위험에 빠뜨리는 큰 우를 범하는 것이 된다.

이로써 미국을 비롯한 세계 각국들이 일본이 제공하는 정보를 믿을 수 없다는 보도로 일본 을 불신할 수밖에 없다. 세계를 불안과 공포로 몰고 가는 정치적 행위는 없어져야 한다. 그럼에도 현재 각국의 지원과 자구의 노력으로 원전폭발의 재난만은 막을 수 있기를 기원한다. 이 국난의 위기에 일본이 스스로 국제사회의 신뢰를 이끌어 내고, 경제대국으로써의 자존심을 유지하고 새로운 세계적 위상을 세우기 위하여 일본의 진실한 진면모를 보여주기 바란다.

일본정부는 앞으로도, 특히 방사능오염과 관련한 정확한 정보제공과 이성적 대처방안을 통하여 신뢰할 수 있는 국가로 거듭나길 바란다. 그리고 원전의 안전한 복구와 실의에 빠진 이재민들의 삶에 대한 희망과 용기를 북돋우는 일본재건을 기원한다.

— 2011/03/28 —

일본의
수치스런 역사의식

지난 8월 1일 일본의 자민당의원 3명이 우리의 독도를 일본 땅으로 우기며 울릉도 방문을 위해 김포공항에서 입국을 시도했다. 우리의 단호한 입국금지조치로 당연히 무산되었다. 그러나 이 조치에 대한 일련의 도발로 8월 2일에는 독도영유권 주장이 포함된 '2011년 방위백서'를 발표했다. 이러한 주장은 2005년 이래 연례적으로 행해지고 있다.

이것은 정치인으로서 외교적 도의도 모르는 침략적이고 도발적인 행위이다. 역사는 몇몇 사람의 주장과 왜곡으로 바뀌는 것이 아니다. 그럼에도 일본이 떼를 쓰는 것은 치졸한 작태에 불과하다.

역사를 아전인수적으로 해석하고 왜곡하는 일본의 행위는 세계적 지탄의 대상이 되어야 한다. 이러한 일본은 역사를 말하면서 역사를 모르는 무식한 나라이거나 아니면 대놓고 역사를 무시하는 처사이다.

자민당의 세 의원의 행동이 역사적 무지에서 비롯된 것이라면 역사 인식의 방법을 다시 배워야 할 것이고, 만약 그렇다면 무식해서 용감한 행동을 했다고 치부하고 말 것이다. 그렇지 않고 의도적으로 역사를 왜곡하려 한다면 백주대낮에 날강도 같은 행위로 국제사회의 준엄한 심판을 받아야 한다. 알려진 대로 그 세 사람이 그들의 정치적 인지도를 높이기 위해 한 행동이라면 일본정치인의 저급한 위상을 전 세계에 잘 드러낸 것이다.

진정으로 일본의 역사인식 기준은 무엇인가? 일본인은 사실적 역사에 기하는 것이 아니라 그들의 실리에 바탕을 둔 기회주의적 역사인식에 빠져 있다. 이러한 사실은 센카쿠열도와 쿠릴열도에 대한 일본의 태도에서 확연히 드러나고 있다. 물론 이 두 경우는 중국과 일본 사이, 그리고 일본과 러시아 간의 전쟁승패에 따라 지배권이 달라진 경우로 어느 정도 분쟁의 소지가 될 수 있다. 그러나 독도는 그러한 분쟁의 여지조차 없었던 지역이다.

결국 이러한 일본의 태도는 일본을 강하게 해 주는 것이 아니라, 약자가 강자에 떼쓰는 꼴에 불과하다. 일본은 적어도 오랫동안 세계 강국으로 부상하여 아시아에서는 유일하게 G7에 속했던 부국 또는 대국으로 인정 받아왔다. 그 대국의 이미지를 스스로 실추시키고 있는 모습이 안타깝기도 하다. 그리고 보면 일본은 90년대 이후 아시아 국가들의 새로운 부상에 밀려 침체에 빠져들었다. 결국 21세기가 되면서 경제적 약발이 다하고 한국을 비롯한 4룡에 밀렸다. 급기야는 시기하고 질투하는 늙은 시어머니 꼴이 된 모습이다. 자존심도 체면도 버린 역사왜곡의 행태는 정보화 사회를 주도하는 문명국가로써는 수치스런 일이 아닐 수 없다.

철옹성 같았던 자민당이 '자만당(自慢黨)'으로 무너지고 민주당이 올라왔지만 신출내기 집권당은 정체성을 인식하기도 전에 정치적 쓰나미에 밀려 '자만당'의 오만과 방자함에 표류하고 있는 꼴이다.

지난 3월 쓰나미와 원전파괴로 대재앙에 처해 울부짖고 있을 때 세계민이 보여준 온정의 원조를 벌써 잊었는가? 우리 대한민국은 세계의 다른 어느 나라보다도 높은, 아니 우리나라가 처한 자연재해 시보다도 더 높은 모금액과 위험을 무릅쓰고 인간적 구호활동을 펼쳤던 역사적 사실을 벌써 잊었는가?

일본은 이제부터라도 과거역사의 잘못에 대한 사죄도 모르고, 세계적 온정을 배신하는 파렴치한(破廉恥漢)은 아니어야 한다. 역사에서도 잘못은 있을 수 있다. 독일은 여러 과정에서 사죄하였다. 그러나 일본은 하지 않았다. 그래서 일본은 침략의 역사적 과오를 되풀이하는 것인가? 독도영유권 시위는 단순히 일부 몇몇 의원의 주장을 떠나 일본정부와 일본인 모두의 파렴치한 행위이다. 결국은 공항 문턱에서 쫓겨나는 신세의 과용은 일본의 수치임을 알아야 한다.

- 2011/08/08 -

## '국화와 칼'과
## 일본 원폭투하의 관계

2차 세계대전이 고조에 달했던 1944년 6월 미국은 일본인은 대체 어떤 민족인지를 알고자 했다. 따라서 미 국무성은 당시 여류 민속학자 베네딕트(Ruth Benedict) 교수에게 일본인은 어떤 국민인지 연구할 것을 위촉했다.

왜냐하면 독일인이나 유럽인은 같은 문화권으로써 사고와 행동유형이 예측가능하지만 일본인에 대해서는 그러하지 못함을 깨달았기 때문이다. 미국인들에게 비춰진 일본인은 서구적 안목으로는 도저히 예측할 수 없는 독특한 것이었다. 서구인들이 어떤 상황에서 기대하는 행동유형과는 전혀 다른 것이었다.

따라서 미국은 전시 중에도 그들의 적 일본에 대해 알고자 연구를 위촉했다. 군사상, 외교상, 최고정책, 정치, 경제, 역사만이 아닌 일본인의 사상과 감정, 그리고 습관적 행동에 담긴 문화유형을 알고자 했다.

물론 일본을 알고자 하는 목적이 전쟁을 끝내기 위한 지적 수단인지, 아니면 전쟁이 끝난 후 전후처리의 목적인지는 명확하게 밝혀지지 않고 있다. 필자가 유추해 보건데 미국은 적을 정확히 앎으로써 전쟁방식과 최소의 희생으로 전쟁을 빨리 끝내기 위한 방법을 강구할 수 있었다. 이는 전후처리에도 당연히 도움이 되었다고 본다.

연구의 시작은 전쟁이 미국에게 유리한 국면으로 접어들고 있는 시점이었다 하더라도 사람들은 대일전쟁이 3 혹은 10년, 혹은 그 이상 걸릴지도 모른다고 말하고 있었다. 일본은  긴 전쟁에도 지치지 않는 놀라운 정신력을 보여주었다.

1945년 5월 독일이 항복했음에도 일본의 항전은 화생방위협까지 나오면서 강화되어 갔고, 가미가제(神風) 자살폭격단의 파괴력은 위협 그 이상이었다. 이에 미국은 장기적 다운폴(Downfall) 작전을 기획했다. 다운폴의 두 번(1945년 11.1과 1946. 3.1)에 걸친 작전으로 전쟁을 끝내고자 했다. 그러나 이 두 작전을 시행했을 시 예측된 미국 측의 희생만 해도 25만에서 최고 50만 명이었다. 이러한 희생은 미국으로써도 받아들이기 힘든 고통이었다.

베네딕트의 연구가 1년이 지난 시점인 1945년 7월 16일에 원폭실험이 성공을 거두었다. 1945년 7월 26일에는 연합군이 포츠담선언에서 일본에게 무조건 항복을 요구했으나 일본의 항전의지는 변함이 없었다. 결국 미국은 1945년 8월 6일과 9일에 히로시마와 나가사키에 원폭을 투하하면서 일본의 항복을 받아내었다.

'국화와 칼'에서 베네딕트가 보기에 국화의 상징인 탐미주의적 민족이 동시에 칼의 무사주의 영예를 존중하는 일은 드문 일이다. 그렇지만 이러한 모순이 일본인에게는 날줄과 씨줄로 연결되어 있다. '일본인은 최고도로 공격적이자 비공격적이며, 군국주의적이고 탐미적이며, 불손하면서도 예의바르고, 완고하면서도 적응성이 풍부하며, 유순하면서도 귀찮게 시달리면 분개하며, 충실하면서도 불충실하며, 용감하면서도 겁쟁이며, 보수적이면서도 새로운 것을 즐겨 맞이한다.'

베네딕트는 일본인의 행동유형은 평시와 마찬가지로 전시에도 그대로 적용된다는 결론을 내렸다. 연구를 통해 이러한 모순적 행동의 유형을 알았을 때 미국인은 더 큰 고민에 빠질 수밖에 없었을 것이다.

전쟁을 끝내기 위한 최후의 원폭투하 결정은 다운폴작전의 지나친 희생과 전쟁의 장기화 등으로 인한 손실에 기인하기도 하겠고, 또 공교롭게도 원폭실험이 성공적이었다는 절묘한 타이밍이 의외성을 준다. 하지만 미 국무성이 베네딕트 교수를 통해 일본을 알아갈수록 일본인의 모순적 행동유형에 대응한다는 것이 어려워졌고, 결국은 이 독특한 민족성의 일본을 이기는 길은 강한 물리적 힘의 원폭투하라는 극약처방이었으리라 본다.

– 2011/08/16 –

# 일본은 피해자가
# 아니라 가해자다

영국의 매킨타이어(Alasdair MacIntyre) 교수가 쓴 '덕의 상실(After Virtue, 1981)'에 의하면 우리 인간은 '서사적(敍事的) 존재'이다. 즉, 이야기하는 존재로서 역사를 공유하는 존재이다. 역사는 나 개인의 서사가 아니라, 내가 속한 집단과 직·간접 시,공간적으로도 연결되어있다. 그래서 우리는 우리의 가족이나 지인 또는 우리나라 사람이 좋은 일을 하면 자랑스러워하고 자부심을 가지며, 치욕에 연루되면 수치심을 느낀다. 이것은 집단적 책임감을 느끼는 감수성과 연관된다.

한 인간의 생애도 하나의 연결된 역사적 과정으로 되어 있다. 한 나라의 역사도 과거와 현재, 그리고 미래로 연결되어 있다. 따라서 한 개인이나 국가는 과거로써 역사를 잊을 수는 있지만, 버릴 수는 없는 요체이다. 또한 역사는 모두가 잊지 않는 이상 어느 특정인의 의도대로 잊어지고 묻혀 질 수 없다. 그 역사를 통해 오늘이 있고, 이것을 바탕으로 내일 또는 미래가 결정지어진다.

그렇다면 우리는 과거나 역사로부터 결코 자유로울 수 없다. 과거의 위대한 역사에 의한 문화적 유산을 관광자원화하여 오늘을 살아가는 나라들을 보라. 역사적으로 어떠한 지도자를 만났느냐에 따라 그 나라의 운명이 달라졌다.

전쟁을 일으키고 승리한 지도자가 있는가 하면, 패배한 지도자도 있다. 승리한 지도자는 추앙의 대상이지만 실패한 지도자는 한 나라의 역사에서도 치욕적으로 생각한다. 결국은 역사의 과오에는 반드시 그 결과가 따르기 마련이다.

국제적으로도 마찬가지이다. 역사에 관한 한 세대가 바뀌었다고 해서 그 역사에 책임이 없어지는 것이 아니다. 누구나 역사에 대한 과오를 인정하고 책임을 져야 한다. 그래야만 세계민으로서 공존할 도덕성을 갖추었다고 본다.

아직도 독재와 권위주의로 통치하는 국가들이 많이 있다. 그들을 제외하고 적어도 선진국이라 지칭되는 나라가 국가이기주의로 역사적 과오를 인정하지 않고, 역사를 왜곡하여 도발적이고 침략적 행위를 자행한다는 사실은 슬픈 일이다. 그 대표적 나라가 바로 일본이다. 일본은 독일과는 달리 그의 역사적 과오를 인정하지 않고 왜곡한 역사를 꿋꿋하게 가르치고 있다.

일본인은 무엇보다도 피폭의 원인을 모르고 있다. 오직 피폭의 피해의식만을 부각시키려는 부도덕한 민족이다. 미국 버크넬대학교 동아시아학과 교수 오르(James J. Orr)의 '일본의 평화운동과 민족주의'(The Victim as Hero: Ideologies of Peace and National Identity in Postwar Japan, 2001)에 의하면 보수자민당의 역대 수상들부터 공산당에 이르기까지 일본에서는 누구나 '유일한 피폭국(被爆國)'이라는 슬로건을 외친다는 것이다. 세계에서 유일하게 원자폭탄의 피해를 입은 나라가 일본이라고 주장하며(한다. 즉) 왜 피폭을 당했는지에 대해서는 함구한다.

아시아침략전쟁인 '대동아전쟁'은 약화시키고 '태평양전쟁'을 부각시켜 그들의 고통과 희생만을 확대하여, 가해자가 아니라 피해국임을 확산시키고 있다. 이로써 전쟁에 대한 책임을 회피하려 한다. 그들의 피해의식의 확산은 역사적 과오에 대한 면죄부가 될 수 없다. 이것으로 일본국민을 세뇌할 수 있을지는 모르지만 세계역사에서는 그 누구도 인정하지 않을 것이다.

피폭은 침략적 야욕으로 세계평화를 유린한 가해자에 대한 세계의 응징이다. 일본은 매킨타이어가 말하는 '서사적 존재'로 거듭나려면 역사적 과오를 사죄하고, 더 이상 역사왜곡으로 자신을 기만하지 말고 대한민국의 영토인 독도에 관한 침략적 도발을 중단해야 한다.

- 2011/08/22 -

## 일본의 오만과 억지

개인이든 국가든 과거를 가지고 있다. 어두운 과거는 누구나 숨기고 싶어 한다. 그렇지만 알려진 과거는 숨겨질 수 없고 우긴다고 덮어지지 않는다. 오히려 더 큰 상처를 남기고 스스로를 고립시켜 나간다. 차라리 과거의 오류를 시인하고 사과하고 새롭게 태어나고자 하는 의지를 보여준다면 떳떳한 삶을 살아갈 수 있다.

오늘날 일본은 과거사에 매몰되어 국제사회의 지탄을 받고 있다. 가진 자의 여유로움도 없고, 편협하고 옹졸한 민족의식에 사로잡혀 경제대국의 위상을 스스로 실추시키고 있다. 일본은 2차 세계대전 당시 동아시아에서 행한 만행에 대해 단 한 번도 사과한 적이 없다. 일본보다 먼저 대국의 길을 걸었던 독일도 2차 세계대전 당시 히틀러의 만행에 대해 최고 권력자가 무릎을 꿇고 당사국뿐만 아니라 세계를 향해 사죄했다. 그래서 독일은 현재 더 큰 세계적 위상을 자랑하고 있다.

일본군대의 위안부문제는 인간의 존엄성을 유린한 것으로, 이것은 한·일간의 문제가 아니라 인류사의 문제이다. 그럼에도 일본은 지금까지 그 문제의 해결을 위한 의지를 전혀 보여주지 않고 있다. 이에 한국에 사는 일본인들이 위안부피해자를 위한 집회를 열고 스스로 머리 숙여 사죄하고, 일본정부에 사죄와 보상을 촉구했다. 뿐만 아니라 일본에서도 일본의 여성단체들이 위안부에 대한 사죄와 보상을 촉구하는 집회와 시위를 열었다. 이러한 현실을 무시하고 모르쇠로 일관하는 일본정부가 과연 국제사회의 일원인가 의심스럽다.

최근 일본이 사할린 한인을 학살했을 가능성이 있다고 러시아정부 보고서에서 제기되었다. 1만 2백여 명의 한인 중 절반이 희생되었을 것으로 추정하고 있다. 이에 대해서도 일본은 앞으로 어떤 반응을 보일지 매우 의심스럽다. 쉬이 인정하지 않을 또 하나의 슬픈 이야기들이 예상될 뿐이다.

이것이 사실로 드러날 경우 우리는 당연히 보상을 요구하겠지만 일본은 1960년대 한일협상에서 과거사는 모두 해결되었다고 주장할 것으로 예상된다. 60년대의 한일협정은 불평등과 굴욕외교로써 과거사에 대한 정확한 조사도 없이 당시 3공화국의 정치적 목적에 의해서 이루어졌다. 때문에 반드시 재조명되어야 하는 역사적 사실임을 인식해야 한다.

2012년 8월 15일 제 67주년 광복절경축사에서 이명박 대통령의 일본사과요구에 대해서도 궁색한 변명으로 일관하고 있다. 급기야는 2009년 민주당 정부 출범 이후 중단했던, A급 전범이 합사(合祀)된 야스쿠니 신사참배를 재개하면서 더 도발적으로 나오고 있다. 대국으로써 참으로 유감스러운 처사이다.

또한 독도영유권에 대해서도 일본은 억지논리를 주장하는 부당함을 보여주고 있다. 독도는 한국 땅이다. 현실적으로 실효적 지배를 하고 있는 것도 엄연한 사실이다. 이명박 대통령이 독도를 방문한 것에 대해 왈가왈부하는 것은 내정간섭이다. 대한민국 대통령이 대한민국의 한 지역을 방문하는 것에 대해 일본이 문제를 제기하는 것은 있을 수 없는 일이다.

런던올림픽 축구경기 이후 박종우 선수가 행한 '독도는 우리 땅' 세리머니를 올림픽위원회에서 문제 삼은 것에 대해서도 끝까지 이의를 제기해야 한다. 우리는 그를 대단히 대견스럽고 용기 있는 대한민국의 젊은이라 칭송하고 싶다. 이 기회에 우리 대한민국선수단 모두가 박종우 선수의 세리머니에 대한 강력한 동조와 2차 세리머니가 나왔으면 하는 마음이다.

가수 김장훈씨의 8.15기념으로 49시간에 걸친 독도수영횡단팀의 용기도 가상하다. 이러한 용기 있는 생각과 행동이 바로 새로운 역사를 만들어 가는 단초가 되어야 할 것이다. 역사나 독도문제가 제기될 때마다 일본의 반응은 늘 부정적이었지만, 특히 이번에 이명박 대통령이 행한 일왕의 사과촉구발언에 대해 보여준 신경질적 반응은 대국으로써의 체통과 국가이성을 완전히 상실한 행동이었다. 한·일간 통화스와프 협정의 재검토까지 들먹였으니 말이다. 이러한 오만과 억지는 아마도 올림픽축구 한일전에 패배한 패배의식이 발로한 유치한 반응이 아닌가 싶다.

— 2011/08/20 —